**BAEDEKER**

# A
# ALGARVE

»

... wo das Land endet und das Meer beginnt

«

*Luís Vaz de Camões*

baedeker.com

## DAS IST DIE ALGARVE



## TOUREN

### LEGENDE

**Baedeker Wissen**

● Textspecial, Infografik & 3D

**Baedeker-Sterneziele**

★★ Top-Reiseziele

★ Herausragende Reiseziele

## ZIELE VON A BIS Z

## HINTERGRUND



## ERLEBEN UND GENIESSEN



## PRAKTISCHE INFORMATIONEN



## ANHANG



## PREISKATEGORIEN

**Restaurants**
Preiskategorien für ein Hauptgericht

| | |
|---|---|
| €€€€ | über 35 € |
| €€€ | 25 – 35 € |
| €€ | 12 – 25 € |
| € | bis 12 € |

**Hotels**
Preiskategorien für ein Doppelzimmer

| | |
|---|---|
| €€€€ | über 250 € |
| €€€ | 150 – 250 € |
| €€ | 80 – 150 € |
| € | bis 80 € |

## MAGISCHE MOMENTE

## ÜBERRASCHENDES



Ein unvergessliches Erlebnis: Delfin-Watching an der Algarveküste

# D
# DAS IST …

*die Algarve*

Die großen Themen
rund um Portugals südlichste Region.
Lassen Sie sich inspirieren!

Die Küste bei Praia da Rocha ►

# AUSZEIT AM STRAND

Nur das Rauschen der ewigen Brandung, sonst nichts. Wer inmitten großartiger Natur seine Ruhe haben möchte, hat an der Algarveküste unerwartet viele Möglichkeiten.

Manchmal kann man sogar in der beliebten Felsalgarve den ganzen Strand für sich haben.

Sand unter den Füßen, die Brandung im Ohr, ein paar Muscheln – das ist mehr als genug!

**DER** Wind und das Meer, Gischtgeruch und donnernde Brandung: Grandiose menschenleere Strände liegen an der wilden Costa Vicentina in der Westalgarve. Oder brauchen Sie eine Ruheoase im Osten der Algarve? Hier ist das Meer zahmer, und auf der Ilha Armona vor Olhão ist es wunderbar still. Der Traumstrand schlechthin liegt genau in der Mitte: die Praia da Falésia erstreckt sich dort, wo die Felsalgarve schon allmählich in die Sandalgarve übergeht. Alle diese Strände können es mühelos mit den Top 20 der Welt aufnehmen.

## Praia do Castelejo

In weiten Schwüngen schraubt sich die schmale Straße von der Klippenhöhe hinunter und landet am Parkplatz. Noch ein paar Treppenstufen abwärts zum Strand, und dann liegen mehrere große Buchten hintereinander – wenige Leute nur, keine Sonnenliegen weit und breit, und wer geht und geht, sieht am Ende niemanden mehr: Das ist die Praia do Castelejo an der **Westküste bei Vila do Bispo**. Ankerpunkt in dieser leeren Weite ist das Strandlokal unterhalb des Parkplatzes, wo man vollkommen relaxt etwas trinken und gut essen kann.

## Praia da Amoreira

Paradiesische Natur auch an der Praia da Amoreira an der **Costa Vicentina nördlich von Aljezur**. Von der N 120 in Richtung Norden sind es sieben Kilometer durch ein flaches grünes Flusstal bis zur Küste. Ein kleiner Parkplatz am Ende der Straße, dann das Strandlokal Paraíso do Mar, das seinem Namen vor allem zur Stunde des Sonnenuntergangs alle Ehre macht, und dann eine Strandlandschaft, die man anderswo erstmal finden muss! Auch hier gibt es kein organisiertes Strandleben, keine Liegen und Sonnenschirme zum Anmieten, sondern nur Sand, Felsen und das Tosen der Brandung.

## Praia da Falésia

Seine Besonderheit ist die kilometerlange Felswand aus weißem und rotem Sandstein, vor der sich der flache Strand entlangzieht und die in der Abendsonne fast überirdisch schön leuchtet. Zum Hauptzugang wird man durch die braunen Schilder »Praia da Falésia« geleitet. Ein eindrucksvolleres Erlebnis aber erwartet diejenigen, die den Schildern **»Praia do Barranco das Belharucas«** zum Westabschnitt des Strandes folgen. Das letzte Stück der Strandzufahrt ist so abenteuerlich wie paradiesisch schön. Es führt durch eine Schlucht (barranco) hinunter direkt durch die rotfelsige Landschaft, in der die grünen Pinienkronen wie hineinkomponiert erscheinen. Unten warten das Lokal »O Golfinho« und ein Stück weiter das Strandlokal des Pine Cliffs Resort, das teurer, als Location aber der Hit ist.

## Praia da Armona

Auf die Insel! Vom Anleger Olhão geht's mit einem kleinen Boot durch die stille Lagune Ria Formosa. Auf der flachen Düneninsel **Ilha da Armona** leben ein paar Hundert Menschen, im Sommer kommen einige Sommergäste dazu, die sich in den einfachen Inselhäusern einmieten. Am Dorfhafen auf der Wattseite legt das Schiff an und von dort geht es zu Fuß den kurzen Weg hinüber zum Meer mit einem kilometerlangen Sandstrand, auf dem mehr als genug Platz für Insulaner, Sommerfrischler und Tagesausflügler ist. Letztere kommen nicht nur aus Olhão, sondern auch aus Fuzeta, einem alten Fischernest am Rand der Lagune.

**STRANDPARADIESE**

Die wilde Natur der Westküste, die berühmte Felsalgarve mit ihren Sandbuchten zwischen atemberaubenden Klippen und die entspannende Stille der Sandstrände in der Ostalgarve

▸ **S. 238 ff.**

# VERKORKST UND ZUGENÄHT

Federleicht hängen sie über die Schulter, die Taschen, die überall in der Algarve verkauft werden. Den Schlips aus Kork merkt man gar nicht, und in Korkschuhen schwebt man nur so durch die Gegend. Übergepäck muss man auf dem Rückflug garantiert nicht bezahlen, wenn man sich mit Korkaccessoires eindeckt.

Schönes leichtes Souvenir: eine Umhängetasche aus Kork

**EINE** Spritztour durch die Algarveberge. Plötzlich links der Straße mehrere Bäume, die merkwürdig aussehen. Etwas lädiert. Und tätowiert? Eine große »7« prangt auf dem rotbraunen glatten Stamm. Aber die »7« ist weiß, also nicht tätowiert. Aufgemalt, nummeriert. Aber warum, wofür?
Diese »traktierten« Bäume gehören zu Portugals 70 Millionen Korkeichen, aus deren Rinde Kork gewonnen wird. Portugal ist weltweit konkurrenzlos in Sachen **Korkproduktion**. Seit über 200 Jahren exportiert das Land Korken, ca. 40 Millionen werden in den Fabriken Tag für Tag hergestellt, 500 Millionen Champagnerkorken pro Jahr. Korkeichen, »Sobreiros«, werden 6–10 m hoch und haben eine Lebensdauer von etwa 150 Jahren. Schälen darf man erst, wenn der Baum mindestens zwanzig Jahre alt ist. Geerntet wird der Kork, also die **Baumrinde**, in den heißen Sommermonaten, wenn der Stoffwechsel der Bäume am intensivsten ist und die Rinde sich am leichtesten abschälen lässt. Dabei darf die Mutterrinde nicht verletzt werden, aus der der Kork immer wieder nachwächst. Und dann, nach der Ernte, wird auf den Stamm eine Zahl geschrieben: Eine »3« bedeutet, dass der Baum 2023 geschält wurde. **Mindestens neun Jahre** dauert es, bis der Baumstamm wieder geschält werden kann, also nicht vor 2032.

## Winzerliebling

Kork ist ein Allrounder: sehr dauerhaft, leicht, elastisch, gas- und wasserdicht, nicht brennbar, leitet keine Elektrizität. Also eignet er sich für alles: Untersetzer, Abdichtungen, Wandverkleidungen, Lebensrettungswesten, Bojen, Isolierungen, Schuheinlagen, Bodenbeläge.

### DEM KORK AUF DER SPUR

Die Eco-Fábrica de Cortiça Francisco Carrusca ist ein Familienbetrieb, der im 19. Jh. gegründet wurde. An Werktagen werden viermal täglich Führungen durch die Korkfabrik in der Nähe von São Brás de Alportel angeboten, außerdem kann man in Workshops lernen, Schmuck aus Kork herzustellen.
Sítio da Mesquita Baixa
Tel. 965 56 11 66
www.eco-corkfactory.com

Die Flugzeugindustrie schätzt sein Fliegengewicht. Das Wichtigste sind aber immer noch **Flaschenkorken**. Durch kleine Saugnäpfe an den Korkwänden und die Ausdehnungsfähigkeit lässt sich Glas gut mit Kork verschließen. Er ist geruchs- und geschmacksneutral, enthält keine Giftstoffe, verändert sich nicht – ist also bestens zum Lagern von Wein geeignet. Trotz synthetischer Korken und Drehverschlüsse ist Kork der Liebling der Winzer – zwei Drittel aller jährlich produzierten Flaschenverschlüsse sind aus Kork. Dennoch: Als Korken mehr und mehr durch Metallverschlüsse und künstlichen Kork ersetzt wurden, begannen die Korkproduzenten umzudenken und kreierten **Mode- und Dekoaccessoires,** eine neue Designer-Generation tobte sich aus und erdachte vorher Undenkbares: Schuhe, Taschen, Krawatten, Gürtel, Hüte, Regenschirme – alles aus Kork.

## Kork ist kostbar

Kork ist ein nachwachsender Rohstoff. Trotzdem gehört er nicht in den Müll – aus mehreren Gründen. Allein in Deutschland wandern alljährlich 1,2 Millionen Korken in die Tonne. Bei der Abfallbeseitigung, also bei der **Korkverbrennung**, entstehen durch den hohen Harzgehalt giftige Gase. Dazu kommt, dass das natürliche Nachwachsen von Kork auch in Portugal gar nicht mehr so selbstverständlich ist: Eukalyptusplantagen, die für die Papierindustrie angepflanzt werden, entziehen den Böden das Wasser. Korkeichenhaine in der Nähe von Eukalyptusanpflanzungen sind oft noch tief im Boden ausgetrocknet, es fehlt das notwendige Wasser zum Wachsen, das ökologische Gleichgewicht ist nachhaltig gestört. So könnte also der vielseitige Rohstoff in Zukunft immer kostbarer werden.

Wasserdicht und ultraleicht. Und der Korkkreativität scheinen keine Grenzen gesetzt zu sein.

# WIND UND WETTER UND DER ZAHN DER ZEIT

Die Grotte von Benagil ist ein fantastisches Naturwunder. Wäre sie von Menschenhand geschaffen – man würde die Architekten mit Preisen überschütten. Und sie ist nicht das einzige naturgewaltige Kunstwerk an der Algarveküste ...

Mittags fallen die Sonnenstrahlen steil in die Gruta de Benagil.

**EIN** kreisrundes Loch im Höhlendach, durch das der Himmel zu sehen ist – wie im Pantheon in Rom. Zur **»Kathedrale von Benagil«** kann man aber nicht einfach über eine Piazza gehen. Wer die Gruta de Benagil besichtigen will, muss ins Boot, der Zugang zur Höhle liegt an der Meerseite.

Die schönsten Sehenswürdigkeiten der Algarve hat die Natur geschaffen, heißt es. Und es stimmt: Die Zeit und die Elemente haben an dieser Architektur gearbeitet, haben ein großes Loch in die Höhlendecke »gefräst«, durch das die Sonnenstrahlen mittags senkrecht einfallen – da wird man ehrfürchtig. Eine ganz eigentümliche Stimmung ist im Innern, ein ockergelbes Farbenspiel, nichts Düsteres hat diese Höhle.

## Bizarre Naturwunder

Der **Algar Seco** bei Carvoeiro lässt sich zu Fuß erkunden – man wandelt durch Gebilde, die von der Zeit geschaffen wurden, die aus Träumen zu stammen scheinen, und mitten in der Felsenwelt kann man in einem Lokal den Felsenbesuch entspannt ausklingen lassen. Die Felstürme der **Ponta da Piedade** bei Lagos lassen sich von der Küste aus betrachten, schöner ist aber eine Bootstour oder ein Kajaktrip ab Lagos oder direkt an der Ponta da Piedade.

## Alles eine Frage der Erosion

Die enormen Kräfte der Natur haben auch ihre Schattenseiten. Der Sandstein, der die Schönheit der Felsalgarve ganz wesentlich ausmacht, ist porös, Wind, Wetter und Meeresbrandung setzen ihm Jahr für Jahr zu, ebenso die massive Bebauung der letzten Jahrzehnte. Durch Erosion werden jedes Jahr zwischen zwei Millimetern und zwei Metern von der Felsküste abgetragen. Immer wieder brechen Felsstücke ab und schlagen im Wasser und an den Stränden auf. Die Gruta do Xorino bei Albufeira, einst Ziel vieler Bootstouren, stürzte ein, und an der Praia da Marinha fiel 1998 ein riesiger, einzeln stehender Felsen in sich zusammen und gab dem beliebten Strand ein vollkommen neues Gepräge. An allen Stränden, die von Felsen umgeben sind, wird darüber informiert, welche Bereiche gefährdet sind. Diese Informationen sollte man ernst nehmen – es hat schon die schlimmsten Unfälle gegeben. An besonders gefährdeten Stellen werden kontrollierte Felsabbrüche vorgenommen. Respekt vor den Naturgewalten und dem zähen Arbeiten der Zeit ist an dieser Küste ratsam.

### GRUTA DE BENAGIL

Vom kleinen Strand in Benagil ist die Grotte etwa 100 m entfernt. Boote fahren das kurze Stück vom Strand, und auch aus vielen Orten in der Umgebung – Carvoeiro, Ferragudo etc. – werden Bootstouren angeboten. Nicht in allen Jahreszeiten und nicht immer ist es möglich hinzufahren, die See muss relativ ruhig sein und Ebbe und Flut müssen beachtet werden. Die Boote fahren nur, wenn die Zufahrt zur Höhle ohne Risiken machbar ist.

▶ S. 69

OBEN: Mächtige Felsen – majestätisch stehen sie im spiegelglatten Wasser, wunderschön von der Sonne beleuchtet. UNTEN: Tobend ist sie am Werk, die Urgewalt des Meeres.

# ANRÜCHIG? ZWIELICHTIG? FADO ...

... war lange Zeit die Musik der Seeleute in den Hafenspelunken, die Musik der Zuhälter, der Huren, der Stadtstreicher und Tagelöhner, krimineller Existenzen wie unglücklich Verliebter. Dass er im 19. Jahrhundert allmählich gesellschafts- und salonfähig wurde, ist vor allem adeligen Müßiggängern zu verdanken, die die verruchten »casas de fado« aufsuchten und Fado zur neuesten Mode machten.

Fado ganz authentisch:
Der Gesang der »fadista« wird von der portugiesischen Gitarre begleitet.

PERIODO DE FUNCIONAMENTO

**DIE** einen können ihn nicht leiden, für die anderen ist er Musik für die Seele, wichtiges portugiesisches Kulturgut. Das Wort Fado leitet sich vom lateinischen fatum, **Schicksal**, ab. Und so handeln viele Fados von einem Schicksal, das sich nicht abwenden lässt – von enttäuschter oder unerreichbarer Liebe, vom Scheitern, von Abschied, sozialer Not, von Heimweh und Fernweh, von Trauer, von Lissabons zerstörter Pracht, von Portugals einstiger Größe. Kurz: Die Musik strahlt **Sehnsucht, Wehmut, Melancholie und »saudade«** aus, wie es auf Portugiesisch heißt – »saudade«, die vermeintliche Seelengrundstimmung der Portugiesen, die so etwas wie eine rückwärts gewandte Sehnsucht umschreibt.
So weit das Klischee, das sich um den Fado rankt. Bisweilen besingen die Lieder aber auch das Stadtleben oder erzählen **kleine anstößige oder lebhaft-heitere Anekdoten**. Fado ist eine **städtische Musik** und vor allem in Lissabon

Mariza, eine der bekanntesten »fadistas«, hat weltweit über eine Million Alben verkauft.

## FADO SCHNUPPERN IN TAVIRA

An der Wand eine Fototapete: Fado damals, als die Zuhörer noch live an den Lippen der wunderbaren Amália hingen, der großen Fadista Amália Rodrigues. »Fado com História« veranstaltet Konzerte in Tavira abwechselnd in der Misericórdia-Kirche oder in einem stimmungsvollen Raum direkt nebenan. Überall in der Algarve, in Restaurants, in großen Hotels, in Faro im Teatro Lethe oder im Kreuzgang des städtischen Museums kann man Fado hören. In Taviras »Fado com História« bekommen Sie etwa halbstündige Kostproben, allerfeinste Hörproben von guten Musikern und dazu etwas zur Geschichte der Musik, »Fado com História« eben. ▶ **S. 166**

und in Coimbra zu Hause. In der Algarve ist meist Lissabonner Fado zu hören. Er wird von einer Sängerin oder einem Sänger vorgetragen, von der bzw. dem **»fadista«**, Sängerinnen haben oft eine schwarze Stola um ihre Schultern geschlungen. Begleitet werden sie von der zwölfsaitigen **»guitarra portuguesa«**, einer Art Laute, und einer sechssaitigen »viola«, einer spanischen Gitarre, die den Rhythmus markiert.

Anfang des 19. Jh.s breitete Fado sich in Lissabons sozial schwächsten Stadtvierteln **Alfama, Mouraria und Bairro Alto** aus. Woher er kam, ist nicht ganz klar. Es heißt, portugiesische Troubadoure hätten die schwermütige Liebeslyrik der Mauren übernommen, tatsächlich fühlt man sich oft an **arabische Gesänge** erinnert. Möglicherweise hat Fado aber auch **afrikanische Wurzeln**, stammt von einem Tanz, der durch Sklaven nach Brasilien und von dort nach Portugal kam.

Die große Fado-Sängerin des 19. Jh.s war Maria Severa, **»A Severa«**, wie sie genannt wurde. Der junge Graf Vimioso verliebte sich in die hochverehrte Fadista und brachte die als anrüchig und zwielichtig geltenden Gesänge aus den Hafenkneipen in die Adelspaläste. »A Severa« wurde nur 26 Jahre alt, Dichter widmeten ihr später Romane und Theaterstücke. Im 20. Jh. wurde Fado international bekannt – dank der großartigen **Amália Rodrigues**, die ihn weltweit auf die Bühne brachte.

### Fado heute

»Fadistas« von heute orientieren sich alle am klassischen Fado. Viele Namen sind weithin bekannt: die in Mosambik geborene und in der Mouraria aufgewachsene Mariza, Dulce Pontes, Mafalda Arnauth, Carminho, Mísia, Ana Moura, die Lieblingsfadista von Prince und den Rolling Stones, Cristina Branco, stimmgewaltig und mit der Präsenz einer Diva alter Schule, António Zambujo und Camané. **Camané und Mariza** wirkten in dem **Film »Fados« (2007) von Carlos Saura** mit. In der Algarve ertönt Fado bei Festen oder abends in manchen Touristenlokalen – wunderbar traurig und von der UNESCO 2011 zum immateriellen Kulturerbe erklärt.

# FLIESEN-FIEBER

Das Wort ist ein gezischelter Zungenbrecher: Azulejos, sprich »Asuléschusch« – als hätte man ein bisschen zu viel gebechert, sei irgendwie im Rausch. Fliesen überall, ohne sie ist Portugal nicht denkbar. Die Mauren brachten sie ins Land, die Portugiesen entwickelten Herstellung und Gestaltung weiter. Wir zeigen Ihnen die Algarveorte, die erstklassig gefliest sind.

Blau-weißes Fliesenmeer in der Igreja da Misericórdia in Tavira

**SIE** sind nicht gerade das, was man eine Rarität nennen würde. Fast scheint es, als wären die Portugiesen seit Jahrhunderten von einer Azulejo-Manie besessen. An Kirchenwänden und ganz normalen Hausfassaden, in Palästen und Klöstern prangen Fliesen. Veranden, Parkbänke, Brunnen, Treppenaufgänge sind damit geschmückt. Auf Fußböden, in Rathäusern, Postämtern, Markthallen, Bahnhöfen sieht man sie. Es sind Fliesen mit sorgfältig gemalten Ornamenten, exotischen Tieren, Blumen oder Fliesen, die das Beste aus Portugals Geschichte oder Episoden aus der griechischen Mythologie zeigen. Fliesen entzücken als Straßen-, Hausnummern- oder Firmenschilder … Eine ganz wunderbare Manie also!

## Alles begann in Persien

Der Quell der Schönen lag im persischen Raum. Bemalte, glasierte Fliesen breiteten sich von dort nach Westen aus, und die Mauren brachten sie mit auf die Iberische Halbinsel. Daher rührt auch der Name: Azulejo leitet sich vom arabischen **»az-zuleycha« (Mosaikstein)** ab und nicht etwa, wie man meinen könnte, vom spanischen oder portugiesischen »azul« = blau. Die ersten Fliesen, die im 14. Jh. über Spanien nach Portugal kamen, enthielten nach den Geboten des Islam keine figürlichen Darstellungen, sondern nur geometrische und Pflanzen nachempfundene Ornamente. Die Azulejos hatten eine **reliefartige Oberfläche**, die verhinderte, dass die unterschiedlichen Farben beim Brennen ineinanderflossen.
Das 16. Jh. brachte einen Quantensprung in Sachen Farben, Bemalung, Gestaltung: Auf die gebrannte Tonfliese wurde eine weiße Zinnglasur aufgetragen, auf die dann mit Metalloxidfarben gemalt werden konnte, ohne dass die Farben ineinanderliefen! Mit dieser von italienischen und flämischen Keramikern entwickelten **Majolika-Technik** konnten statt Reliefplatten Flachfliesen hergestellt werden. Damit war der Weg frei für die großflächigen, teppichähnlichen Kompositionen des 17. Jahrhunderts. In Blau, Weiß und Gelb wurde alles nur Erdenkliche dargestellt: Christliches, Historisches, Amouröses, Jagdmotive.
Ende des 17. Jh.s brachten holländische Kaufleute **blau-weiße Einzelfliesen** der Ming-Dynastie aus China nach Europa, und begeistert nahmen die Portugiesen die neue Farbe auf – sie wurde zur Modefarbe. Monumentale Azulejo-Gemälde in allen Blauabstufungen entstanden. Mit dem um 1700 in Portugal einsetzenden Barock erlebte die Fliesenproduktion eine Hochkonjunktur. Die meisten Azulejo-Bilder, die in Kirchen, Schlössern, Palästen und Parks zu sehen sind, stammen aus dieser Zeit.

## Algarve gefliest

Die Algarve hat von der portugiesischen Manie viel zu wenig abbekommen. Aber immerhin: Taviras Igreja da Misericórdia hat einen schönen blau-weißen Wandsockel, ein paar Ecken im Garten des Palácio de Estói sind mit romantischen Fliesenbildern in allen Farben geschmückt, die Bänke auf dem Largo 1° de Dezembro in Portimão führen blau-gelb gefliest in Portugals Geschichte ein. Gute Flieseneindrücke geben sie alle. Das Aha-Erlebnis in Sachen Azulejos aber haben Besucher der **Igreja de São Lourenço bei Almancil**, Blau-Weiß bis oben hin, ein Quadrat neben dem anderen – ein ganz großer Rausch.

## AZULEJOS BIS UNTERS DACH

Das ganz große Fliesenerlebnis haben Besucher der Igreja de São Lourenço in Almancil. Lassen Sie sich vom restriktiven Fotografierverbot nicht abschrecken. In dieser Kirche werden Sie in eine wahre Flieseneuphorie geraten! ▶ **S. 57**

Eine Fliese wird in mühsamer Handarbeit hergestellt, Tausende verkleiden in der São-Lourenço-Kirche in Almancil die Wände.

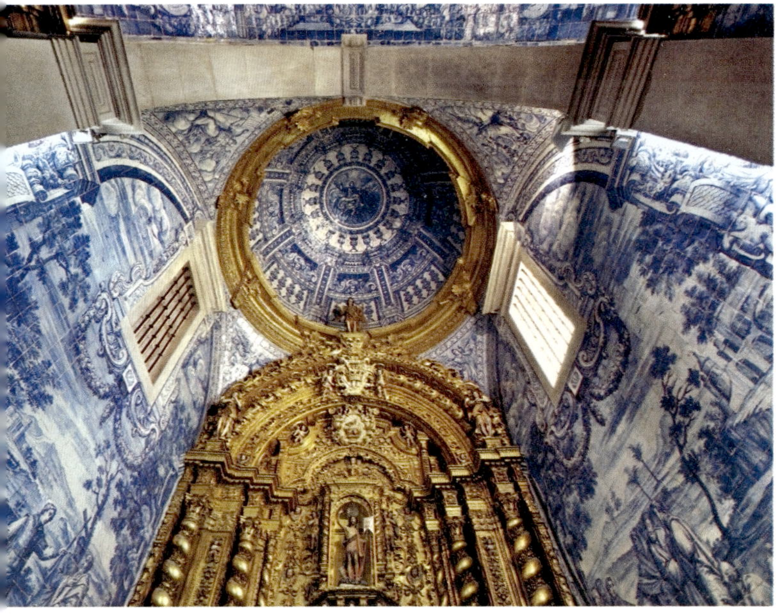

# T
# TOUREN

*Durchdacht, inspirierend, entspannt*

Mit unseren Tourenvorschlägen
lernen Sie die besten Seiten der Algarve kennen.

Ferragudo, ein dankbares Fotomotiv – da zückt jeder schnell die Kamera. ►

# UNTERWEGS IN DER ALGARVE

**Sonnen, baden, ausspannen** Erholen, Sonne tanken und baden: Das ist die Algarveküste, dafür ist der Südwesten Europas genau richtig! Saison ist nahezu ganzjährig. Aber Vorsicht: Im Mai oder Juni kann es noch mal ordentlich regnen und ab Oktober ist es meist nicht mehr durchgehend sonnig. In den Sommermonaten ist Schönwettergarantie, und genügend Sonnenschutz und hoher Lichtschutzfaktor sind unbedingt vonnöten.

**Strände** Es gibt wunderschöne Strände, und zwar en masse – in der **Felsalgarve** teilweise landschaftlich bezaubernde, kleinere Strandbuchten zwischen hohen Klippen und in der sogenannten **Sandalgarve** im Osten kilometerlange Sandstrände, die fast schon Mittelmeercharakter haben, weil hier der Atlantik nicht mehr so wuchtig ist. Die **Westküste** der Algarve ist rauer, die Wellen sind stärker und das Wasser ist immer relativ kalt. Hier finden Sie herrliche, wenig frequentierte Strände, oft auch ein Strandlokal, und können die großartige Natur von morgens bis abends genießen. Voll ist es in der Hauptsaison im touristischen mittleren Abschnitt der Algarveküste, dort ist die Infrastruktur quasi vollkommen: große, gute Hotel- und Apartment-anlagen, Restaurants, Cafés, Bars, ein ausgeprägtes Nachtleben.

Osten, Westen oder in der Mitte?

Badeurlauber wählen ihr Feriendomizil am besten so aus, dass sie Strände ihrer Wahl in der Nähe haben. Wie gesagt: **Flache Sandstrände** bietet der Osten, dort ist die Atmosphäre insgesamt recht entspannt. In der Region zwischen Faro und Tavira liegen die Strände auf den vorgelagerten **Laguneninseln**, zu denen man mit Booten übersetzen muss. Das ist wichtig für den Tagesablauf: Eine kurze Siesta zwischendurch im Hotel ist hier nicht so gut möglich wie ganz im Osten, wo sich die Strände direkt an der Küste entlangziehen. An der Westküste gibt es nur wenige Hotels und andere Unterkünfte. Die Anfahrtswege zu den Stränden sind länger und man muss mitunter etwas mehr improvisieren, hat dafür aber das **schönste Naturerlebnis**. Im Zentrum der Algarveküste – etwa zwischen Vilamoura und Lagos – fühlt sich wohl, wer zwischendurch auch gern mal ein bisschen **Abwechslung** hat, in der Fußgängerzone shoppen oder in einer Eisdiele oder einem Café sitzen möchte.

Mit Kindern in der Algarve

Das Wichtigste für einen Algarveurlaub mit kleineren Kindern ist entweder die Art des Strandes oder eine komfortable Unterkunft, in der man auf Kinder eingestellt ist und in der es möglicherweise auch Angebote für Kinder oder Kinderbetreuung gibt. Solche Hotels findet man im touristischen zentralen Teil der Algarve und zunehmend auch im Osten. Dort sind jeweils auch die Strandbedingungen relativ günstig – entweder hat man flache Buchten, in denen das Wasser ruhiger ist, oder in der Ostalgarve die langen Sandstrände, wobei Baden auch hier nicht ganz ungefährlich ist. Weiter westlich bieten sich Orte wie Salema oder Luz für Urlaub mit Kindern an.

Die »andere« Algarve

Dass die Algarve auch im **Hinterland** jede Menge kleine Schätze und eine herrliche Landschaft bietet, ist in der Regel gar nicht so bekannt. Sie sollten nicht gerade eine Kulturreise in den Süden Portugals planen, aber die kleinen Städte und Dörfer, die nicht an der Küste liegen, sind schöne Ausflugsziele, und hier bekommen Sie einen recht normalen portugiesischen Alltag mit, den man an der Küste doch ziemlich suchen muss. Abgesehen davon gibt es in der Algarve auch **kulturelle Zeugnisse**: aus römischer Zeit, aus der Epoche der großen Weltmeerbesegelungen und – leider nur spärliche – Reste der maurischen Vergangenheit.

Wie fährt man durch die Algarve?

Am einfachsten mit dem **Auto**. Wer an abgelegene Strände möchte, kommt anders kaum hin. Wer etwas von der Algarve sehen möchte, macht auch das am besten mit dem Auto. Ansonsten ist es allerdings auch schön, mit **Bussen** zu fahren oder größere Strecken mit dem **Zug**. **Radfahren** ist seit einigen Jahren im Kommen. In Küstennähe gibt es aber keine richtigen Radwege und Autofahrer nehmen nur begrenzt Rücksicht. Im ruhigen Landesinnern macht Radfahren viel Spaß, wird wegen der Steigungen allerdings zum Sport.

# ZENTRALES ALGARVEHINTERLAND

**Länge der Tour:** ca. 100 km | **Dauer:** 1 Tag

Tour 1

*Wenn Ihnen mal der Strand zu sandig ist und das Meer zu nass oder wenn Sie einfach nur wissen wollen, wie es eigentlich in der Algarve nördlich der Autobahn aussieht, dann fahren Sie doch für einen Tag in die »andere« Algarve, die die meisten gar nicht kennen, obwohl sie nur wenige Kilometer vor ihrer Hoteltür beginnt. Fahren Sie durch wunderbar verschlafene Dörfer mit weiß getünchten Häusern, in kleine Landstädte und besuchen Sie die alte Hauptstadt der Mauren!*

Sympathische Landstadt

Von ❶ ★**Albufeira** aus geht es am schnellsten über die N 125 und die N 270 oder über die Autobahn nach Loulé. Wenn Sie die Variante über die N 270 gwählt haben, können Sie gleich noch vor der Ortseinfahrt einer wichtigen Algarve-Wallfahrtsstätte die Ehre erweisen: Oberhalb der Straße steht die Wallfahrtskapelle Nossa Senhora da Piedade – ein moderner Bau mit flacher weißer Kuppel, gleich daneben die schöne alte Renaissancekapelle, das ursprüngliche Ziel der Wallfahrer. Von der Terrasse davor haben Sie einen rundum schönen,

weiten Blick in die sanft hügelige Landschaft. Wenn Sie Märkte mögen, wird Ihnen 2 ★**Loulé** gefallen. Vormittags werden die Stände in der ungewöhnlichen neomaurischen Markthalle von Einheimischen und Touristen belagert, im Viertel um den Markt ist es ländlich betriebsam. Und schön ist auch die kleine Altstadt. Wenn Sie sich nicht schon in der Markthalle mit Leckerem für den Tag eingedeckt haben, stärken Sie sich vielleicht im stilvollen Café Calcinha mit einem guten Snack – das Calcinha ist eines der alten Kaffeehäuser in der Algarve und hat trotz einer Renovierung immer noch viel von seiner alten Atmosphäre.

Durch das Baroccal

Von Loulé geht es weiter nach Salir. Wenn Sie spät dran sind, nehmen Sie die kleine Straße direkt nach Salir, andernfalls machen Sie ruhig einen Umweg über **Querença**, ein Dorf in schöner Landschaft mit adrettem Kirchplatz. 3 **Salir** breitet sich über zwei Hügel aus, von beiden bieten sich herrliche Blicke in das von kleinflächiger Landwirtschaft und Gärten geprägte Baroccal, das algarvische Vorgebirge. Auf einem der beiden Hügel steht die Dorfkirche, auf dem anderen sind noch die Reste von maurischen Kastellmauern erhalten – der ganze Stolz von Salir, denn es handelt sich um ganz seltene originale Spuren der arabischen Bebauung in Portugal! Archäologen haben gegraben und ihre Funde sind im Museum neben dem Kastell zu sehen.

Bilderbuchdorf

4 ★**Alte** ist das Vorzeigedorf im Algarvehinterland, und wenn man Pech hat, ist gerade ein Bus mit Tagesausflüglern angekommen. Ansonsten ist der Ort mit seinen hübschen weißen Häusern ruhig, geradezu idyllisch. Die Kirche ist meistens offen, man kann einen Blick hineinwerfen. Und gehen Sie auch an den Ortsrand: Dort finden Sie die Quelle, deren Wasser ein langes Leben bewirken soll – warum nicht einfach mal testen?

Alte Maurenhauptstadt

An der Straße nach Silves liegt 5 **São Bartolomeu de Messines**. Im Zentrum dieses typischen Landstädtchens kann man sich etwas umsehen, wird allerdings regelrechte Sehenswürdigkeiten vergebens suchen – wer sich für Silves etwas mehr Zeit nehmen möchte, sollte direkt weiter. Die kaum befahrene Landstraße führt durch eine abgelegene Region. Schon von Weitem sieht man 6 ★★**Silves** liegen, die Stadt, die unter den Mauren Xelb hieß und Hauptstadt der Algarve war. Lohnend ist ein Besuch der Kathedrale mit vergleichsweise vielen gotischen Elementen – eine Rarität in der erdbebengeschüttelten Algarve –, eindrucksvoll ist auch die Burganlage aus rotem Sandstein, die das gesamte Ortsbild bestimmt. Und schließlich ist das Archäologische Museum interessant, in dessen Ausstellungsräume eine Zisterne aus dem 12./13. Jh. integriert wurde. Cafés und Restaurants gibt es reichlich in Silves, eine Überlegung wäre also, den Tag hier mit einem Abendessen zu beenden.

# RUHIGE OSTALGARVE: BERGE UND FLUSSLANDSCHAFT

**Länge der Tour:** knapp 200 km | **Dauer:** 1 Tag

Tour 2

*Alte Bergdörfer, die mehr als abgelegen sind, endlose Serpentinen, der Grenzfluss Guadiana, an dessen Ufer sich kaum jemand verirrt – die Fahrt durch die Ostalgarve ist eine lange Tagestour durch sehr abgeschiedene Gegenden. Je nachdem, wie viel Zeit Sie sich lassen und wann Sie wieder an die Küste kommen, können Sie den Abend in einem schönen Lagunenstädtchen der Sandalgarve genießen und den Tag Revue passieren lassen.*

Planung

Sie sollten früh genug aufbrechen: Die Tour ist sehr schön, aber sie zieht sich. Vor allem der erste Teil der Strecke, der über Martim Longo nach Alcoutim führt, ist kurvenreich und zeitaufwendig. Und der Tank sollte voll sein, Tankstellen sind in den Bergen eher rar. Für längere Aufenthalte in den sehenswerten Städtchen Tavira oder Olhão wird innerhalb dieser Tour keine Zeit sein; man kann den Tag dort ausklingen lassen, sollte ansonsten dafür aber einen gesonderten Ausflug einplanen.

Algarvekultur

Von ❶ ★★**Faro** nimmt man die N 2 über Estói nach São Brás de Alportel. Die Straße ist zunächst noch etwas stärker befahren, aber schon bald wird der Verkehr weniger. Wer früh startet und gleich zu Beginn eine Besichtigung einschieben möchte, kann in ❷ ★**Estói** die römischen Ruinen von Milreu besuchen. Eine Patriziervilla und eine römische Kultstätte wurden ausgegraben, ein Galão gegenüber der Dorfkirche von Estói entschädigt für's frühe Aufstehen.
Hinter Estói durchfährt man eine liebliche Gartenlandschaft, die sich bis nach ❸ **São Brás de Alportel** zieht. Auch in diesem netten Landstädtchen lohnt ein kurzer Stopp, um etwas Atmosphäre zu schnuppern. Wer sich für algarvisches Landleben, Kleidung und Bräuche dieser Region interessiert, kann hier einen Besuch in dem sehr gut gemachten kleinen Museu do Traje einplanen.

Einsame Bergwelt

Anschließend geht es weiter auf der N 2, die über Almodôvar in Richtung Norden nach Lissabon führt. Nach kurvenreicher Fahrt kommt man in das abgeschiedene Dorf Barranco Velho, kurz darauf zweigt man nach rechts ab auf die N 124, die durch die **Serra do Caldeirão** nach Cachopo führt. Wie auch schon südlich von Barranco Velho ist dieser Fahrtabschnitt landschaftlich ausgesprochen reizvoll. Die

Straße zieht sich in nicht enden wollenden Kurven durch eine einsame Bergwelt, man passiert nur wenige Dörfer. In ❹ **Cachopo** sollten Sie kurz raus aus dem Auto – man bekommt einen guten Eindruck davon, wie abgelegen und einsam die Orte der Algarve sein können.

Anschließend kann man die östliche Strecke Richtung Martim Longo nehmen, die über Vaqueiros führt. Schließlich kommt man nach ❺ **Martim Longo**, das Dorf ist klein, aber doch das größte in dieser ärmsten Region der Algarve. Wenn die Kirche geöffnet ist, werfen Sie einen Blick auf die Wandmalereien aus dem 16. Jahrhundert.

Am Grenzfluss Guadiana

Von Martim Longo aus folgt man dann wieder der N 124 nach Osten, auf ihr kommt man relativ zügig voran in das 30 km östlich gelegene ❻ ★**Alcoutim**. In dem Städtchen am Guadiana lohnt eine Besichtigung des Kastells. Oder Sie setzen sich nur einfach in das Kioskcafé über dem Fluss, spannen aus und lassen den Blick über das Wasser auf das spanische Sanlúcar de Guadiana schweifen – der Fluss strahlt eine unglaubliche Ruhe aus! Von Alcoutim verläuft eine schmale Straße wunderschön am Guadiana entlang in Richtung Süden. Das Flussufer ist sowohl auf portugiesischer als auch auf spanischer Seite leicht hügelig, die Straße führt etwas oberhalb und streckenweise direkt unten am Wasser entlang. Besonders hübsch liegen die verträumten Dörfer Laranjeiras und Guerreiros do Rio (»Flusskrieger«), in Letzterem gibt es sogar ein kleines Museum, das über die Geschichte, Flora und Fauna des Guadiana informiert.

Salzgärten und Küstenorte

Südlich von Odeleite stoßen Sie auf die N 122/IC 27, auf der Sie schnell nach ❼ ★**Castro Marim**, einen Ort mit zwei Befestigungsanlagen, kommen. Castro Marim liegt etwas erhöht in einer von Wasserarmen und Salinen durchzogenen Landschaft. Rund um den Ort haben viele kleinere Salzbauern ihre Salzbecken, aber auch Portugals größte Salzproduktion ist hier ansässig. ❽ **Vila Real de Santo António** ein Stück weiter südlich kurz vor der Mündung des Guadiana in den Atlantik lohnt einen kurzen Besuch. Die Altstadt ist planmäßig im Schachbrettmuster aufgebaut und schön ist ein Bummel auf der Promenade am Ufer des Guadiana. Fährt man die N 125 parallel zur Küste nach Faro zurück, kann man je nach verbleibender Zeit noch das beschauliche kleine ❾ ★**Cacela Velha** aufsuchen oder beendet den Ausflug im hübschen ❿ ★★**Tavira** oder in ⓫ ★**Olhão**.

Alternativstrecken

Wer gern durch eine ländlichere Region fahren möchte, dem sei für die Rückfahrt nach Faro statt der Autobahn oder der etwas stärker befahrenen Küstenstraße ab Tavira die N 270 empfohlen, die durch eine hübsche Gegend führt. In São Brás de Alportel nimmt man dann die Straße nach Faro.

Für Urlauber, die ihr Domizil an der Ostküste zwischen Tavira und Vila Real de Santo António haben, besteht auch die Möglichkeit, über die N 397 direkt von Tavira nach Cachopo zu fahren und so die Tour etwas abzukürzen. Dabei sollten Sie aber auch für diese Strecke genügend Zeit einplanen: Die sehr kurvenreiche Straße erschließt die landschaftlich schöne Serra de Alcaria do Cume.

# RAU UND MENSCHENLEER – DIE WESTALGARVE

**Länge der Tour:** ca. 185 km | **Dauer:** 1 Tag

Tour 3

*Mit Wellness kannten die Römer sich aus. Und die alten portugiesischen Könige waren offenbar auch gern dabei, wenn es um Relaxen und Spa ging. Jedenfalls haben die einen wie die anderen die warmen Thermalwasser in der Serra de Monchique aufgesucht und genossen. Ob sie auch die höchsten Algarvegipfel erklommen haben, weiß man nicht. Das aber können Sie auf dieser Tour machen und dann in den äußersten Westen fahren, der sich durch seine faszinierende Kargheit und seine wilde Natur von den übrigen Regionen der Algarve deutlich unterscheidet.*

Planung

Für eine Besichtigung von Lagos haben Sie nur Zeit, wenn Sie die Tour früh genug beginnen. Wer länger an den einzelnen Orten bleiben möchte, kann sich während der Fahrt für eine Abkürzung entscheiden, bei der man das Cabo de São Vicente auslassen würde. Die Tour hat dann eine Länge von etwa 100 km.

Serra de Monchique

Sie starten von ❶ ★**Portimão** aus in Richtung Monchique, das man über die N 266 erreicht. Diese Straße gewinnt schnell an Höhe und führt schon kurz hinter Portimão durch eine dünn besiedelte Gegend. Wenige Kilometer vor Monchique liegt dann das Fleckchen, das die Römer und die König so schätzten: ❷ ★**Caldas de Monchique**. Der traditionsreiche Kurort ist erheblich kleiner, aber stimmungsvoller als Monchique selbst. Wer jetzt schon eine erste Pause einlegen möchte, kann unter hohen Bäumen einen Kaffee und mit ihm die Finde-Siècle-Stimmung des Platzes genießen.
❸ **Monchique**, Hauptort der **Serra de Monchique**, zieht sich einen Hang hinauf, und es lohnt sich, die steilen Gassen hochzugehen und immer wieder den Blick hinunter ins Tal auszukosten. Fast alle kleinen Straßen im Nordwesten von Monchique führen in die schöne Berglandschaft hinein, und wer sich die Beine etwas vertreten möchte, kann hier einen kurzen Spaziergang machen. Das können Sie aber auch ein paar Kilometer weiter westlich und 450 m höher: auf dem höchsten Berg der Algarve, auf der ❹ ★★**Fóia** (902 m ü. d. M.). Die Straße zum Gipfel startet in Monchique (hin und zurück 16 km). Oben erwartet einen einerseits ein Wald aus Antennen und Sendern, andererseits aber auch ein grandioser Blick auf fast den gesamten Küstenstreifen der Algarve, außerdem nach Norden in den Alentejo.

Wer eine Mittagspause einlegen möchte, findet im »Jardim das Oliveiras« einen schönen Platz: Das Lokal liegt etwas nördlich der Straße zur Fóia mitten in der Bergwelt. Man sitzt im Grünen in guter Bergluft und bekommt Gerichte der Serra.
Man muss die Straße nach Monchique zurück nehmen und verlässt den Ort nun in Richtung Süden, zweigt aber nach nur 2 km auf die N 267 ab. Diese Straße führt anfangs in zahlreichen Kurven durch eine sehr schöne Berglandschaft. Schließlich wird es zunehmend karger und etwas eintöniger, der Einfluss des Atlantiks macht sich in der Vegetation bemerkbar.

Wilde Westküste

In 5 ★**Aljezur** können Sie einen Aufenthalt einlegen und einmal durch den kleinen alten Ortskern hinauf zum Kastell steigen. Nach der langen Fahrt durch die Berge ist sicher auch ein Kaffee oder ein Snack nötig – ein paar Lokale lassen sich hier auftreiben. Anschließend setzt man die Tour auf der N 120 und dann auf der N 268 nach Südwesten fort und kann bei 6 **Carrapateira** direkt ans Wasser fahren – an die grandiose Praia do Amado mit einfacher Strandbude oder an die Praia da Bordeira. Hier sieht man, wie sehr sich die **Costa Vicentina**, die Westküste der Algarve, von der touristischen Südküste unterscheidet. In dem Lokal »Sítio do Forno« an der Verbindungspiste zwischen den beiden Stränden sitzen Sie mit atemberaubendem Blick aufs Meer – eine gute Option für eine längere Pause.

Am Ende des Kontinents

Dann geht es nach 7 ★**Sagres**, in den Ort also, der eine Schlüsselrolle bei der Planung der überseeischen Entdeckungsfahrten der Portugiesen spielte. Sie können die Fortaleza de Sagres etwas südlich besichtigen, auf jeden Fall aber sollten Sie zum 8 ★★**Cabo de São Vicente**, der südwestlichsten Landspitze des europäischen Kontinents. Wohl nirgends lässt sich besser nachvollziehen, mit welchen Gefühlen die Portugiesen im 15. Jh. zu ihren Fahrten jenseits des Horizonts aufgebrochen sein müssen. Vom Cabo de São Vicente muss man dieselbe Straße über Sagres zurück nehmen, fährt bis Vila do Bispo und biegt dort auf die N 125 ein.

Felsalgarve

Ein Kleinod steht unbemerkt hinter dem Ort Raposeira links der Straße: die 9 ★**Ermida de Nossa Senhora de Guadalupe**, die älteste noch erhaltene Kirche der Algarve. An der N 125 müssen Sie auf das Hinweisschild »N. S. de Guadalupe« achten, dann finden Sie sie mitten in der Landschaft an der alten, beschaulichen Landstraße, die parallel zur heutigen N 125 verläuft.
Schließlich haben Sie 10 ★**Lagos** erreicht. Die Innenstadt ist überschaubar und lädt mit ihren engen Gassen und vielen Straßenrestaurants zum Bummeln und Verweilen ein. Wer die Tour aber mit einem Naturerlebnis ausklingen lassen möchte, sollte noch kurz zur 2 km südlich gelegenen 11 ★★**Ponta da Piedade**. Die Ponta da Piedade

ist die sicher bizarrste Felsformation an der Algarveküste – und im Abendlicht schimmern die Felstürme und -tore am schönsten. Von Lagos aus sind es dann noch einmal knapp 20 km bis zum Ausgangspunkt Portimão.

Abkürzung der Tour

Wer Sagres und das Cabo de São Vicente im Rahmen eines anderen Ausflugs besuchen möchte, biegt etwa 6 km südlich von Aljezur auf die N 120 ab. So erreicht man nach 24 km recht zügig Lagos.

Alternativroute

Alternativ lässt sich diese Route auch gut in entgegengesetzter Richtung fahren, was den Vorteil hat, dass man für eine Besichtigung von Lagos noch frischer ist und den Tag in dem stimmungsvollen Kurort Caldas de Monchique ausklingen lassen kann. Ein Nachteil ist, dass man sich schon in Lagos entscheiden muss, ob man die Tour abkürzen möchte oder auch das Cabo de São Vicente anfährt.

# Z
# ZIELE

*Magisch, aufregend, einfach schön*

Alle Reiseziele sind alphabetisch geordnet. Sie haben die Freiheit der Reiseplanung.

Möwen kreisen über dem Hafen von Lagos. ▶

# ALBUFEIRA

**Conselho:** Albufeira | **Einwohnerzahl:** 28 640

*Mitte des 20. Jahrhunderts war Albufeira noch ein wunderschön gelegenes kleines Fischernest. Dann wurde es streng gehüteter Geheimtipp von ersten Urlaubern und in den 1960er- und 1970er-Jahren Traumziel für Sonnenhungrige aus den Schlechtwetterländern Europas, die hier südliches Boheme-Dasein kultivierten und die Nacht zum Tag machten.*

Alles inklusive: Strände, Shoppen, Party

Vom kleinen Fischerdorf und vom Geheimtipp ist nichts mehr übrig, die letzten Fischer sind verschwunden, am großen Stadtstrand relaxen jetzt die vielen Badegäste. Das alte Dorfzentrum ist heute eine einzige große Fußgängerzone – überall Souvenirgeschäfte, Schmucklädchen und Boutiquen. Dazu Restaurants und Cafés: Manche Gasse scheint ein riesiges Open-Air-Lokal zu sein. Und dann die Nächte: Albufeira ist Partyhochburg und ein Traum für Nachtschwärmer. Also auf in den Trubel!

Die Lage bleibt einmalig: direkt an der Felsalgarve, wo hohe Klippen kleine malerische Buchten rahmen. An einer solchen von Felsen gerahmten Sandbucht ist das Fischerdorf einst entstanden. Die weiß gekalkten Häuser ziehen sich wie ein Amphitheater an den Hängen der felsigen Bucht hinauf – das ist immer noch wirkungsvoll. Nur ist alles ausgeufert. Als Albufeira Ende der 1970er-Jahre ins Visier großer Tourismusunternehmen geriet, avancierte es schnell zu **einem der wichtigsten Urlauberzentren der Algarve**. Das alte Fischerdorf erlebte einen ungeahnten Aufschwung, musste dafür aber in Kauf nehmen, dass sich das Ortsbild und die gesamte Umgebung völlig veränderten. Sämtliche Wassersportarten kann man hier praktizieren, Reiten, Tennis und Golf spielen. Im Westen von Albufeira ist eine große Marina entstanden.

## Wohin in Albufeira?

### Flanieren – spazieren

Altstadt – Rua 5 de Outubro

Diese schmale Flanierstraße zieht sich einmal längs durch die Fußgängerzone. Hier sitzt die Touristeninformation, die Lädchen preisen Strandkleider an, lange Halsketten oder Souvenirs und Sonnenmilch. Und in der Saison ist es immer voll – so voll, dass die kunstvollen schwarz-weißen Bodenmosaike nicht mehr richtig zu sehen sind. Ein hoher Felshügel trennt die Rua 5 de Outubro vom Meer, deshalb baute man in den 1930er-Jahren einen Tunnel in den Fels – und damit eine direkte Verbindung zum Stadtstrand – und Treppen zu beiden

## SILVESTER IN ALBUFEIRA

Noch zehn Sekunden bis Mitternacht, neun, acht, sieben, sechs, die ersten Sektkorken knallen, fünf, vier, drei, Schampusduschen rieseln auf die Umstehenden nieder, zwei, eins, zero – und ein gigantisches Feuerwerk wird unten am Strand gestartet, minutenlang zischen und platzen sprenkelnde und funkelnde Gebilde in den Nachthimmel, jeder jubelt jedem zu, Küsschen hier, Küsschen da – was für ein verheißungsvoller Jahresbeginn!

Seiten der Fußgängerstraße, die in die Höhe führen. Oben geht es in beiden Richtungen hoch über dem Strand parallel zum Meeressaum – eine Spaziermeile mit Aussicht!

**Als Albufeira Al-Buhera hieß**

Museu Municipal de Arqueologia

Das Museum im alten Rathausgebäude hält sich wacker zwischen allem Badevergnügen und Shoppinggetümmel und zeigt seine Sammlung mit einigem Engagement. Wenn es mal kein Strandtag sein soll oder das Wetter einfach schlecht ist, ist diese archäologische Sammlung eine gute und interessante Alternative. Natürlich geht es weit zurück in Albufeiras Anfänge.

Um die Exponate etwas einordnen zu können, hier ein paar Eckdaten zur frühen Stadtgeschichte: Die Römer ließen sich in der ersten Hälf-

## ALBUFEIRA ERLEBEN

### TURISMO DE ALBUFEIRA

Rua 5 de Outubro
Tel. 289 58 52 79
www.cm-albufeira.pt

Das alte Zentrum von Albufeira kann einem vorkommen wie ein einziges Einkaufsviertel, vor allem in der Rua 5 de Outubro reihen sich Souvenirlädchen und Boutiquen aneinander. An der N 125 findet man kurz vor Guia (aus Richtung Osten kommend) das größte Einkaufszentrum der Algarve, AlgarveShopping, mit über 130 Geschäften – hier ist von Mode bis Möbel alles zu finden.

Die wohl bekannteste Ausgehadresse in der Algarve ist der »Strip«, die Nachtleben-Hochburg östlich des Zentrums zwischen Praia da Oura und Montechoro. Wer es weniger spektakulär und nach durchfeierter Nacht nicht so weit haben möchte, findet direkt in Albufeiras Zentrum genügend Lokale, Bars und Diskotheken – die meisten in der Rua Cândido dos Reis und am Largo Eng. Duarte Pacheco.

### 1 VILA JOYA €€€€

Zwei Michelin-Sterne für Dieter Koschina: Das Restaurant mit dem österreichischen Küchenchef gilt als eines der besten Restaurants in Portugal – es gehört zu den 50 vorzüglichsten Gourmettempeln weltweit!
Straße zur Praia da Galé
Tel. 289 59 17 95
www.vilajoya.com

### 2 AL QUIMIA €€€

Sich im Urlaub etwas Besonderes gönnen – in das Restaurant ca. 7 km östlich vom Zentrum kommen die Leute wegen der exzellenten Küche und des modernen Designs.
EPIC SANA Algarve Hotel,
Praia da Falésia
Tel. 289 10 45 00
www.alquimiafinedining.com

### 3 A RUINA €€/€€€

Dieser Albufeira-Klassiker ist eine Attraktion für Urlauber. Es gibt gute Meerestiere und man sitzt auf der Dachterrasse mit schönem Blick auf den Stadtstrand.
Cais Herculano, Tel. 289 51 20 94
www.restaurante-ruina.com

### 4 CABAZ DA PRAIA €€/€€€

Hier hat man alles: fantastisches Essen und einen tollen Blick. Das alteingesessene Cabaz da Praia hat eine weithin bekannte Küche.
Praça Miguel Bombarda 7

### 5 O PENEDO €€/€€€

Eine tolle Location! Direkt über den Klippen speist man mit Blick über die Stadt und aufs Wasser. Serviert werden solide Fischgerichte.
Rua Latino Coelho 15
Tel. 289 58 74 29

### 1 PINE CLIFFS HOTEL €€€/€€€€

Das Hotel östlich von Albufeira Richtung Quarteira gilt als eines der schönsten Hotels an der Algarve: 215 Zimmer und Suiten in einer großzügigen zweistöckigen Anlage.
Praia da Falésia
Tel. 289 50 01 00
www.pinecliffshotel.com

**❷ PORTOBAY FALÉSIA €€/€€€**
Sehr zu empfehlen: Ein großes, angenehmes Hotel mit komfortablen und wohnlichen Zimmern, das östlich von Albufeira in guter Lage oberhalb des Falésia-Strands steht. Versuchen Sie, ein Zimmer mit Meerblick zu bekommen! Zum Hotel gehören ein Innen- und ein Außenpool.
Olhos D'Água
Tel. 289 00 77 00
www.portobay.com

**❸ DIANAMAR €€**
Dieses B&B gehört zu den sympathischsten Adressen direkt in Albufeira in sehr guter Lage in Strandnähe. Schon der Empfang ist sehr persönlich und so geht es weiter – eine nette Atmosphäre im Haus direkt an der Flanierpromenade über dem Meer.
Albufeira
Rua Latino Coelho 36
www.dianamar.com

---

te des 2. Jh.s v. Chr. hier nieder. Auf den Klippen errichteten sie eine Burg, nannten sie samt der Siedlung »Baltum« und legten am Meer Becken zur Salzgewinnung an – Salz wurde zum Konservieren von Fisch benötigt. Im 5. Jh. n. Chr. kamen die Westgoten in die Region, die ihre Macht 716 an die Araber abtreten mussten. Die nannten die Stadt Al-Buhara oder Al-Buhera, woraus sich der heutige Name Albufeira ableitet, was so viel wie **»Lagune«** bedeutet. Durch Handel mit Nordafrika wurde Albufeira damals zu einem wichtigen Hafenort. Die Einnahme der Stadt durch christliche Truppen 1189 war nur ein zweijähriges Zwischenspiel, erst Mitte des 13. Jh.s wurde Albufeira von Rittern des Santiagoordens erobert und fiel in der Folge endgültig an Portugal. Der Handel mit Nordafrika kam daraufhin vollkommen zum Erliegen, die Stadt verlor an Bedeutung.
Praça da República 1 | Mi.–Fr. 9.30–17.30, Sa., So., Di. 9.30–12.30, 13.30–17.30 Uhr | Eintritt: 1,06 €

**Praia dos Pescadores – Strand der Fischer**

Largo Cais Herculano – Praia dos Pescadores

Früher war der große Platz unten an der Praia dos Pescadores das Herzstück der Dorffischerei. Vom Strand starteten die bunten Boote, die immer schon schön waren, aber weit davon entfernt, als Postkartenmotiv zu landen. Der frische Fang wurde gleich hier unten am Largo in der **offenen Fischhalle** verkauft. Albufeira lebte über lange Zeiten vom Fisch, und Mitte des 19. Jh.s begann mit dem Einsetzen der Fischverarbeitung in größerem Stil die industrielle Entwicklung des Orts. Zu Beginn des 20. Jh.s waren Fisch- und Trockenfrüchteexport die wichtigsten Arbeitgeber. Es gab außerdem mehrere Werften und fünf Fabriken, in denen größtenteils Frauen arbeiteten. In den 1950er-Jahren verschlechterte sich die wirtschaftliche Situation in und um Albufeira rapide. Werften und Fabriken mussten schließen, die Bevölkerungszahl ging zurück – der bald einsetzende Fremdenverkehr kam wie gerufen. Am Largo genießen die Massen heute in zahlreichen Fischrestaurants und Kneipen das Feriendasein. Man

sieht von hier die Seebrücke, die vor der Praia dos Pescadores weit ins Wasser führt, ein schöner Platz für die Angler, die hier Stunde um Stunde vergehen lassen können. Und auch von oben lässt sich das Ganze betrachten: Eine Rolltreppe führt vom Platz an der Felswand hinauf zu einem Aussichtspunkt – etwas seltsam, hier in Strandnähe eine Rolltreppe zu benutzen, aber doch eine erfreuliche Hilfe.

### Albufeiras Hauptplatz

Largo Eng. Duarte Pacheco

Die Rua Cândido dos Reis – in den Sommermonaten ein einziges großes Straßenrestaurant – stellt die Verbindung zum Largo Engenheiro Duarte Pacheco her. Albufeiras Hauptplatz ist das Zentrum der Altstadt, hier treffen sich Einheimische und vor allem Touristen. Cafés, Restaurants und Snackbars reihen sich aneinander, dazwischen Postkartenständer und Modeschmuckverkäufer. Benannt ist der Platz nach dem Ingenieur Duarte Pacheco, der unter Salazar Bauminister war und den Tunnelbau zwischen der Rua 5 de Outubro und dem Stadtstrand leitete.

### Zwei Kirchen

Igreja Sant' Ana – Igreja de São Sebastião

Die Igreja Sant' Ana, eine typische, weiß gekalkte Algarvekirche aus dem 18. Jh., wirkt in der heute städtischen Umgebung geradezu ländlich. Sie ist architektonisch interessant mit einer Vierungskuppel und barock geschwungenen Giebeln an deren Seiten.
An der im Renaissancestil errichteten Igreja de São Sebastião ist ein **manuelinisches Seitenportal** von einer Vorgängerkirche erhalten. Im ebenfalls in dem Kirchenbau untergebrachten Museu de Arte Sacra kann man sich eine kleine Sammlung von Sakralgegenständen ansehen.

## Rund um Albufeira

### Strände, Strände, Strände

Westlich und östlich von Albufeira

Westlich von Albufeira gibt es mehrere kleine Strände in beschaulichen Buchten, außerdem die lange **Praia da Galé**, die sich bis nach Armação de Pêra zieht. Überall findet man Strandlokale und gute Wassersportmöglichkeiten: Tauchen, Surfen, Wasserski. Die Praia da Galé wird von Surfern bevorzugt, tauchen und schnorcheln kann man am besten zwischen Albufeira und der **Praia do Castelo**, also an der beliebten Praia de São Rafael und an der **Praia da Baleeira**.
Hübsche kleinere Strände im Osten von Albufeira sind die **Praia da Oura**, die **Praia da Balaia,** die **Praia Eulália** und die **Praia de Maria-Luisa**, die zu den Vororten Montechoro und Areias de São João gehören. An allen Stränden gibt es gute Wassersportbedingungen und Gastronomie.

### Wasseraugen

Olhos de Água

Olhos de Água liegt 7 km östlich von Albufeira an der Küste. Der Name stammt von den Süßwasserquellen, die bei Niedrigwasser am Strand zu sehen sind und die die Bewohner als »Wasseraugen« (olho

= Auge) bezeichnen. Der hübsche, felsige Strand ist in der Hauptsaison meistens ziemlich voll, denn das einst winzige Olhos de Água ist heute ein beliebter Touristenort, an dessen Rand große Hotelanlagen stehen. Attraktiver ist die berühmte **Praia da Falésia** (▶Vilamoura), die kurz hinter Olhos de Água beginnt und sich über 5 km bis Vilamoura zieht.

### Landeinwärts

Paderne Der kleine Ort strahlt eine wohltuende Ruhe abseits des gar nicht mal so fernen Touristenrummels an der Küste aus. Paderne liegt inmitten einer schönen, leicht hügeligen Landschaft 10 km nordöstlich von Albufeira. Unter den Arabern als Badirna bekannt, wurde es 1248 von den Portugiesen erobert. In Paderne gibt es eine Pfarrkirche, die im 16. Jh. gegründet worden ist. Sie weist noch einige manuelinische Elemente aus dieser Zeit auf.
2 km südlich stehen auf einem Hügel die Reste einer **Burganlage**, deren Ursprünge auf eine maurische Festung zurückgehen. Zu sehen sind Mauer- und Turmreste und eine maurische Zisterne. Außerdem ist die Ruine einer gotischen Kirche erhalten.

### Portugiesische Prominenz

Boliqueime Aus Boliqueime stammt der langjährige portugiesische Ministerpräsident und Staatspräsident **Cavaco Silva**. Auch **Lídia Jorge** (▶Interessante Menschen), eine der bekanntesten Schriftstellerinnen Portugals, ist hier aufgewachsen. Sie hat in ihrem Roman »Der Tag der Wunder« den Alltag in dem verschlafenen Boliqueime während der Salazarzeit und die Hoffnung, die mit der Nelkenrevolution zunächst aufkeimte, beschrieben. Boliqueime liegt gut 8 km Luftlinie nordöstlich von Albufeira.

### Delfine an Land

Guia Guia ist bekannt für sein großes Shoppingcenter und für den **Zoomarine Park**, den pro Jahr etwa 400 000 Urlauber besuchen. Wer mag, kann auf dem hübsch angelegten Parkareal Tiere anschauen: Papageien, die kleine Kunststückchen zum Besten geben, hauptsächlich aber Meerestiere wie **Haie**, **Seelöwen**, **Delfine und Robben,** die ein einstudiertes Programm vorführen. Ein großer Pool lädt zum Badevergnügen ein, außerdem wird Schwimmen mit Delfinen veranstaltet. Sogar Karussells, ein Riesenrad und Kinovorführungen sind im Angebot. Allein für die Hauptattraktionen und Tiernummern kann man mindestens vier Stunden einplanen. Der Zoomarine Park liegt westlich von Guia an der N 125.
Mitte Apr.–Ende Sept. tgl. 10–18, Ende Juni–Anfang Sept. bis 19.30 Uhr, Okt., Nov. eingeschränkte Öffnungszeiten | Eintritt: 30–37 € (Online-Tickets und 2-Tage-Tickets günstiger) | Tel. 289 56 03 00 | www.zoomarine.pt

OBEN: Die Praia dos Pescadores, der Strand der Fischer, macht ihrem Namen heute keine Ehre mehr. Die Fischer haben Albufeiras Stadtstrand den Touristen überlassen.

UNTEN: Da ist zwar noch etwas Platz, aber viel Ruhe hat man in Albufeira nicht.

### Ziemlich exotisch

Krazy World

Schlangenteich, Krokodilgehege, Kängurus – wer hätte das in Südportugal erwartet? Oder Ziplining und Karting? Wem das alles zu aufregend ist, der kann sich im Streichelzoo der Krazy World ganz entspannt den Ziegen nähern, Minigolf spielen oder die Wasserrutsche ausprobieren.
Juli, Aug. 10–18.30, sonst bis 18, Okt. bis 17.30, Nov.–Febr. bis 17 Uhr und tageweise geschl. (siehe Website) | Eintritt: 16,95 € (Kinder 4–10: 9,95 €), Online-Tickets günstiger | www.krazyworld.com

# ★ ALCOUTIM

**Conselho:** Alcoutim | **Einwohnerzahl:** 1100

*Nur einfach dasitzen und den Fluss vorbeiziehen lassen. Nichts eignet sich dafür besser als Alcoutim und die benachbarten Flussdörfer: Hier ist man im abgelegenen Nordostzipfel der Algarve, am Ufer des Guadiana, auf dessen anderer Seite das spanische Andalusien liegt. An Wochentagen verirren sich kaum Touristen hierher. Die Abgeschiedenheit ist der Clou des Ortes, für den das Wort »Clou« eigentlich schon zu aufregend ist.*

Dass man in dieser Ecke nicht die große Sause machen kann, wird jedem ganz schnell klar. Stattdessen Ruhe, sagenhafte Ruhe. Nur am Wochenende ist es mit der Beschaulichkeit manchmal vorbei. Im Sommer jedenfalls, dann können ganze Scharen von Ausflüglern einfallen, denn Portugiesen steuern das hübsche weiße Städtchen gern samstags oder sonntags an. Zum Glück, denn das bringt wenigstens ein bisschen Geld in die Kassen der Restaurants und Pastelarias. Ansonsten ist diese ziemlich menschenleere Gegend nicht verwöhnt, Arbeitsmöglichkeiten gibt es kaum.
Auf der anderen Flussseite liegt das spanische **Sanlúcar de Guadiana** – ein sehr friedliches Bild, das nichts von der einstigen Feindschaft erahnen lässt, die es über Jahrhunderte zwischen den beiden Orten gab. 1371 schlossen Portugal und Kastilien hier den **Frieden von Alcoutim**: Nach einer feierlichen **Begegnung auf dem Fluss** unterzeichneten Fernando I. und Henrique II. von Kastilien den Vertrag, der die kriegerischen Auseinandersetzungen zwischen den beiden Ländern beendete – vorübergehend zumindest. Im 17. Jh. wurde wieder gekämpft und erst ab 1668 war endgültig Ruhe zwischen Alcoutim und Sanlúcar, als Spanien die Unabhängigkeit Portugals definitiv anerkannte.

**Seichter Fluss – kühles Bad**

Flussstrand

Nein, nicht im Guadiana. Alcoutim hat noch einen anderen Fluss: die schmale Ribeira de Cadavais, die hier in den Guadiana fließt. Dieser kleine Nebenfluss wurde etwas gestaut und die Praia Fluvial aufgeschüttet, ein künstlicher Strand, an dem man baden kann – an warmen Sommertagen ein sehr beliebter und entspannender Ort am Dorfrand, zumal der Guadiana zum Baden nicht empfohlen wird. Ein Kiosk verkauft Getränke und kleine Snacks.

## ALS GRENZGÄNGER ZUM DINNER

So ungewöhnlich und geruhsam kommen Sie sonst nicht ins Nachbarland! Ein kleines Boot bringt Sie rüber nach Sanlúcar de Guadiana, Sie müssen einfach nur am Anleger fragen – bzw. den Käpt'n suchen lassen –, bezahlen, einsteigen und los geht's. Ein paar Minuten später steigen Sie in Andalusien aus: spanisches Dorfflair, Tapas, vielleicht ein Dinner. Damit Sie nicht in Sanlúcar hängenbleiben, machen Sie eine Zeit für die Rückfahrt aus – und denken Sie dran, in Spanien ist es schon eine Stunde später!

## ALCOUTIM ERLEBEN

**POSTO DE TURISMO**
Rua 1° de Maio
Tel. 281 54 61 79

Kleine Veranstalter bieten Aktivitäten auf dem Fluss und in der Umgebung (https://alcoutiminvista.pt) – Radfahren, Wandern, Kajaktouren, Bootsausflüge. Mutige probieren die Zipline über den Fluss (www.limitezero.com).

**HOTEL D' ALCOUTIM €€**
Gepflegtes kleines Hotel in schöner Lage direkt oberhalb des Flusses. Die Zimmer sind passabel eingerichtet und im Swimmingpool kann man sich erfrischen. Das Hotelrestaurant serviert regionale Gerichte und ist vor allem an Wochenenden beliebtes Ziel von Portugiesen.
Av. de Espanha 43
Tel. 911 50 34 00

## Wohin in Alcoutim?

**Festung, Schlachthof, Museum**

Castelo

Kein Wunder bei der Lage: Alcoutim hatte schon sehr früh strategische Bedeutung. Das Castelo geht auf einen arabischen Festungsbau aus dem 11. Jh. zurück, es gab aber wohl auch vorher Verteidigungsmauern größeren Ausmaßes, schließlich bewohnten Phönizier, Römer, Alanen und Westgoten zuvor schon die Siedlung mit Flusshafen. Letzte kriegerische Konflikte erlebte Alcoutims Kastell in den dreißiger Jahren des 19. Jh.s, als Liberale und absolutistisch Gesinnte am Guadiana gegeneinander kämpften. Danach hatte die Burg unterschiedliche Aufgaben – zeitweilig diente sie sogar als Schlachthof. 1973 begann man mit umfassenden archäologischen Grabungen und Restaurierungen nach Originalplänen. Heute wird hinter dem wuchtigen Castelo-Tor eine **Ausstellung mit archäologischen Funden** gezeigt, außerdem sind die alten freigelegten Fundamente zu sehen.
Mai–Sept. Mo.–Sa. 10–18, So. 10–13, 14–18, Okt.–April Mo.–Sa. 9–17, So. 9–13, 14–17 Uhr | Eintritt: 3 €

**Nasse Füße im Gotteshaus?**

Alcoutims Kirchen

Das 16. Jh. war das Jahrhundert des Kirchenbaus in Alcoutim. In bestechender Lage entstand etwas erhöht am Guadiana-Ufer die **Pfarrkirche**, eine dreischiffige Kirche im Stil der frühen Renaissance. Erhalten ist heute noch das ansehnliche Renaissanceportal. Wenn die Kirche offen ist, achten Sie drinnen auf die hübschen Kapitelle und das Baptisterium mit einem Flachrelief aus dem 16. Jahrhundert. Die **Kapelle Nossa Senhora da Conceição** wurde ebenfalls auf einer

Anhöhe westlich der Burg errichtet; aus der Ursprungszeit stammt noch ein manuelinisches Portal. Das erhöhte Bauen hatte seinen Grund: Im Lauf der Jahrhunderte machten oft **größere Überflutungen** dem Ort zu schaffen. An der Außenwand der **Igreja da Misericórdia** unten an der Praça da República zeigt eine Marke den Pegelstand eines besonders hohen Hochwassers im Dezember 1876.

## Rund um Alcoutim

### Am Grenzfluss entlang

Guerreiros do Rio

Von Alcoutim aus führt eine Straße am Ufer des Guadiana entlang durch eine wunderschöne Landschaft in Richtung Süden. In dem verschlafenen Dorf Guerreiros do Rio, das etwa 12 km südlich von Alcoutim idyllisch am Flussufer liegt, ist in der früheren Grundschule das **Museu do Rio** eingerichtet. Eine kleine Ausstellung gibt Informationen zu Geschichte, Fauna und Flora und zum Leben der Menschen am Fluss. In Guerreiros do Rio und in Laranjeiras sitzt es sich schön in kleinen Kioskcafés unten am Fluss.

Di.–Sa. 10–13, 14–18, Okt.–April 9–13, 14–17 Uhr | Eintritt: 3 €

# ALJEZUR

**Conselho:** Aljezur | **Einwohnerzahl:** 3400

*Wie kommt man nach Aljezur? Am Wochenende überhaupt nicht, kein einziger Bus! Also mit dem Auto. Der ganze Landstrich wirkt menschenleer, ist gut für Individualisten, die auf Komfort und gediegene touristische Infrastruktur keinen Wert legen, die Natur hautnah spüren wollen. Vom internationalen Trubel der Urlauberzentren an der Südküste ist Aljezur Galaxien entfernt.*

Leer gefegt, leer geweht – die Gegend ist windgegerbt, das Klima rau. Keine lieblichen Gärten, nur niedrige Strauch- und Macchiagewächse, die einen würzigen Duft über die Landschaft legen. Das Meer scheint überall nah, die ewige Brandung gleich hinter der nächsten Kurve. Bei Aljezur gibt es Strände, von denen man später noch träumt. In den Wellen sind die Surfer am Werk, den ganzen Tag, bis sie abends hungrig zurückkehren nach Aljezur. Dass hier fast alles noch so ist, wie es immer war, verdankt diese Region ihrer Rauheit und der Tatsache, dass die gesamte ▶Costa Vicentina, wie der Küstenstreifen heißt, unter Naturschutz steht.

BAEDEKER ÜBERRASCHENDES

# 6X DURCHATMEN

*Entspannen, wohlfühlen, runterkommen*

## 1. WÜSTENGLEICH

Eine Fahrt in die Einsamkeit: Etwa eine halbe Stunde mit dem Boot durch die stille Wattlandschaft, dann wird man auf der unbewohnten **Ilha Deserta** abgesetzt. Ein Restaurant und sonst nichts – »desert«, Wüste, völlige Ruhe. (▶ **S. 95**)

## 2. LAGUNENRUHE

Ruhig gleitet das Boot durch die seichten Fluten, unterm Kiel gluckert das Wasser der **Ria Formosa**. Der Blick geht entspannt in die Weite. Kleine Wellen, Dünenstreifen, Himmel, Sonne, ein feiner Wind: ganz und gar erholsam. (▶ **S. 161**)

## 3. GRENZFLUSS

Auf der Autofahrt von Alcoutim nach Süden **am Guadiana** entlang bitte einmal aussteigen! Sie hören nichts. Nur ferne Stimmen und Ziegengeläut vom spanischen Ufer, das Gurgeln des Flusses – und ab und zu springt ein Fisch aus dem Wasser. (▶ **S. 53**)

## 4. ZEITLOS

Alle **Wanderungen** in der Algarve führen durch abgelegene stille Regionen. In vielen können Sie erahnen, wie die Algarve früher war, wie sie schon seit Jahrhunderten ist. (▶ **S. 247**)

## 5. BERGSTILLE

Dass man in solcher Abgeschiedenheit leben kann! In der **Serra do Caldeirão** tauchen Sie in eine wohltuende Ruhe ein, das Leben in den Dörfern geht ein paar Umdrehungen langsamer. (▶ **S. 148**)

## 6. SORGENFREI

So viel Natur verschlägt einem fast den Atem. Nur nicht wegwehen! Ein winterlicher Strandspaziergang an der **wilden Westküste** fegt auch die letzten störenden Gedanken aus dem Kopf – hier ist man allein mit sich, dem Wind und dem Meer. (▶ **S. 53**)

## ALJEZUR ERLEBEN

POSTO DE TURISMO
Rua 25 de Abril 62
Tel. 282 99 82 29

RESTAURANTE PRIMAVERA €/€€
In das kleine Restaurant geht man, um gute und bodenständige regionale Gerichte zu essen.
Rua 25 de Abril 67
Tel. 282 99 82 94

HOSTEL AMAZIGH €/€€
Ein einfaches, modernes Hostel im Ort, das Doppel- und Mehrbettzimmer, außerdem Familienzimmer hat. Die Gemeinschaftsküche und die Lounge sind schlicht und geschmackvoll. Und passend zur Lage von Aljezur in der Nähe der tollsten Strände kann man auch Surfpakete buchen.
Rua da Ladeira 5
Tel. 917 99 81 82
www.amazighostel.com

## Wohin in Aljezur?

**Der Fluss als Mittellinie**

Altstadt und Neustadt

Kommt man von Norden nach Aljezur, zeigt sich der Ort von seiner schönsten Seite. Man überquert einen kleinen Fluss, die Ribeira de Aljezur, und fährt direkt auf die **Altstadt** zu, die sich zur Burg hinaufzieht. Man vermutet, dass Aljezur eine Gründung der Araber ist, zumindest das »Al-« im Ortsnamen lässt darauf schließen. Die Altstadt ist ein wenig hergerichtet worden und einige kleine Museen lohnen einen Besuch. Die Neustadt auf der anderen Flussseite, die als **Igreja Nova** bezeichnet wird, ist ein recht unspektakuläres kleines Algarvestädtchen, in dem alle einem ganz normalen Alltag nachgehen.

**Mauern mit Aussicht**

Castelo

Steile Altstadtgassen führen hinauf zur Burg, die auf die arabische Epoche zurückgeht, heute aber nur noch eine Ruine ist. Erhalten sind die Außenmauern und eine Zisterne und von oben hat man einen guten Blick in die Umgebung. Unter anderem sieht man das Flusstal der Ribeira de Aljezur, die weiter nordwestlich in den Atlantik mündet.

**Museumsansammlung**

Museen

Dafür dass Aljezur klein ist, hat es auffällig viele Museen. Verbringt man seinen Urlaub in dem Ort und sucht Abwechslung von Strand und Meer, bieten sie ein bisschen Kultur. Vier Museen sind es: Sakrale Gegenstände aller Art stellt das **Museu de Arte Sacra** im Anbau der schlichten Igreja Misericórdia aus. Das **Museu Antoniano**

in der Capela de Santo António aus dem 17. Jh. erinnert an den hl. Antonius, den Schutzheiligen von Lissabon. Die **Casa Museu Pintor José Cercas** zeigt Werke des aus Aljezur stammenden Malers José Cercas und Gemälde anderer portugiesischer Künstler.
In einem Gebäude aus dem 19. Jh., dem früheren Rathaus von Aljezur, ist das **Stadtmuseum** untergebracht. Ausgestellt sind vor allem archäologische Funde aus der Region.
**Alle Museen:** Juni–Sept. Di.–Sa. 9–13, 14–18, im Winter bis 17 Uhr (Mus. Antoniano und Casa Mus. Pintor José Cercas im Winter nach Voranmeldung) | Eintritt: 2,20 € für alle Museen

## Rund um Aljezur

**Wild und schön**

Strände

Die tollen Strände bei Aljezur sind, was Wind und Wasser anbelangt, rauer als die Strände an der Südküste der Algarve. Durch starke Strömungen ändern sich die Verhältnisse mitunter von Jahr zu Jahr. Die nächstgelegenen sind Praia da Arrifana, Praia de Monte Clérigo und Praia da Amoreira. Sie sind unter ►Costa Vicentina beschrieben.

# ★ ALMANCIL

**Conselho:** Loulé | **Einwohnerzahl:** 11000

*Eine gute Portion Luxus finden Sie an der Küste bei Almancil, einer Algarve-Ecke, die für die vielen exklusiven Unterkünfte – Hotels, Villen und Apartments – bekannt ist. Die teuersten Immobilien wechseln hier ihre Besitzer. Oder doch lieber etwas Kultur? Da hat Almancil die wohl interessanteste Kirche der Algarve zu bieten, die Igreja de São Lourenço – etwas für's Auge! Ihre weiße Kuppel strahlt einen schon von Weitem an.*

Golden triangle

Immobilienmakler sprechen gerne vom »Goldenen Dreieck« und damit sind die luxuriösen Feriendomizile Vale do Lobo, Quinta do Lago und ►Vilamoura gemeint, die alle zu Almancil gehören. Die ländliche Kirche am Rand von Almancil kann da durchaus mithalten, sie zeigt echtes Gold, hauchdünnes Blattgold, das in der Barockzeit ebenfalls etwas von repräsentativem Luxus hatte. Von all dem Glanz ist in Almancil selbst nichts zu merken, der Ort ist ein zersiedeltes Gebilde, das mit seinen Geschäften und Banken aber das lebhafte Zentrum der »goldenen Gegend« ist.

## ALMANCIL ERLEBEN

### POSTO DE TURISMO

Rua José dos Santos Vaquinhos 53
Tel. 289 40 08 87

### CASA VELHA €€€€

Französisch-portugiesische Küche und erstklassige Atmosphäre in einem alten Landhaus.
Quinta do Lago
Tel. 289 39 49 83

### HENRIQUE LEIS €€€€

Der Brasilianer Henrique Leis setzt auf internationale Gourmetküche mit französischem Akzent. In stilvollem Ambiente kann man vorzügliche Fischgerichte und Meeresfrüchte genießen.
Almancil, Vale Formoso
Tel. 289 39 34 38
www.henriqueleis.com

### FLORIAN €€€€

Restaurant der gehobenen Kategorie – gepflegt und gemütlich zugleich. Das Florian ist bekannt für seine internationale Gourmetküche und die umfangreiche Weinkarte, auf der auch eine große Auswahl an portugiesischen Weinen steht.
Quinta do Lago, Rua Van Zanten
Tel. 289 39 66 74

### GUSTO BY BECK €€€€

Das Restaurant im Hotel Conrad trägt einen Michelin-Stern und entsprechend empfehlenswert sind die Kreationen der Küche. Fast alles ist im mediterranen Bereich angesiedelt, Italien scheint nicht weit. Eine sehr interessante Weinkarte und ein gediegen-luxuriöses Ambiente.
An der Straße zwischen Vale do Lobo und Quinta do Lago
Tel. 289 35 07 00

### RESTAURANTE MALVEIRO €€/€€€

Eine algarvische Institution seit über 30 Jahren. Beliebtes Restaurant, in dem portugiesische Gerichte mit mosambikanischem Touch zubereitet werden.
Almancil, Vale de Éguas
Tel. 917 82 41 31
https://restaurantemalveiro.pt

### HOTEL QUINTA DO LAGO €€€€

Die beste Adresse an der Algarveküste, eine Luxushotelanlage mit ca. 150 Zimmern, die sehr ansprechend mit vielen Grünflächen gestaltet ist. Hier kann man einen ruhigen Urlaub verleben, hat aber – wenn man will – auch vielfältige Sportmöglichkeiten.
Tel. 289 35 03 50
www.hotelquintadolago.com

## Wohin in Almancil?

**Ein Fliesenrausch**

Igreja de São Lourenço

Berühmt ist die Kirche wegen des außergewöhnlichen Fliesenschmucks im Innern (►Abb. S. 27). Wände, die Gewölbedecke und sogar die Kuppel sind mit blau-weißen Azulejos ausgekleidet. Einen warmen Kontrast bildet dazu der Hochaltar mit der goldenen Talha

Dourada, Holzschnitzerei, die mit Gold überzogen ist. Der Altar trägt die Figur des **heiligen Laurentius**, dem diese Kirche gewidmet ist. Die sechs Fliesengemälde an den Seitenwänden zeigen Szenen aus dem Leben des Heiligen. Dargestellt ist an der rechten Kirchenwand hinten ein Gespräch zwischen dem hl. Laurentius und Papst Sixtus, in dem Laurentius beklagt, dass er nicht den Märtyrertod sterben könne. Daraufhin erfährt er, dass er schon innerhalb der nächsten drei Tage zum Märtyrer werde. Die folgenden fünf Tafeln zeigen das Martyrium des Heiligen, den die Obrigkeit verbrennen ließ, da er Kirchengelder, die der Kaiser von ihm einziehen wollte, an die Armen verteilt hatte.
Man konnte die Bilder auf 1730 datieren. In dieser Zeit war die Produktion großer Fliesengemälde in Portugal sehr beliebt. Politische Ereignisse, Stadtansichten, Allegorien und biblische Szenen wurden auf Fliesenwänden dargestellt. Die Azulejos sind von dem Barockmaler **António Oliveira Bernardes** gestaltet worden. Allerdings weiß man nicht, in welcher Manufaktur die Fliesen selbst hergestellt wurden. Möglicherweise hat man sie sogar in Italien oder Holland anfertigen lassen.
Die Igreja de São Lourenço steht außerhalb des Ortszentrums oberhalb der N 125 in Richtung Faro. Von außen sieht die Barockkirche schlicht aus, auffällig ist aber die strahlend weiße Kuppel. Drinnen darf nicht fotografiert werden.

Mo. 15–17, Di.–Sa. 10–13, 15–17 Uhr (Öffnungszeiten wechseln häufig) | Eintritt: 2 €

## Rund um Almancil

### Der Hang zum Luxus

Die Quinta do Lago, das »Landgut am See«, ist eine dieser **exklusiven Ferienanlagen**, 6 km südlich von Almancil. Das weitflächige Gelände ist großzügig mit geschmackvollen Villen und Bungalows bebaut, die teils in Privatbesitz sind und teilweise als Ferienhaus gemietet werden können. Zwischen den Häusern sind weite Rasenflächen mit kleinen künstlichen Gewässern angelegt worden, überall wachsen dekorative Schirmpinien, die einen angenehmen Duft verströmen. Für **Golfer** – auch Anfänger – ist Quinta do Lago ein Paradies. Mehrere Plätze sind miteinander kombinierbar – und wem das nicht reicht, der weicht auf die Plätze des benachbarten Vale do Lobo aus. In Quinta do Lago ist alles ein bisschen feiner als anderswo an der Algarve. Das merkt man auch im Einkaufscenter »Quinta Shopping« an der Einfahrt in das Feriengebiet. Alles, was edel und teuer ist, kann hier erworben werden. Straßencafés und stilvolle Restaurants passen ins Bild.
Wem es gelingt, an den zahlreichen Kreiseln immer die richtige Ausfahrt zu finden, kommt zum Parkplatz an der Praia da Quinta do Lago. Eine 300 m lange Holzbrücke überspannt die Lagune und bringt einen trockenen Fußes zum endlos langen Sandstrand – dass hier für die An-

## AN DEN STRAND!

Das ist immer wieder etwas Besonderes: Die Strandtasche für einen Sommertag packen und los geht's! Bei Quinta do Lago führt das letzte Stück Weg zum Strand über einen Holzsteg und dann über eine Düne. Wie das Meer wohl heute ist? Man hört es schon von Weitem – Glück verheißendes Wellenrauschen. Noch ein paar Schritte auf die Düne und dann liegt es vor einem in seiner ganzen Schönheit, zu jeder Jahreszeit anders, jeden Tag, jede Stunde anders. Der erste Blick auf's Meer – erst mal nur gucken. Und dann weiter, barfuß in den Sand.

mietung von Sonnenliegen ein kleines Vermögen gezahlt werden muss, wird niemanden wundern. Nach Westen hin geht die Praia da Quinta do Lago in die Praia do Ançāo über, man trifft sich in einigen etablierten Strandlokalen. Apropos Restaurants: Das Angebot in und um Quinta do Lago ist groß und fast immer erstklassig.

**Naturruhe**

Lagunenwanderung

An der Holzbrücke, die zur Praia da Quinta do Lago führt, starten zwei schöne Wanderwege: der 3,3 km lange São Lourenço Trail und der 2,3 km lange Quinta do Lago Trail. Vor allem in den frühen Morgen- und in den Abendstunden ist diese kleine Wanderung auf den Pfaden entlang der Lagune, die zum Naturpark Ria Formosa gehört (▶ S. 122), ein herrliches Naturerlebnis. Man kann Muschelfischern bei der Arbeit zusehen und sehr gut Vögel beobachten – mit etwas Glück bekommt man sogar Flamingos zu Gesicht.

**Exklusiv, ruhig und der Strand liegt vor der Haustür**

★ Vale do Lobo

Das »Wolfstal« wenige Kilometer westlich der Quinta do Lago ist eine weitere luxuriöse Ferienanlage. Hier stehen ausschließlich hübsche Villen mit kleinen Gärten und Swimmingpools, dazwischen weite Grünflächen und viele Pinien. Und auch hier gibt es Golf- und Tennisplätze und ein insgesamt sehr breites Freizeitangebot. In Vale do Lobo geht es aber betont ruhig zu. Hübsch gestaltet ist das kleine Zentrum von Vale do Lobo, und in einem der Cafés oder Restaurants, teilweise mit Meerblick, kann jeder Normalverdiener ein bisschen Luxus am Rande genießen.

# ★ ALTE

**Conselho:** Loulé | **Einwohnerzahl:** 2000

*Alte – ein Vorzeigedorf. Es steht auf dem Ausflugsprogramm vieler Veranstalter und ist tagsüber gut besucht. Sobald am späten Nachmittag aber der letzte Reisebus abgefahren ist, verwandelt es sich wieder in ein ruhiges und idyllisches Provinznest fern der Küste: weiß gekalkte Algarvehäuschen, holprige Gassen, Blumengärten und bepflanzte Kübel vor den Hauseingängen. Und überall blühen Hibiskus-, Geranien- und Oleanderbüsche.*

Landidyll

Hier ist es schön. Das kann man mit Fug und Recht behaupten. Das Dorf am Fuß der Serra do Caldeirão ist eine kleine Welt für sich, das Leben verläuft in ruhigen Bahnen und im Sommer baden die Leute im aufgestauten Fluss am Dorfrand. An Wochenenden kommen sie mit prall gefüllten Picknickkörben zum Flussbecken und trinken womöglich noch von dem frischen Quellwasser, das gesund und lebensverlängernd sein soll. Rund um den Ort liegen liebliche Algarvegärten, Oliven gedeihen dort, Feigen, Orangen, Zitronen und vor allem Mandeln – eine Art Paradies im Algarve-Hinterland.

## Wohin in Alte?

**Was ist eigentlich ein Schlussstein?**

Igreja Matriz

Ein unscheinbarer Stein, der von allergrößter Bedeutung ist. Ohne ihn würde nichts halten, fiele die gesamte Konstruktion eines Kirchengewölbes in sich zusammen. Er allein sorgt dafür, dass die Steine eines Gewölbes in ihrer Position bleiben, dass die sich selbst tragenden Steinbögen stabil sind. Der Stein sitzt an der allerhöchsten Stelle und wurde oft besonders verziert. Meist aber wird er übersehen. Ein

## ALTE ERLEBEN

### POSTO DE TURISMO DE ALTE

Rua Condes de Alte
Pólo Museológico Cândido Guerreiro e Condes de Alte
Tel. 289 47 80 60

### POSTO DE TURISMO DE SALIR

Alte Grundschule, Rua José Viegas Gregório
Tel. 289 48 93 18

1. Mai in Alte: Alte ist bekannt für sein Fest zum Maibeginn, bei dem Straßen und Gassen mit Blumen geschmückt werden – es gibt Blumenumzüge und ein großes Tanzfest, zu dem Volkstanzgruppen und Zuschauer von weit her kommen. Traditionell wird am 1. Mai überall in und um Alte ausgiebig gepicknickt – u. a. an der Fonte Grande.

In den Souvenirläden in Alte erhält man regionstypische Mitbringsel, in der Touristeninformation auch Auskünfte über Direktverkauf bei Erzeugern von Käse, Honig oder »medronho« (Erdbeerbaumschnaps) in der Gegend um Alte.

### TERRA D'ALTE €€

Ein gutes Lokal, passend zum schönen Alte. Hier ist die Einrichtung ländlich, einfach und geschmackvoll. Das Essen ist wohlschmeckend und auch etwas für's Auge.
Alte, Avenida 25 de Abril 11b
Tel. 289 47 82 72

### HOTEL ALTE €/€€

Das einzige Hotel am Ort, ein gepflegtes Haus mit 25 Zimmern, Swimmingpool und Tennisplätzen etwas außerhalb mitten in der Landschaft – hier kann man die Ruhe des hügeligen Hinterlandes genießen.
Montinho, Estrada de Santa Margarida
Tel. 289 47 85 23
www.altehotel.com

Blick hinauf zur Chordecke in der Dorfkirche von Alte zeigt drei besonders schön gearbeitete Exemplare: Der vordere Schlussstein symbolisiert die portugiesischen Entdeckungsfahrten, der mittlere als Mond die Entdeckungen im Orient und der hintere blaue den Seeweg, den die Portugiesen als Reiseroute nach Indien entdeckt hatten. Typisch also für das 16. Jh. in Portugal, als die Seereisen in ferne, unbekannte Länder das Land in Atem hielten. Damals entstand diese Kirche und aus dieser Zeit sind auch noch das **schlichte manuelinische Hauptportal** und ein manuelinischer Bogen erhalten, der den Chorraum vom Hauptschiff abteilt. In den barocken Seitenkapellen sind Bildnisse beliebter Heiliger zu sehen, in der Capela de Nossa Senhora de Lurdes im linken Seitenschiff ein schwarzer Heiliger. Diese Seitenkapelle ist mit sehr seltenen Fliesen aus Sevilla ausgekleidet. Azulejos schmücken auch die Treppe zur Kanzel hinauf.

### Ein Dichter aus Alte

Pólo Museológico Cândido Guerreiro

Das kleine Museum ist dem aus Alte stammenden Cândido Guerreiro (1871–1953) gewidmet, der Jurist, Bürgermeister von Loulé und Faro war und Gedichte schrieb. In dem modernen Museumsgebäude werden Wechselausstellungen zu seinem Werk und zur Region gezeigt. Außerdem hat hier die Touristeninformation ihren Sitz.
Mo.–Fr. 9–13, 14–17 Uhr | Eintritt frei

### Sommerglück und langes Leben

★ Fonte Pequena, Fonte Grande

Fonte Pequena heißt das idyllische Plätzchen am Ortsrand, an dem man an heißen Sommertagen Abkühlung im aufgestauten Flusswasser finden kann. Ihren Namen hat die Fonte Pequena, die »kleine Quelle«, aber wegen des frischen Wassers, das aus drei Hähnen in der Wand sprudelt und mit dem die Dorfbewohner ihre Plastikkanister füllen. Es kommen sogar Leute von weit her, weil man annimmt, dass das Wasser eine heilende Wirkung hat und angeblich sogar für die hohe Lebenserwartung der Dorfbewohner verantwortlich ist. Ein Azulejobild zeigt den heiligen Antonius, außerdem sind Verse von Cândido Guerreiro zu lesen.
Wer etwa 300 m dem Wasserlauf folgt, kommt zur **Fonte Grande**, zur »großen Quelle«. An den Tischen und Bänken wird an Wochenenden oder an Feiertagen groß gepicknickt, in dem schlichten Kiosk bekommt man Eis, einfache Snacks und Getränke.

## Rund um Alte

### Maurische Spuren

Salir

Wer original Maurisches sehen will, fährt nach Salir, 15 km östlich von Alte und ebenfalls ein hübsches, stilles Dorf. Es verteilt sich über zwei Hügel. Auf dem westlichen gibt es sehr spärliche Überbleibsel eines **maurischen Kastells**. Die Bedeutung dieser Mauerreste liegt darin, dass es sich hier um eine der wenigen Stellen in der Algarve handelt, an denen noch **authentisch Arabisches** erhalten ist. Die Funde einer Grabung im früheren Burgbereich werden in einem Museum gezeigt. Das kleine Castelo-Viertel ist mit seinen winzigen weißen Häusern und den vielen Blumen ausgesprochen idyllisch. Auf einem zweiten Hügel liegt der größere Teil des Dorfes, der vom Wasserturm und der Dorfkirche überragt wird. Vom Kirchplatz hat man einen schönen Blick in die bergige Umgebung. Hier wird auf roten Böden überall kleinflächig Landwirtschaft betrieben.

### Zum Wandern schön!

Rocha da Pena

Zwischen Alte und Salir führt eine ausgeschilderte kleine Straße von der N 124 nach Norden zur Rocha da Pena, einem kleinen, 479 m hohen Gebirge. Wegen der besonderen Flora und Fauna ist die Rocha da Pena zum **Naturschutzgebiet** erklärt worden. Es gibt gute Aussichtspunkte und eine Höhle, in die sich angeblich die Araber im 13. Jh. bei Angriffen durch christliche Truppen flüchteten. An einem Rondell in dem Dorf Rocha da Pena mit einem alten Johannisbrotbaum beginnt ein Rundweg von gut 6 km Länge.

**Sizilianer in Südportugal?**

São Bartolomeu de Messines

Es gibt auch ganz normale Algarvedörfer wie São Bartolomeu de Messines, ein unspektakulärer Ort im Algarvehinterland, gut 10 km östlich von Alte. Angeblich haben Auswanderer aus der sizilianischen **Hafenstadt Messina** hier Fuß gefasst und die Portugiesen legten nach der erfolgreichen Eroberung aus maurischer Hand den Ort dem heiligen Bartholomäus in die Hände, der seither der Schutzpatron des Städtchens ist – so wird der lange Ortsname gern erklärt.

# ALVOR

**Conselho:** Portimão | **Einwohnerzahl:** 6200

***Wenn schon touristisch, dann so! Auch in Alvor ist man von Postkartenständern und Strandkleiderboutiquen umzingelt und vor den Restaurants versuchen Werber Gäste zu ergattern; abends dringt sogar Karaoke aus mancher Bar. Trotzdem: Alvor ist klein und kompakt und es bummelt sich sehr nett durch die vier, fünf hellen Altstadtstraßen.***

Einmalig ist die Lage, nicht am Meer und doch am Wasser: Mehrere Flüsse bilden hier eine seenartige Lagune, die Ria de Alvor, an deren Rand sich das Dorf der Lagunenfischer auf einer kleinen Kuppe entwickelt hat. Und Alvor hat doppelt Glück: Das Meer und ein kilometerlanger, breiter Sandstrand sind keinen halben Kilometer entfernt. In die portugiesische Geschichte ging Alvor ein, weil 1495 ein König hier starb: João II., der gerade eine Kur in Monchique hinter sich hatte. Er wurde in der Kathedrale von Silves beigesetzt und später nach Batalha im Zentrum Portugals überführt.

## Wohin in Alvor?

**Touristisch und dörflich**

Dorfkern mit Fischerhäusern

Alvor ist zwischen den beiden Urlauberzentren Praia da Rocha und Lagos ein wohltuender kleiner Ort, der sich ein hübsches Straßenbild bewahren konnte. Der Dorfkern besteht aus niedrigen weißen

Fischerhäusern, in die im Lauf der Jahre Restaurants und Souvenirshops eingezogen sind. Unten am Lagunenrand wurde eine breite Uferpromenade angelegt, aus früheren Zeiten ist noch die alte Fischauktionshalle erhalten.

### Schiffstaue aus Stein

Igreja Matriz

Mit der Igreja Matriz hat das Dorf auch eine Sehenswürdigkeit. Sie trotzte dem Erdbeben und der anschließenden Flutwelle am Allerheiligentag des Jahres 1755, die Alvor fast vollständig zerstörten. Die Kirche mit Ursprung im 16. Jh. ist eine typische Dorfkirche der Algarve, in der noch einige alte Architekturelemente erhalten sind. Besonders schön ist ihr manuelinisches Hauptportal und auch im Innern findet man **manuelinische Elemente**: Der Bogen über dem Altarraum ist mit einem gedrehten Steinband versehen, die zierlichen Kapitelle der sechs Säulen bestehen aus steinernen Fischertauen und Pflanzenornamenten. Die Altargemälde sind mit sparsamer Talha Dourada gerahmt.

Die Igreja Matriz ist sehenswert. Die manuelinischen Ornamente am Portal und im Innern erzählen Geschichten von fernen Welten.

## Rund um Alvor

**Im Hinterland**

Mexilhoeira Grande

Nach Mexilhoeira Grande verirrt sich eigentlich niemand – ein Dorf 4 km nordwestlich von Alvor. Am höchsten Punkt steht die Kirche mit Renaissanceportal, manuelinischem Seitenportal und ebenfalls manuelinisch verziertem Türchen am Glockenturm. Der Kirchenvorplatz ist hübsch mit Bäumen bepflanzt und man hat von hier oben einen schönen Blick in Richtung Alvor und zum Meer. Alles in allem ein nettes Dorf zum Atmosphäreschnuppern und für einen Espresso-Stopp.

**Alte Totenstadt**

Nekropole von Alcalar

Älter geht es nicht in der Algarve – was Zeugnisse von Menschenhand betrifft. Bei Ausgrabungen hat man hier, keine 10 km nördlich von Alvor, Megalithgrabstätten freigelegt, die vermutlich zwischen 2000 und 1600 v. Chr. geschaffen wurden. Einige der gefundenen Grabbeigaben werden im Archäologischen Museum in Silves und im Museu de Lagos gezeigt. Im Empfangs- und Ausstellungsgebäude des archäologischen Zentrums erfährt man mehr über die Geschichte der Nekropole von Alcalar.

Sept.–Juli Di.–Sa. 10–13, 14–16.30, Aug. bis 18 Uhr | Eintritt: 2 €

## ALVOR ERLEBEN

POSTO DE TURISMO
Rua Dr. Afonso Costa 51
Tel. 282 45 75 40

In Alvor werden Bootsausflüge durch die Lagune und entlang der Küste angeboten.

O LUÍS **€€/€€€**

Man sitzt wunderschön mit Blick aufs Wasser und genießt die gute Küche: Es gibt hervorragenden Fisch, leckere Meerestiere und Fleischgerichte. Gut auch für Familien mit Kindern.

Praia dos Três Irmãos
Tel. 282 45 96 88

APARTAMENTOS TURÍSTICOS PRAINHA CLUBE **€€/€€€**

Das Besondere an diesem Apartment- und Villenkomplex mit gut 60 Wohneinheiten ist die sensationelle Lage direkt oberhalb der Steilküste. Zu Fuß kommt man von hier aus in wunderschöne Badebuchten oder man geht an den ebenso schönen und endlos langen Sandstrand. Mehrere Restaurants gehören zu der gepflegten Anlage, in der auch Familien eine gute Ferienunterkunft finden.

Praia dos Três Irmãos
Tel. 282 48 00 00
www.prainha.net

# ARMAÇÃO DE PÊRA

**Conselho:** Silves | **Einwohnerzahl:** 4900

***Muss man nach Armação de Pêra? Eigentlich nicht, jedenfalls nicht, bevor man nicht alles Schöne der Algarve gesehen hat. Manch einer fährt gern hierher, vielleicht weil in dem Ort vor allem Portugiesen Urlaub machen und alles ziemlich portugiesisch und mal nicht britisch oder deutsch ist. Aber man muss wissen, dass sich in Armação de Pêra Apartmentblöcke und Hotelburgen zu einem ziemlich tristen Ortsbild verbinden. Der kilometerlange breite Sandstrand und die schön gestaltete Uferpromenade mögen für solche Widrigkeiten allerdings entschädigen.***

Fischerdorf mit Skyline

Wer von der N 125, also von Norden, nach Armação de Pêra kommt, fährt zunächst durch eine recht ansprechende Landschaft und ahnt nichts Böses – bis plötzlich am Horizont eine bizarre Skyline auftaucht. Sie sollten versuchen, von vornherein das östliche Ortsende anzupeilen, und können auch den Schildern »Praia« folgen. Dann landen Sie an einem großen Parkplatz am Strand und sind schon etwa im »richtigen« Teil von Armação de Pêra. Über die Uferpromenade geht es schnell in den alten Ortskern. Tatsächlich ist von dem einstigen Dorf auch noch ein wenig zu sehen: kleine Gassen und die Reste einer Küstenfestung aus dem 17. Jh. mit der kleinen Capela de Santo António. Hier zeigt sich Armação de Pêra von seiner angenehmsten Seite und vielleicht kommen Sie letztendlich ja sogar zu dem Schluss: So schlecht ist Armação de Pêra nun auch wieder nicht!

## Rund um Armação de Pêra

### Lange Felsnasen, schmale Strandbuchten

Hotelanlagen und Strände

Der so bekannte wie luxuriöse Vila Vita Parc hat sich eines der schönsten Fleckchen im Süden Portugals ausgesucht: 5-Sterne-Luxus im Hotel und ein Restaurant mit zwei Michelin-Sternen in unschlagbarer Lage oben auf den Felsen. Hier im Westen von Armação de Pêra reihen sich Hotels und große Ferienanlagen aneinander, alle auf den Klippen oberhalb schöner Sandbuchten, und teilweise sind wirklich sehr ansprechend gestaltete Apartmentdörfer entstanden. Zwischen den langen Felsnasen gibt es tiefe Buchten, die das Atlantikwasser über Jahrtausende in die Klippen geschlagen hat. Beliebte kleine Strandbuchten sind die Praia dos Irmãos, die Praia dos Beijinhos, die Praia de Salomão, die Praia da Cova Redonda und die Praia Maré Grande.

## ARMAÇÃO DE PÊRA ERLEBEN

### POSTO DE TURISMO
Avenida Marginal
Tel. 282 31 21 45

Besonders geschmackvolle Keramikartikel bekommt man in der Olaria Pequena, die in einem hübschen alten Algarvehaus in der Nähe des Kreisels am westlichen Ortsausgang von Porches eingerichtet ist. Man kann auch beim Bemalen der Keramik zusehen.
www.olariapequena.com

### CLIPPER €€/€€€
Das Clipper ist ausschließlich auf Touristen eingestellt, die Küche ist nicht aufwendig, aber gut.
Avenida Marginal
Tel. 282 31 41 08

### O SEROL €€/€€€
Das O Serol ist ein beliebtes Fischrestaurant. Außer Fisch gibt es Meeresfrüchte, Cataplana, schwarzes Schwein und Feijoada.
Rua Portas do Mar 2
Tel. 282 31 21 46

### FERIENANLAGE VILA VITA PARC €€€€
Ein bisschen Luxus im Urlaub: Diese exklusive Ferienanlage östlich von Armação de Pêra ist insbesondere bei Deutschen und Österreichern sehr beliebt. Das Angebot in dem Feriendorf mit 200 Zimmern ist erstklassig, teuer und für Erholungsuchende mit dem nötigen Kleingeld bestens geeignet.
Alporchinhos
Tel. 282 31 01 00
www.vilavitahotels.com

### CASA BELA MOURA €€
Die schöne kleine Unterkunft des »Turismo Rural« auf dem Land bei Armação de Pêra hat nur 8 Zimmer und einen Swimmingpool.
Alporchinhos
Estrada de Porches
Tel. 282 31 34 22
Mobil 918 03 18 00
www.casabelamoura.com

**Weiße Kapelle auf hoher Klippe**
Auf einer dieser Felsnasen steht strahlend weiß die Ermida de Nossa Senhora da Rocha – unvermutet und in Reichweite von drögen Apartmentblöcken ein wahres Kleinod. Die Kapelle ist 35 m oberhalb des Meeres gebaut worden, ein vorgelagerter Miradouro, ein Aussichtspunkt, läuft zum Atlantik hin spitz zu. Von dort kann man gut die benachbarten Felsvorsprünge sehen.

★ Ermida de Nossa Senhora da Rocha

Die Kapelle mit ungewöhnlichem **sechseckigen Spitzdach** trägt frühgotische Züge. Zwei Eingangssäulen begrenzen eine kleine Vorhalle, ein **Säulenkapitell** ist noch recht gut erhalten, das zweite im Lauf der Jahrhunderte verwittert. In dem Vorraum brennen immer ein paar Kerzen – viele Portugiesen kommen hierher, um der Senhora da Rocha einen Besuch abzustatten.

Völlig egal scheint die hübsche Kapelle der Senhora da Rocha den Möwen zu sein.

**Massenhaft Keramik**

Porches

Neben Tavira, Moncarapacho und Loulé ist Porches ein Zentrum der Keramikherstellung. Das Dorf liegt 4 km nordwestlich von Armação de Pêra an der N 125. An der Straße findet man zahlreiche Verkaufscenter, in denen die unterschiedlichsten, typisch portugiesischen **Keramikartikel** angeboten werden.

Aqualand

Zwischen Porches und Alcantarilha können Familien sich im künstlichen Badeparadies **Aqualand** mit großer Riesenrutsche amüsieren. Juni 10–17, Juli, Aug., Sept. bis 18 Uhr | Eintritt: ab 5 Jahre 22 €, ab 11 Jahre 30 €, ab 65 Jahre 22 € | Tel. 282 32 02 30 | www.aqualand.pt

**Lagune: bedrohte Natur**

Lagoa dos Salgados

An der Lagoa dos Salgados, einem großen Lagunengebiet, in dem eine außerordentliche Vogelvielfalt zu Hause ist, kann man wunderschön spazierengehen und die Vogelwelt beobachten. Statt hier einen Naturtourismus zu fördern, sollen direkt neben diesem einzigartigen Naturgebiet ein Golfplatz, drei Hotels, zwei Apartmentanlagen und ein Einkaufszentrum neu entstehen. Mehrere Naturschutzvereine haben Protest auf EU-Ebene eingelegt. Die Lagoa dos Salgados liegt unmittelbar südöstlich von Armação de Pêra.

# 

Conselho: Lagoa | Einwohnerzahl: 2700

*In Carvoeiro haben Planer und Touristiker gerade noch mal die Kurve gekriegt. Fast wäre seine Schönheit dem Fischerdorf vollständig zum Verhängnis geworden. Aber statt in dem wachsenden Ort und an der traumhaft schönen Küste in die Höhe zu bauen, hat man auf Fläche gesetzt. Viele Feriensiedlungen sind in »pseudomaurischer« Architektur entstanden und sind überwiegend akzeptabel. Und Carvoeiro selbst hat sich rund um den Strand fast noch ein wenig Fischerdorfflair erhalten können.*

Eine für 90 Minuten zusammengewürfelte Gemeinschaft beim Public Viewing, Fußballfans draußen vor dem Lokal. Mal Jubel, mal Entsetzen – aber nicht unisono. Briten gegen Deutsche sitzen da, beäugen sich etwas schief, höflicherweise jubelt man etwas verhaltener, solange der Bierpegel noch nicht so hoch ist. In Carvoeiro hört man fast ausschließlich Englisch oder Deutsch. Was zieht die vielen britischen und deutschen Urlauber hierher? Meistens die Unterkunft. Es werden massenhaft Ferienhäuser und Apartments angeboten, in allen Preisklassen, durchaus aber auch in der etwas höheren. Anfangs hatten viele Portugiesen ihren Sommersitz in dem hübschen Fischerdorf, zu Beginn der 1980er-Jahre setzte dann ein internationaler Bauboom ein. Grund für den ersten Carvoeiro-Hype war nicht nur das ursprüngliche Dorf, sondern die atemberaubende Küste mit bizarren Felsformationen und Sandbuchten. Geblieben ist die Küste, das Dorf ist nicht verschwunden, aber auch nicht mehr ursprünglich. Am ehesten erahnt man es noch oberhalb der Stadtbucht in den schmalen Straßen und Gassen, die sich die Felsen hinaufziehen.

**Steter Tropfen höhlt den Stein**

Küste bei Carvoeiro

Vom Wasser aus hat man fantastische Blicke auf die Felsen, der Atlantik hat über Jahrtausende daran gearbeitet, bizarre Formen in den weichen Kalkstein zu waschen. Wind und Wetter taten ein Übriges. Am Strand von Carvoeiro werden Fahrten mit kleinen Booten entlang der Küste angeboten, dabei geht es auch in ein paar Grotten hinein. Berühmt ist die **Grotte bei Benagil** (O Algar).

## Rund um Carvoeiro

**Felsgebilde – unwirklich, traumhaft, wie aus anderen Welten**

Algar Seco

Die Zeit – Jahrtausende, Jahrmillionen – hier kann man sie förmlich sehen, sehen, wie sie mit einer Engelsgeduld am Werk war. Der

## CARVOEIRO ERLEBEN

### POSTO DE TURISMO

Praia do Carvoeiro
Tel. 282 35 77 28

Delfinbeobachtung wird in Ferragudo von Wildwatch angeboten. Ein unglaubliches Erlebnis mit vielen Informationen!
Ferragudo, Rua Infante Santo 73
Tel. 282 42 23 73, 914 25 68 87
www.wildwatch.pt

### A GALÉ €€/€€€

In dieses kleine Restaurant kommt man einfach gern. Die Atmosphäre ist nett, es ist immer gut besucht und das Essen schmeckt ausgezeichnet. Sehr lecker sind die Steaks mit exzellenten Saucen.
Estrada do Farol 38
Tel. 282 35 73 30

### MAR D' FORA €€/€€€

Schönes maritimes Restaurant in bester Aussichtslage mit Terrasse oberhalb des Paraíso-Strandes. Sehr empfehlenswert sind die gut zubereiteten Fischgerichte, die es in großer Auswahl gibt.
Praia do Paraíso
Tel. 282 35 78 30

### TIVOLI CARVOEIRO ALGARVE RESORT €€€

Die Lage über dem Meer ist schön und aus fast allen Zimmern des großen Komforthotels hat man Blick aufs Wasser. Mehrere Restaurants und Bars sowie ein Swimmingpool, Sauna, zwei Tennisplätze und weitere Sporteinrichtungen gehören zu dem Haus am Ortsrand.
Tel. 282 35 11 00
www.tivolihotels.com

### HOTEL CASABELA €€€

Das Casabela ist ein sympathisches Hotel mit 53 Zimmern außerhalb von Ferragudo in Strandnähe. Es gibt kaum Animation und Sportangebote, das Hotel ist eher etwas für Ruhesuchende.
Ferragudo, Vale de Areia
Tel. 282 49 06 50
www.hotel-casabela.com

---

Algar Seco ist eine dieser grandiosen Felsformationen, die durch natürliche Erosion entstanden sind. Dieses Fleckchen können Sie nur zu Fuß erkunden. Sie durchwandern einen **Irrgarten aus Plateaus, Felssäulen, schmalen Toröffnungen und Naturbögen**. Unten brodelt das Meer in verwinkelten Höhlen und Grotten. Der Kalkstein nimmt je nach Beleuchtung die unterschiedlichsten Farben an, besonders schön ist er abends bei Sonnenuntergang. Einladend liegt ein **kleines Restaurant-Café** – geschützt von Felswänden, aber mit Blick aufs Meer – mitten in der Kalksteinwelt; das »Boneca« ist seit Jahrzehnten in Familienbesitz, mittlerweile ist die vierte Generation in der traumhaft gelegenen Location im Einsatz. Hier nehmen Sie vielleicht auch nur ein Getränk und lassen die Umgebung in aller Ruhe auf sich wirken.

Fotogener geht's kaum: Aus dieser Perspektive sieht Carvoeiro immer noch aus wie das Fischerdorf von einst.

### Immer die Küste entlang, zu Fuß

Folgen Sie der Beschilderung »Percurso dos Sete Vales Suspensos«. Dieser Wanderweg hoch über dem Meer führt direkt oben auf den Klippen entlang, Start ist am Strand Praia de Vale Centianes östlich von Carvoeiro, das Ende knapp 6 km weiter östlich an der Praia da Marinha. Man braucht festes Schuhwerk und hat sensationelle Ausblicke über die Küste. Es geht vorbei an traumhaften Sandbuchten, an der **Praia do Carvalho** und an der **Praia do Benagil** – vielleicht bleiben Sie vor lauter Entzücken über die Schönheit auch in einer hängen. Zu den berühmtesten Sandbuchten der Algarve gehört die **Praia da Marinha**, zu der eine Treppe von den Klippen hinabführt.

### Eine malerische Lage …

… bedeutet oft: ein beliebtes Postkartenmotiv. So ist es auch mit Ferragudo gegenüber von Portimão auf dem anderen Arade-Ufer. Das Fischerdorf zieht sich über einen flachen Hügel und wird – gut für das

## DELFIN-WATCHING

Raus aufs Meer! Mit Highspeed geht's übers Wasser, in die Richtung, in der ein Delfinschwarm gesichtet wurde. Das Boot wird langsamer, treibt nur noch leise. Und dann sind sie da! Pflügen durchs Meeresblau, tummeln sich ganz in der Nähe. Plötzlich schnellen drei Tiere nebeneinander in elegantem Bogen aus dem Wasser und tauchen wieder unter. Was für ein unvergessliches Erlebnis!

Ansichtskartenfoto – von einer hübschen Kirche gekrönt. Unten am Fluss steht die Fortaleza de São João, die 1622 zum Schutz der Flusseinfahrt gebaut wurde. Sie befindet sich heute in Privatbesitz. In Ferragudo meint man, es hätte sich noch eine Insel **aus alten Algarvezeiten** erhalten: kleine Gassen mit Fischerhäuschen, ein paar einfache Pensionen und Lokale und eine insgesamt sehr angenehme Atmosphäre. Auch hier geht es inzwischen – in Maßen – touristisch zu und rund um den gewachsenen alten Ortskern sind in letzter Zeit viele Apartmentanlagen entstanden. Ein Stein des Anstoßes ist das gegenüberliegende Praia da Rocha mit seiner Skyline, die einem von Ferragudo aus deutlich die Situation der beliebten portugiesischen Küste vor Augen führt.

**Sandbuchten zwischen Felsen**

Strände

Die Hafenmolen an der Mündung des Rio Arade mildern die Brandung an der **Praia Grande** südlich von Ferragudo. Auch gefährliche Strömungen sind nicht zu befürchten. Andererseits steht es um die Wasserqualität im Mündungsbereich des Arade nicht zum Allerbesten. Südlich der Praia Grande gibt es weitere Badebuchten, am einladendsten wirkt die **Praia de Caneiros**. Hier badet man – vor hübscher Felskulisse – bereits im offenen Atlantik.

**Wein und Kultur**

Lagoa

Wer in Carvoeiro Badeurlaub macht, schaut sich normalerweise auch einmal im 5 km entfernten Lagoa um – gerne vormittags, wenn Einkaufsbetrieb in der Markthalle ist. Lagoa ist eine ganz normale kleine Algarvestadt, deren ruhiges Zentrum nördlich der N 125 liegt. Der Ortsname gibt Anlass zu Spekulationen: Lagoa bedeutet »Lagune« oder »Binnensee«, so nimmt man an, dass es hier einmal ein Gewässer gegeben hat, an dessen Ufer die Siedlung entstanden ist. Lange war Lagoa **Zentrum des wichtigsten Weinanbaugebiets der Algarve**, gab es die Adega Cooperativa de Lagoa, in der Wein erzeugt wurde. Aus den Trauben der Region wurden und werden relativ schwere **Rotweine** hergestellt, heute aber von einzelnen Weinproduzenten und nicht mehr in der Kooperative.
Lagoa sorgt für Kultur in der Gegend: Im früheren **Convento de São José** ist heute ein **Kulturzentrum** eingerichtet – es lohnt sich, auf das Programm zu achten, hin und wieder gibt es Konzerte und kleine Kunstausstellungen. Man kann sich durch die Klosterräume führen lassen, alternativ gibt eine permanente Ausstellung Informationen zu dem Gebäude, in dem Karmelitinnen ihren Sitz hatten und ausgesetzte Mädchen aufnahmen. Zu sehen ist auch die »Babyklappe« (Roda dos Expostos), durch die Neugeborene abgegeben wurden.

**Convento de São José:** Rua Joaquim Eugénio Júdice | Di.–Sa. 9 bis 12.30, 14–17.30 Uhr

**Süßwasser-Badespaß**

Slide and Splash

Das Badeparadies an der N 125 zwischen Estômbar und Lagoa ist die ideale Abwechslung, falls es den Kids am Strand mal zu salzig und zu sandig ist. »Slide and Splash« ist ein schöner Spaß mit sich windenden Wasserrutschen und abenteuerlichen Attraktionen namens Black Hole, Kamikaze oder Tornado!

Ostern–Mai tgl. 10–17, Juni bis 17.30, Juli, Aug. bis 18, Mitte Sept. – Ende Okt. bis 17 Uhr (Apr., Okt. So. geschl.) | Eintritt: 30 € (Kinder 22 €), im Juli und August jeweils 2 € mehr | www.slidesplash.com

# ★ CASTRO MARIM

*Glück hat, wer gerade in Castro Marim ist, wenn das Mittelalterfest gefeiert wird. Dann sprudelt das Städtchen über, das sonst im Schatten der Burg seinen Dornröschenschlaf hält. Castro Marim schrieb große Geschichte. Im 14. Jahrhundert wurde es für nur 36 Jahre aus einem Provinzdasein herausgehoben. Diese 36 Jahre hatten es aber in sich – ein religiös-politisch motivierter Krimi, der auf europäischer Ebene ausgetragen wurde.*

Rosa Flamingos und weißes Gold

Im Hier und Jetzt, an den vielen Tagen des Jahres, an denen keine mittelalterlichen Ritterspiele den Ort erbeben lassen, hat Castro Marim etwas in Portugal Seltenes zu bieten: Flamingos. In der sumpfigen Umgebung sind zwischen September und April Hunderte der langbeinigen und langhalsigen, leicht rosa gefärbten Vögel zu sehen, die hier überwintern oder auf dem Weg nach Süden rasten. Ihr Refugium ist umgeben von zahllosen Salinenbecken, in denen ein Großteil von Portugals Salz gewonnen wird. Auch das kostbare »Flor de Sal« wird in den Salzgärten geerntet – das weiße Gold der Algarve.

**Den Ortsnamen entziffern**

Geschichte

Der Name Castro Marim – **»Burg am Meer«** – deutet darauf hin, dass die Siedlung anfangs direkt am Meer lag. Der Ortsname lässt zudem auf die Anwesenheit von Keltiberern schließen; die bezeichneten ihre befestigten Siedlungen als »Castros«. In römischer Zeit – damals hieß der Ort Castrum Marinum – und unter arabischer Herrschaft hatte Castro Marim wegen seiner Lage am Fluss und an einer wichtigen Verbindungsstraße Bedeutung. Später war Castro Marim über Jahrhunderte ein strategisch wichtiger **Festungsort** zur Sicherung der portugiesischen Grenze nach Spanien. Durch das Erdbeben 1755 und den Neubau des nahen Vila Real de Santo António im Jahr 1774 verlor es innerhalb kürzester Zeit an Bedeutung.

## Wohin in Castro Marim?

**Im Sog des Mittelalters**

Castelo

Wenn Ritter und Handwerker, Posaunen und Trommeln das Mittelalter aufleben lassen, gibt es natürlich kaum eine passendere Kulisse als ein trutziges Castelo – jedes Jahr im August freut sich Castro Marim über sein Erbe. Die Burg ist für den ruhigen Ort etwas groß geraten. In der Festung residierten zwischen 1319 und 1356 die **Christusritter** (▶Baedeker Wissen, S. 76). Im 16. und 17. Jh. wurde sie

## CASTRO MARIM

TURISMO DE CASTRO MARIM
Rua de S. Sebastião
(in der Markthalle)
Tel. 281 53 12 32

CASA ROSADA €€/€€€
B&B mit Stil in einer ruhigen Gasse im Zentrum von Castro Marim. Es gibt nur drei Zimmer, und in dem schönen kleinen Garten kann man an einem schattigen Plätzchen relaxen.
Rua Dr. Silvestre Falcão 6–10
Tel. 281 54 42 15
www.casarosada-algarve.com

restauriert und verstärkt, um nun auch Kanonenbeschuss standhalten zu können. Zu Zeiten der Inquisition galt Castro Marim als gefürchtetes Gefangenenlager. Innerhalb der massiven Mauern stehen die **Igreja da Misericórdia,** noch mit Renaissanceportal, und eine quadratische Wohnburg mit vier Ecktürmen. In ihr ist ein kleines Museum eingerichtet, das über die Burggeschichte informiert. Am besten aber ist der weite Blick, der sich von den Burgmauern bietet: auf den Ort und das »neuere« Kastell aus dem 17. Jh. – und über den Guadiana nach Spanien.
tgl. 9.30–13, 15–18.30, Nov.–März 9–13, 14–17 Uhr | Eintritt: 1,10 €

**Alles Erbe der Christusritter**

Igreja de Nossa Senhora dos Mártires

Auch Castro Marims Dorfkirche an der Praça 1° de Maio wurde von den Christusrittern erbaut, allerdings erst im 18. Jahrhundert. Von dieser Urheberschaft zeugt die seitliche Balustrade, die aus den typischen Christusritterkreuzen besteht.

## Rund um Castro Marim

**Flamingos in freier Natur**

Reserva Natural do Sapal de Castro Marim

Castro Marims kleine Hügel liegen mitten in einem feuchten Flachland, ragen aus der Ebene heraus. Ein Gebiet nördlich von Castro Marim steht seit 1975 als Reserva Natural do Sapal de Castro Marim unter **Naturschutz**. Austernfischer, Reiher, Störche und Fischadler haben hier ihre Brutplätze, vor allem aber können Sie **Flamingos** beobachten. 150 Vogelarten leben hier – kein Wunder, dass die Reserva Ziel von Birdwatchern und ornithologischen Reisegruppen ist.

Touristisch erschlossen ist das Naturschutzgebiet kaum. Zur **Vogelbeobachtung** kann man aber auf mehreren Schotterwegen hineingehen. 2 km westlich von Castro Marim gibt es eine geeignete Stelle: Man

# STIPPVISITE MIT BEDACHT

*Auf den ersten Blick scheint es, als sei Castro Marim die Wiege der Christusritter. Im Jahr 1319 wurde der Orden, der im 15. und beginnenden 16. Jahrhundert entscheidenden Anteil an der portugiesischen Expansionsgeschichte hatte, gegründet und sein Hauptsitz auf einer Anhöhe nahe der Stadt angesiedelt. Die Ordensbrüder blieben bis 1356 am rechten Ufer des Guadiana, dann verschwanden sie und zogen nach Tomar in die ehemalige Templerburg um.*

Hinter dieser Stippvisite verbirgt sich ein ausgeklügelter Schachzug. Denn die Christusritter waren nichts anderes als die früheren **Templer**, die 1312 verboten worden waren. Der Templerorden war 1119 zum Schutz der Pilger im Heiligen Land gegründet worden und maßgeblich an den Kreuzzügen des Mittelalters beteiligt. Er wurde von Papst Clemens V. mit diversen Privilegien ausgestattet. Ansehen und Macht der Templer wuchsen rasch und bald schon konnten sie große Ländereien ihr Eigen nennen. In Portugal ließen sie sich am Rio Nabão nieder und errichteten dort die bekannte Burg von **Tomar**. Auch in Frankreich verfügten die Templer über erheblichen Einfluss und gewaltigen Grundbesitz – sehr zum Ärger Philipps des Schönen. Anfang des 14. Jahrhunderts suchte der Herrscher akribisch nach einer Möglichkeit, sich der immensen Ländereien des Templerordens zu bemächtigen. Er ging so weit, die Ordensbrüder des Heidentums zu bezichtigen und zu behaupten, dass Verbindungen zum Islam bestünden. Der von Frankreich abhängige Papst erklärte die Anschuldigungen für gerechtfertigt. Daraufhin wurde der Templerorden in allen christlichen Ländern verboten.

## Nur scheinbar neu

In Portugal vollzog man die Auflösung des Ordens allerdings nur vordergründig. Einige Zeit nach der Aufhebung des Templerordens wurde der **»Ordem de Cristo«**, der Christusritterorden, gegründet. Die Ordensbrüder waren die einstigen Templer, sie wechselten nur ihren Namen und das Kreuz auf ihrer weißen Tracht. War es zuvor ein rotes Kreuz mit acht Spitzen gewesen, so wurde jetzt ein kleineres weißes Kreuz in das rote hineingesetzt. Die **Besitztümer** der Templer gingen an die Christusritter über – und im Prinzip blieb alles beim Alten. Nur der Haupt-

Aus Alt wird Neu: In das rote Templerkreuz setzten die Christusritter ein weißes Kreuz.

Die Burg, hinter deren Mauern Templer sich klammheimlich in Christusritter verwandelten

sitz wurde eine Zeit lang in die Algarve verlegt. Nachdem sich alles wieder beruhigt hatte, stand einem Umzug bzw. dem Rückzug nach Tomar nichts mehr im Wege.

## In die Welt hinaus

Bei der Ordensgründung hatte man sich die Verteidigung des christlichen Glaubens, die Bekämpfung des Islams und die **Vergrößerung der portugiesischen Machtsphäre** auf die Fahne geschrieben. Die Umsetzung dieses Vorhabens veränderte die Welt. In den folgenden Jahrhunderten hatten die Christusritter ganz erheblichen Einfluss auf die **portugiesische Entdeckungs- und Eroberungsgeschichte** und damit letztlich auf die gesamte Weltgeschichte. Wichtige Seefahrer des 15. und 16. Jahrhunderts waren Ordensmitglieder: Vasco da Gama, Bartolomeu Dias, Pedro Álvares Cabral. Heinrich der Seefahrer wurde 1418 zum Großmeister des Ordens ernannt. Einige Könige gehörten ebenfalls dem Christusritterorden an, allen voran **Manuel I.** Der Christusritterorden steckte Gelder in die Seefahrt, und das **Kreuz der Christusritter** wurde zum Symbol der Zeit, es prangte auf den **Segeln der Karavellen** und auf den Trachten der Seefahrer – und wurde auf diese Weise von Portugal aus in alle Welt verbreitet. Mit dem Umfunktionieren zum Mönchsorden im Jahr 1523 begann der Niedergang, 1789 wurde der Christusritterorden säkularisiert und im Jahr 1910 mit Ausrufung der Republik schließlich vollkommen aufgelöst.

verlässt den Ort auf der Rua de São Sebastião in Richtung Faro und Tavira. Am Kreisel hält man sich halb links (Richtung N 125) und fährt kurz danach über eine kleine Brücke. Hinter der folgenden Linkskurve zweigt ein Feldweg ab – hier kann man das Auto abstellen und losgehen.

# ★★ COSTA VICENTINA

**Conselho:** Aljezur, Vila do Bispo

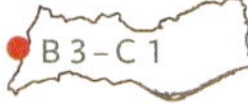


***Kilometerlange Sandstrände – fast immer menschenleer –, eine hohe Steilküste, an die der Atlantik mit ungeheurer Wucht brandet, karge Vegetation auf weiten Hochflächen, ab und an ein Gehöft und nur selten ein Dorf – die Costa Vicentina ist ein wildes Naturparadies, eine traumhaft schöne Küstenlandschaft.***

Mehr Natur geht nicht

Massentourismus gibt es hier nicht. Das liegt nicht nur daran, dass die Küste Landschaftsschutzgebiet ist, sondern vor allem an dem rauen Klima. Über die Hochplateaus fegt schon mal ein ordentlicher Wind, der das Strandvergnügen an manchen Tagen empfindlich trüben kann. Die Wassertemperatur ist etwas niedriger als weiter im Osten der Algarve. Wen Wind und kühle Wassertemperaturen nicht stören, der erlebt an der Costa Vicentina eine **grandiose Naturlandschaft**, die er nur mit wenigen anderen Menschen teilen muss.

### Für Birdwatcher, Amphibienfans und Naturfreaks

Tierwelt, Naturschutz

Diese Zahlen lassen aufhorchen, zumindest die oben Genannten: Etwa 60 % der Reptilien und 65 % der Amphibien Portugals leben an der Costa Vicentina. Mehr als die Hälfte aller in Portugal registrierten Algen finden Kenner hier und rund 110 verschiedene Fischarten tummeln sich vor der Küste. Etwa 200 verschiedene Vogelarten, darunter viele auch sehr seltene Zugvögel, haben hier ein ausgezeichnetes Brut- und Rastgebiet. Die Costa Vicentina, die sich vom Cabo de São Vicente im äußersten Südwesten nach Norden bis weit in den Alentejo zieht, ist Teil des **Parque Natural do Sudoeste Alentejano e da Costa Vicentina**, eines 1988 unter Naturschutz gestellten Gebietes. Sie ist wichtiger Lebensraum für eine nur noch in wenigen Regionen der Erde existierende Tier- und Pflanzenwelt.

### Die Küste erwandern

Rota Vicentina

Auf alten Fischerpfaden und historischen Transportwegen kann man weite Teile der Costa Alentejana und der algarvischen Costa Vicentina erwandern. Die gut markierten Wege führen über insgesamt

340 km teilweise durch atemberaubend schöne Küstenlandschaften, durch Dörfer und Felder. Attraktiv und zahlreich sind die Übernachtungsmöglichkeiten (Casas brancas): Man kann von Haus zu Haus ziehen oder eine Unterkunft wählen und Rundwanderungen machen (https://rotavicentina.com, www.casasbrancas.pt).

## Wohin an der Costa Vicentina?

### Vom Kap nach Norden

Im äußersten Südwesten

Europas extremster Südwestpunkt und zugleich der südwestliche Außenposten der Costa Vicentina ist das Cabo de São Vicente (▶Sagres). Traumhaft schön sind die teilweise sehr abgelegenen Strände nördlich des Kaps, nordwestlich von ▶Vila do Bispo.
Problemlos ist die Anfahrt zur **Praia do Castelejo** – eine kleine Straße führt von Vila do Bispo aus über die Hochebene und dann in Serpentinen hinunter zum Strand. Die von Schieferfelsen durchsetzte weite Strandbucht ist wochentags **häufig menschenleer**, an Wochenenden kommen bei schönem Wetter überwiegend Einheimische. Selbst nur im Strandlokal zu sitzen, bei einem Galão und einer

Atemberaubend schöne Strände und unendlich viel Platz an der Costa Vicentina – einfach losgehen, die Nase in den Wind halten und die Freiheit fühlen

## COSTA VICENTINA ERLEBEN

### TURISMO SAGRES
Rua Comandante Matoso
Tel. 282 62 48 73

### TURISMO ALJEZUR
Rua 25 de Abril 62
Tel. 282 99 82 29

Auf der Rota Vicentina kann man sich die Costa Vicentina erwandern. Die Strände an der Westküste bieten beste Bedingungen für Surfer; zu den beliebtesten gehören die Praia da Cordoama, die Praia do Amado und die Praia da Bordeira. An der Küste gibt es mehrere Surfschulen, an der Praia do Amado bei Carrapateira finden Surfanfänger gleich zwei (▶Bewegen und Entspannen).

### O PAULO €€
Tolle Lage oben auf den Klippen bei Arrifana. Hier sollte man alles probieren, was die Küste hervorbringt: frischen Fisch und die köstlichen percebes (Entenmuscheln).
Ponte de Arrifana
Tel. 934 975 250
http://restauranteopaulo.com

### PARAÍSO DO MAR €€
Ein gutes Strandlokal, bestens geeignet für Sonnenuntergänge und zum Fischprobieren. Für den kleinen Hunger kann man auch nur etwas Einfaches bestellen.
Praia da Amoreira

### CASAS DA PEDRALVA €€/€€€
Ungewöhnliche Unterkunft: ein Algarve(hotel)dorf im Hinterland zwischen Vila do Bispo und Carrapateira. Es werden kleine, nett eingerichtete alte Dorfhäuser mit bis zu drei Zimmern vermietet.
Aldeia da Pedralva, Rua de Baixo
Tel. 282 07 78 04, 910 20 07 19
www.aldeiadapedralva.com

### POUSADA DA JUVENTUDE €
▶Baedeker Wissen, S. 275

Tosta Mista, und den Blick auf den Strand zu genießen, ist wunderbar. Durch Strömungen verändert sich die Praia do Castelejo immer wieder, es kommt sogar vor, dass sie ganz verschwunden ist, dann wurden die Sandmassen weggespült. Aber keine Sorge, sie werden auch immer wieder zurückgespült.

Von der Straße zur Praia do Castelejo zweigen Pisten zur **Praia da Cordoama** und zur **Praia da Barriga** weiter nördlich ab – Letztere kann man auch über eine Stichstraße von der N 268 aus erreichen. Beide Strände sind landschaftlich sehr schön, Sandbuchten, die von hohen Felsen eingerahmt werden.

150 m hoch ist die Steilküste hier, die Hochebene dahinter ist nur sechs Meter höher – ein flaches Brett also. Der höchste Punkt wird mit der Torre de Aspa, einem Obelisken, markiert. Vielleicht sehen Sie ihn bei Ihren Wanderungen über das Plateau.

### Startklar für die perfekte Welle

Carrapateira

Ein Ziel für Ruhe suchende Individualisten – in und um Carrapateira macht man Ferien fernab von buchstäblich allem, was einen stören könnte. In dem Dorf 13 km nördlich von Vila do Bispo gibt es nur ein paar wenige Unterkünfte, die Strände in der Nähe sind daher nicht besonders voll. Das macht natürlich ihren Reiz aus. Und die Wellen: Die Strände bei Carrapateira sind absolute Surferhochburg, ganz vorne die **Praia do Amado**, eine weite Bucht mit feinem Sand, die eingerahmt ist von einer grandiosen Kulisse aus kleinen Felsbergen. Mehrere Surfschulen sitzen hier. Ein schöner Strand ist auch die **Praia da Bordeira** einige Kilometer weiter nördlich jenseits eines Kaps namens Cabo Pontal. Ein flaches Lagunengewässer liegt an der Landseite des Strandes, daher eignet sich dieser Strand auch gut für Familien mit Kindern. Grandiose **Ausblicke auf Meer und Küste** bietet eine Schotterpiste westlich von Carrapateira. Die Rundstrecke führt an der Praia do Amado, am Cabo Pontal und an der Praia da Bordeira vorbei. Hoch oben über dem Meer können Sie auch im Lokal »Sítio do Forno« den Blick genießen. Das **Museu do Mar e da Terra da Carrapateira** widmet sich Themen rund um den Ozean und die Menschen, die hier leben.

**Museu do Mar e da Terra:** Rua do Pescador | Mo.–Fr. 9–15.30 Uhr
Eintritt: 2,70 €

### Sandbuchten, Fischerhäuser, Strandlokale

Strände bei Aljezur

Auch die **Praia da Arrifana**, eine Bucht unter hohen Felsen (114 m), ist ideal für Surfer. Wellenfreaks wohnen in einem der Häuser oberhalb der Bucht und laufen mit dem Brett unterm Arm nur eben hinunter. In der Häuseransammlung oberhalb der Praia gibt es ein paar Fischrestaurants. Landschaftlich wunderschön ist auch die halbrunde **Praia de Monte Clérigo** mit feinem hellem Sand und schroffen Felsen. In der kleinen Fischersiedlung über dem Strand werden Zimmer vermietet, außerdem gibt es mehrere Strandlokale. Zur **Praia da Amoreira**, einem ebenfalls beliebten Strand, hat man eine etwas längere Anfahrt. Das Strandlokal hat eine schöne Lage und einen guten Ruf. Der nächste größere Ort für alle diese Strände ist ►Aljezur.

### Bunt und sympathisch

Odeceixe

Früher war Odeceixe ein Backpackertipp. Wer im Hochsommer kommt, muss sich mittlerweile aber auch hier frühzeitig auf Zimmersuche begeben. Rund 1000 Einwohner hat das Dorf ganz im Nordwesten der Algarve. In den Wintermonaten sind die Einheimischen weitgehend unter sich, im Sommer geht es auch heute noch eher alternativ als gediegen zu. Von Odeceixe führen beiderseits der Ribeira de Seixe schmale Straßen zur 3 km entfernten **Praia de Odeceixe**, einer schönen weiten Sandbucht. Viele der Strandlokale sind nur in der Saison geöffnet.

# ESTÓI

**Conselho:** Faro | **Einwohnerzahl:** 3600

*Was könnte einen ausgerechnet nach Estói ziehen, in dieses friedliche, stille Dorf im Hinterland? Die beiden Lockmittel liegen versteckt: römische Ruinen und ein kleines Rokokoschloss. Letzteres ist heute eine Pousada, die zum Bleiben einlädt, am besten über Nacht – weil Estói so schön verschlafen ist und weil das Hotel ein Traum ist.*

Palast-(t)räume

Was für Assoziationen man bei einem alten Gemäuer haben kann: Himbeerspeise, Sahnetörtchen – ein rosafarbener Zuckerbäckerpalast, der auf der Zunge zu zergehen scheint. Hohe Räume, Stuck bis in die allerletzte Ecke, lichte Bogenfenster, Fliesenpaneele und Freitreppen, die in die Gärten führen. Der Rokokoarchitekt hat Geschmack bewiesen!

## Wohin in Estói?

### Zu schön zum Einschlafen

Palácio de Estói/ Pousada

Seit 2009 kann man im Palácio de Estói übernachten. In dem alten Palastgebäude sind die Lounge und das Restaurant des Luxushotels entstanden, die Zimmer in einem neuen Anbau – moderner Standard also im Palasthotel. Wem der Übernachtungsspaß zu teuer ist, der sollte zumindest einen Blick in die öffentlichen Räume werfen. Den Palácio de Estói ließ sich der Visconde de Carvalhal Ende des 18. Jh.s bauen, ein helles, freundliches Rokokoschlösschen. Zum Palast gehört ein Park, der sich über mehrere Ebenen zieht. Der obere Teil der Gärten ist öffentlich zugänglich (Eingang durch die Pousada). Wandeln Sie durch niedrige Hecken und Rabatten zum Gartenpavillon mit den bunten Glasfenstern, bewundern Sie das Wasserbecken, in dessen Mitte sich eine italienische Figurengruppe erhebt. Über Treppen geht es hinunter auf die anderen Ebenen, zu einer Allee mit altem Baumbestand, einer Wand mit **blau-weißen Azulejogemälden**, zur »Casa da Cascata«, verkleidet mit Mosaiksteinen aus dem nahen Milreu, und zu den **drei Grazien**, die der Figurengruppe des Italieners Antonio Canova nachempfunden sind.

### Nach dem Erdbeben

Igreja Matriz

Estóis Dorfkirche steht am stillen Hauptplatz, bei einem Kaffee direkt gegenüber haben Sie sie direkt im Blick. Die dem São Martinho geweihte Kirche wurde bei dem Erdbeben 1755 stark zerstört. Der damalige Bischof der Algarve ließ sie zu Beginn des 19. Jh.s nach Plänen von Francis-

## ESTÓI ERLEBEN

**POUSADA PALÁCIO DE ESTÓI €€€**

Die Pousada ist in einem wunderbaren Rokokopalast eingerichtet, der um einen modernen Anbau erweitert wurde. Das Pousada-Restaurant ist öffentlich, man sitzt in herrschaftlichen stuckverzierten Räumen.
Estói, Rua São José
Tel. 210 40 76 20
www.pousadas.pt

co Xavier Fabri wieder aufbauen. Er hatte den Italiener nach dem Erdbeben nach Südportugal kommen lassen, um fachkundige Beratung beim Neuaufbau der zerstörten Kulturgüter zu haben. Eine Figur des heiligen Vinzenz mit dem Raben wurde aus der zerstörten Kirche gerettet, sie stammt aus dem 17. Jh. und ist – falls die Kirche geöffnet ist – am rechten Seitenaltar zu sehen. Wertvollster Kirchenbesitz ist die 55 cm hohe Monstranz aus vergoldetem Silber.

### Sommerfreuden und Wasserkult

Milreu war in römischer Zeit Sommerresidenz wohlhabender Familien aus Faro, dem damaligen Ossonoba. Man stieß auf Fundamente einer **römischen Villa**, die im 2./3. Jh. n. Chr. über den Resten einer älteren Villa gebaut worden waren. Im 4. Jh. n. Chr. wurde die Villa mit Mosaiken ausgestattet, die Fische und andere maritime Motive zeigen. Ebenfalls aus dem 4. Jh. datiert ein **Kultgebäude**, das im Lauf des 6. Jh.s in eine christliche Kirche umfunktioniert wurde. Bis in die erste Hälfte des 10. Jh.s hinein war Milreu durchgehend besiedelt. Als die Kuppel der Kirche einstürzte, verließen die Bewohner den Platz, und vermutlich erst ab Anfang des 16. Jh.s war der Landstrich wieder dauerhaft bewohnt. Davon zeugt heute ein Gutshaus.

Im Empfangsgebäude ist eine **Ausstellung zur Geschichte** von Milreu zu sehen. Die Via Romana teilte den Ort in eine Nord- und eine Südhälfte. Nördlich der gepflasterten Römerstraße liegt der Ausgrabungsbereich des Patrizierhauses, das sich wohl ein reicher römischer Privatmann bauen ließ. Es hat den typischen Grundriss einer römischen Villa mit einem Säulenhof (Peristyl), um den sich Wohn-, Ess- und Aufenthaltsräume gruppierten. Zu sehen sind noch einige Bodenmosaike. Die wichtigsten Ausgrabungsstücke aus der Villa, eine Hadrianbüste und eine Büste der Kaiserin Agrippina Minor, sind heute in Faro ausgestellt. Westlich der Villa befanden sich die Badethermen mit Umkleideraum (Apodyterium), Warmbad (Caldarium) und Kaltbad (Frigidarium). Auch Reste einer Fußbodenheizung im Warmbad und die dazugehörige Heizstelle konnten entdeckt werden. Gut erhalten ist noch ein mit Fischmosaiken verziertes Becken (►Abb. S. 221).

## MILREU

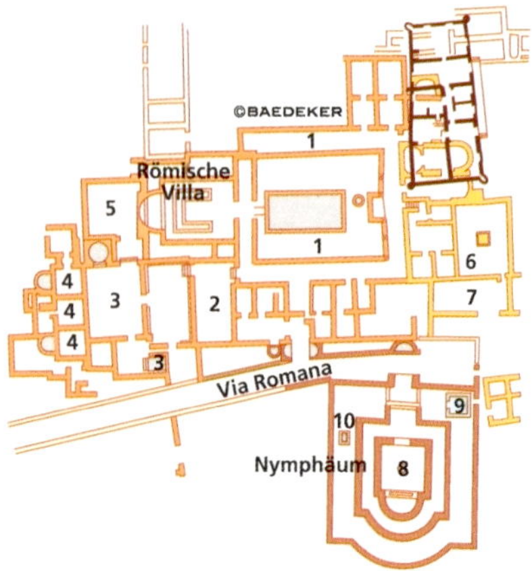


**1** Peristyl
**2** Vorraum der Thermen
**3** Frigidarium
**4** Caldarium
**5** Raum für Gymnastikübunge
**6** Atrium mit Springbrunnen
**7** Küche
**8** Cella
**9** Mausoleum
**10** Taufbecken

2./3. Jh. n. Chr.
3. Jh. n. Chr.
4. Jh. n. Chr.
6. Jh. n. Chr.
16. Jh. n. Chr. (Bauernhaus)

Südlich der Via Romana steht die halbrund gemauerte Ruine des aus dem 4. Jh. stammenden **Nymphäums**. Das römische Heiligtum ist insofern einzigartig, als es sich bei der Konstruktion um einen Umgangstempel handelt – eine Besonderheit auf der Iberischen Halbinsel. Im Tempelinnern liegt erhöht das Podium mit der Cella, in deren Mitte sich einstmals ein Wasserbecken befand: ein Hinweis auf einen wahrscheinlich hier praktizierten **Wasserkult**. Auch die Mosaike mit Fisch- und Meeresmotiven deuten darauf hin. Ein frühchristliches Taufbecken und eine Grabstätte belegen, dass das römische Heiligtum im 6. Jh. n. Chr. in eine Kirche umgewandelt wurde.
Das Ausgrabungsfeld von Milreu liegt am westlichen Ortsrand von Estói an der Straße nach Santa Bárbara de Nexe. Seit fast 150 Jahren werden hier archäologische Arbeiten durchgeführt. 1877 begann der portugiesische Historiker und Archäologe Estácio da Veiga mit den Ausgrabungsarbeiten.
Mai–Sept. tgl. 10–18, Okt.–April 9–13, 14–17 Uhr | Eintritt: 2 €

## Rund um Estói

### Hübsches weißes Algarvedorf

Santa Bárbara de Nexe

Das kleine Dorf Santa Bárbara de Nexe liegt etwa 6 km westlich von Estói, eingebettet in eine schöne Obstplantagenlandschaft. Die Pfarrkirche steht oberhalb der Dorfstraße an einem hübsch bepflanzten Kirchplatz. Die Kirche wurde im 15. Jh. gebaut. Sollte sie offen sein, können Sie sich typische portugiesische Gestaltungselemente ansehen: Der Altarraum ist durch einen manuelinischen, mit Steintau und Korallenstöcken gestalteten Spitzbogen vom Kirchenschiff abgeteilt, der Chor wird von einer manuelinischen Decke mit Steintauen und gotischem Netzwerk überspannt. Einige Seitenkapellen – die mittlere des linken Seitenschiffs beherbergt eine hübsche Statue des Santo Amaro – sind mit Talha Dourada verziert.

# FARO

**Conselho:** Faro | **Einwohnerzahl:** 46 310

***»Welcome to Faro Airport, bitte bleiben Sie noch so lange angeschnallt sitzen, bis wir unsere endgültige Parkposition erreicht haben.« Für die meisten ist Faro das Tor zur Algarve, hier liegt der internationale Flughafen. Aber nur wenige kennen die Stadt selbst. Dabei ist sie unbedingt einen Besuch wert mit ihrem hübschen alten Zentrum, den kleinen Gassen, mit schönen Museen, Straßencafés, Restaurants und Top-Einkaufsmöglichkeiten.***

Urlaub in Faro?

Urlaub in Faro? Wohl eher nicht. Anders als in Albufeira oder Carvoeiro liegen die Strände nicht direkt vor der Haustür. Um das Badelaken ausbreiten zu können, muss man auf die Inseln – die Lagune Ria Formosa trennt Stadt und Meer. Aber zum Shoppen oder für einen Kulturbummel ist die Algarvehauptstadt gut geeignet. Also doch Urlaub in Faro? Viele Geschäfte, Museen, Restaurants, Cafés und ein entscheidender Pluspunkt: In Faro spielt sich portugiesischer Alltag ab, Touristen sind keineswegs in der Überzahl. Verwaltungsangestellte und Ladenbesitzer nehmen noch einen Kaffee in der kleinen Fußgängerzone, bevor sie sich in die 18-Uhr-Rushhour begeben, und Studierende sorgen für ein Nachtleben, das auch ältere Semester gut finden. Faro hat eine Marina, an der Sie entlangbummeln können, und ein stimmungsvolles historisches Zentrum. Und Sie können Bootstouren durch die Ria Formosa unternehmen – zum Beispiel zum Strand.

### Stadtentwicklung im Schnelldurchgang

Geschichte

Eine Verwaltungsstadt war Faro schon einmal, unter den Römern, die die Stadt **Ossonoba** nannten. Damals gewann auch der Hafen an Bedeutung. 418 n. Chr. eroberten die Westgoten die südportugiesische Hafenstadt, Faro wurde erstmals Bischofssitz. Die Westgoten begannen mit dem Bau einer christlichen Kirche, die sie der Jung-

frau Maria weihten. Wohl wegen des Marienkults, der für sie große Bedeutung hatte, nannten die Westgoten die Stadt Santa Maria de Ossonoba.
Zwischen 714 und 1249 war Faro arabisch, Hauptstadt der Provinz Al-Gharb (Algarve) war damals aber Xelb, das heutige Silves. Der portugiesische König Afonso III. ließ Faro 1249 erobern. In jenem Jahr wurde das Ende der arabischen Herrschaft in Südportugal besiegelt, 1250 wurden die algarvischen Städte dem portugiesischen Königreich angegliedert. 1577 verlegten die Portugiesen den Bischofssitz von Silves nach Faro. In der Folge ist die Stadt zweimal schwer zerstört worden: 1596 durch einen Angriff des Grafen von Essex und 1755 durch das große Erdbeben, das Erdbeben, das auch Lissabon in Schutt und Asche legte und ganz Europa entsetzte. Seit 1756 ist Faro Hauptstadt der Provinz Algarve und seit 1982 gibt es eine Universität, die für ein wenig studentisches Flair sorgt.

**Hárum – Farol – Faro**

Stadtname

Man vermutet, dass sich der Name »Faro« aus der Zeit der Araber ableitet: Im 11. Jh. gründete Ben Said Ben Hárum hier ein Fürstentum und aus seinem Namen hat sich im Lauf der Zeit möglicherweise das Wort »Faro« entwickelt. Andererseits besteht offensichtlich auch ein Zusammenhang mit dem portugiesischen Wort »farol« für Leuchtturm.

Viel Wasser rund um Faros Altstadt: zur einen Seite die Marina, zur anderen die Lagune – nur zum Meer und zum Strand muss man mit dem Boot.

## Altstadt

**Weiße Gassen**

Centro Histórico/ Vila Adentro

Wer im Frühjahr hierher kommt, wird auf Türmen und Mauervorsprüngen **Storchennester** sehen, die Storcheneltern kreisen über Faros altem Stadtkern. Sie gehören zum Bild des historischen Zentrums wie die Kathedrale, wie die weißen Gassen, die Stadtmauer aus dem 13. Jh. und der **Arco da Vila**. Durch dieses Stadttor aus dem 18. Jh. – mit dem Glockenturm und der Figur des Stadtheiligen Thomas von Aquin – geht es in die ruhigen Sträßchen des Centro Histórico. Nur in einigen Gassen mit Cafés und Lokalen ist etwas Leben.

**Orangenblütenduft**

Largo da Sé, Paço Episcopal

Ebenfalls im Frühjahr zeigt sich der Largo da Sé von seiner schönsten Seite. Der großzügige Platz ist von Orangenbäumen gesäumt, die im März und April blühen und einen intensiven Duft verströmen. An der Nord- und Westseite des Largo da Sé zieht sich der Paço Episcopal, der Bischofspalast, entlang. Der **Nordflügel** mit großen Fliesenbildern des 18. Jh.s kann besichtigt werden. Im späten 18. Jh., als man beschlossen hatte, hier ein Priesterseminar einzurichten, wurde der Bau von dem italienischen Architekten Francisco Xavier Fabri durch den langgestreckten Westflügel erweitert. Nach 1974 diente das Gebäude als Auffanglager für die **»retornados«**, die Rückkehrer aus den ehemaligen portugiesischen Kolonien, und seit 1986 werden hier wieder Priester ausgebildet. Francisco Gomes do Avelar, der Bischof, der die Idee eines Priesterseminars Ende des 18. Jh.s maßgeblich förderte und sich vor allem auch für den Wiederaufbau der vielen durch das Erdbeben zerstörten Kirchen einsetzte, wird mit dem Denkmal vor dem Gebäude geehrt. An der Nordostecke des Largo da Sé steht das Rathaus (Câmara Municipal) von Faro.

**Paço Episcopal (Nordflügel):** Mo.–Sa. 10–13, 14–18 Uhr | Eintritt 2,50 €

**Algarvekathedrale**

Kathedrale Sé

Schon von außen wird ein Teil ihrer Geschichte deutlich sichtbar. Verschiedene Elemente der Gotik, der Renaissance und des Barock lassen sich an der Kathedrale ausmachen: Große Teile der ursprünglich gotischen Kirche wurden durch das Erdbeben im 18. Jh. zerstört und neu aufgebaut. Von der früheren Kirche blieben nur der Turm und zwei Fenster erhalten. Ungewöhnlich ist die völlig uneinheitlich gebaute Nordseite der Kathedrale; sie ist aus drei Seitenkapellen zusammengesetzt, von denen die mittlere zudem eine Kuppel trägt. An der Südseite kann man sich eine kleine **Knochenkapelle** und die **Capela de São Miguel** ansehen. Das Schönste ist für die meisten sicher der **Aufstieg auf den Glockenturm**: Von oben sieht man die gesamte Altstadt und das vorgelagerte Lagunengebiet. Der gotische Ursprung des Turms ist gut an den Eingangsportalen zu erkennen.

Die Westgoten hatten zu Ehren der Santa Maria – wahrscheinlich an dieser Stelle – schon eine erste christliche Kirche gebaut. Später hat hier vermutlich eine Moschee gestanden, über deren Resten die Portugiesen dann ihrerseits, wie so oft in Portugal nach der Vertreibung der Araber, wiederum eine Kirche bauten.
Mit all den goldenen Altären ist die Sé im **Innenraum** eine kostbare Bischofskirche. Der Raum ist dreischiffig angelegt, grazile Säulen trennen die Schiffe voneinander. In der Capela de Santo Lenho rechts neben dem Altarraum ließ sich António Pereira da Silva, Bischof der Algarve von 1704 bis 1715, seine letzte Ruhestätte einrichten. Die Seitenwände der Kathedrale sind asymmetrisch mit vier bzw. drei Seitenkapellen von sehr unterschiedlicher Größe gegliedert. Sehen Sie sich die schönen Fliesenwände der Kapellen an, sie stammen überwiegend aus dem 18. Jahrhundert! Und etwas für Orgelfreunde: Die Barockorgel am Hochchor oberhalb des Eingangs wurde zwischen 1716 und 1751 bemalt und ist komplett restauriert worden. An der rechten Seite steht eine kleine Orgel von 1763. 2017 hat der Weltklassemusiker Ton Koopman hier ein Orgelkonzert gegeben.
Mo.–Fr. 10–19.30 (Nov.–Febr. bis 18.30), Sa. 9.30–16 Uhr | Eintritt: 5 €

### Geschichte multimedial

Faro Story Spot

Am Largo da Sé lädt dieses Multimedia-Museum zum kurzweiligen Eintauchen in Faros Geschichte und Ggegenwart ein, macht mit dem Ökosystem der Ria Formosa und der algarvischen Form der mediterranen Küche bekannt. Im Anschluss kann man mit Blick auf Platz und Kathedrale lokale Gerichte probieren.
Tgl. 10–18 Uhr | Eintritt: 12 € | https://farostoryspot.pt

### Tor zum Wasser

Arco da Porta Nova

An der Südwestecke des Largo da Sé kommen Sie zum Arco da Porta Nova, dem zweiten noch erhaltenen Tor (1630) der alten Stadtmauer. Der Arco da Porta Nova führt direkt zum Wasser. Hier starten Boote zu Fahrten in die Ria Formosa, zu den vorgelagerten Inseln und zur Praia de Faro – und die Zuglinie der Algarve fährt hier direkt am Wasser entlang.

### Faros Vergangenheit in Klosterräumen

Museu Municipal am Largo Afonso III.

**Largo Afonso III.** – ein Denkmal für den König, zu dessen Amtszeit die Araber aus Faro und anderen Städten der Algarve vertrieben wurden, steht in der Mitte des ruhigen Platzes.
Das ehemalige Klarissenkloster Nossa Senhora da Assunção hat Dona Leonor, die dritte Gattin Manuels I., 1518 gestiftet; 1561 war der Bau nach Plänen des Baumeisters Diogo Pires fertig. In dem Gebäude ist das Museu Municipal in schönen Räumen rund um einen zweistöckigen kleinen Kreuzgang untergebracht. Ausgestellt sind einige Fundstücke aus römischer Zeit – am beeindruckendsten wohl ein **Ocea-**

OBEN: Die Kathedrale von Faro – eine architektonische Mixtur aus vielen Jahrhunderten

UNTEN: Für die meisten führt der Weg in Faros Altstadt durch den Arco da Vila, und fast immer sitzt der Storch oben auf dem Turm.

## FARO ERLEBEN

### POSTO DO TURISMO
Rua da Misericórdia 8–12
Tel. 289 80 36 04
www.cm-faro.pt

### POSTO DO TURISMO
Flughafen, Ankunftsbereich
Tel. 289 81 85 82

### PARKEN
Kostenlos parken kann man auf dem großen Largo de São Francisco im Süden der Stadt am Centro Histórico.

Viele kleine Geschäfte gibt es in der Fußgängerzone rund um die Rua de Santo António. Im Forum Algarve, erbaut in preisgekrönter Architektur, am Stadtrand an der Straße Richtung Flughafen findet man alles unter einem Dach; einkaufen kann man hier auch noch spätabends.

Formosamar bietet Ausflüge in traditionellen Fischerbooten durch die Ria Formosa und zu den Inseln an, außerdem werden Kajaktouren veranstaltet. Auch Fahrräder werden vermietet.
Formosamar
Gebäude des Clube Naval Marina de Faro
Tel. 918 72 00 02
www.formosamar.com

Inseln / Ria Formosa: Shuttleboote zu mehreren Inseln und Bootstouren durch die Ria Formosa starten vom Anleger an der Porta Nova (an der Altstadtmauer).
Tel. 918 77 91 55
www.ilhadeserta.com

Auch zur Praia de Faro fahren die Boote vom Anleger an der Porta Nova.
www.passeios-ria-formosa.com

In den Seitenstraßen der Rua Conselheiro Bivar gibt es jede Menge Kneipen und Bars.

### ❶ CIDADE VELHA €€/€€€
Das gemütliche Lokal in einem Winkel hinter der Kathedrale serviert traditionelle Algarveküche. Bei schönem Wetter sitzt man auf dem Platz oder im Nebengebäude auf dem Rooftop.
Rua Domingues Guieiro 19
Tel. 289 82 71 45

### ❷ FARO E BENFICA €€
Das urige Restaurant am Jachthafen mit Blick aufs Wasser ist bekannt für seinen frischen Fisch und vor allem für die guten Meeresfrüchte.
Doca de Faro
Tel. 289 82 14 22

### ❸ TASKA ALGARVIA €€
In dieser Taska bekommt man gute Fischgerichte – eine Spezialität ist »xarém«, ein Maisbrei, der oft mit Dreiecksmuscheln zubereitet wird.
Rua do Alportel 38
Tel. 918 73 88 83

### ❹ O CENTENÁRIO €€
Eine große Speisekarte, gute Fischgerichte – vor allem Cherne (Barsch) und Lulas (kleine Tintenfische) sind sehr lecker – und ein anständiger Hauswein, was will man mehr! Ach ja, man sitzt im Sommer draußen an einem sehr stimmungsvollen Platz.
Largo Terreiro do Bispo 4
Tel. 289 82 33 43

1 Cidade Velha
2 Faro e Benfica
3 Taska Algarvia
4 O Centenário

1 Hotel Eva Senses
2 Hotel Faro
3 Hotel Sol Algarve

## ❶ HOTEL EVA SENSES €€/€€€

In zentraler Lage direkt am Jachthafen steht das solide, moderne Hotel Eva, das von außen nicht gerade ansprechend wirkt, dessen 140 Zimmer aber komfortabel und angenehm sind. Wenn möglich, sollten Sie sich ein Zimmer mit Blick auf die Marina gönnen, dann ist der Aufenthalt perfekt. Und das Hotel-Highlight: Auf dem Dach gibt es einen Pool und Sonnenliegen.
Avenida da República 1
Tel. 289 00 10 00
https://ap-hotelsresorts.com

## ❷ HOTEL FARO €€/€€€

Geschmackvoll eingerichtetes Hotel in Jachthafennähe. Vom Restaurant im oberen Stockwerk und der Dachterrasse hat man Blick auf die Lagune und den Jachthafen.
Praça D. Francisco Gomes 2
Tel. 289 83 08 30
www.hotelfaro.pt

## ❸ HOTEL SOL ALGARVE €€

Diese schlichte Pension liegt in einer ruhigen Straße im Zentrum – die Zimmer sind klein und funktional, der Service ist freundlich.
Rua Infante D. Henrique 52
Tel. 289 89 57 00
www.hotelsolalgarve.com

## SUNDOWNER IM »O CASTELO«

Einen Besichtigungstag in Faro ausklingen lassen – »O Castelo« am Rand des historischen Viertels liegt genau richtig für ein Abendessen mit Sonnenuntergang. Von der Terrasse hat man Blick auf die Lagune und kann zusehen, wie ein Sonnentag zu Ende geht. Vielleicht sieht man noch das eine oder andere Flugzeug im Landeanflug auf Faro Airport – der untergehenden Sonne entgegen.

**nus-Mosaik** aus dem 2./3. Jh. –, außerdem Alltagsgegenstände aus der maurischen Epoche. Ein Fragment mit einer phönizischen Inschrift gilt als Zeugnis der Anwesenheit phönizischer Handeltreibender an der Algarveküste. In der Gemäldeabteilung werden Werke der Renaissance, des Manierismus und Barock gezeigt.

Juni – Sept. Di.–Fr. 10–19, Sa., So. 11.30–18, Okt. – Mai Di.–Fr. 10–18, Sa., So. 10.30–17 Uhr | Eintritt: 2 €

**Königliche Ruhe**

Arco do Repouso

Nach der Eroberung von Faro soll sich **Afonso III.** hier ausgeruht haben (»repouso« = »Ruhe«) – so ist es überliefert. In den gelungen restaurierten Toreingang ist im 18. Jh. eine Gebetskapelle eingebaut worden. Eine Vorstellung vom Aussehen des Königs kann man sich auch machen: Afonso III. ist auf mehreren Fliesenbildern an der Stadtmauer außerhalb des Tores dargestellt, u. a. während der Eroberung der Stadt.

## Wohin sonst in Faro?

**Hier feiert Faro**

An der Marina

Unten an der Marina ist Faro ganz die Stadt am Wasser. Hier wird gefeiert: Im Sommer ist jede Gelegenheit gut, eine Bühne aufzubauen. Für Stadtfeste, Konzerte, WM- und EM-Public-Viewing. Auf den Bänken des **Jardim Manuel Bivar**, dieser platzartigen Gartenanlage mit hübschen Blumenbeeten, hohen Palmen und Jacarandabäumen, sitzen meist ältere Farenser, lesen, schreiben, machen ein Nickerchen oder gucken sich einfach nur das Leben und Treiben an.

Im **Museu Marítimo Almirante Ramalho Ortigão**, zu finden an der Nordwestecke der Marina, werden in einem sympathischen Sammelsurium Exponate zum Thema »Meer« gezeigt. Verschiedene Schiffsmodelle – von der portugiesischen Karavelle bis zum Dampfschiff – sind ausgestellt, außerdem wird über unterschiedliche Sardinen-, Kabeljau- und Tintenfischfangmethoden informiert.

Das **Centro Ciência Viva** am Südende des Hafenbeckens führt Kinder und Jugendliche in die Welt der Naturwissenschaften ein. Durch Experimente können diverse physikalische und chemische Prozesse nachvollzogen werden. Ein Schwerpunkt liegt auf der Erforschung des Weltalls.

**Museu Marítimo:** Mo.–Fr. 9–12, 14.30–16.30 Uhr; Eintritt frei
**Centro Ciência Viva:** Di.–So. 10–13, 14–18 Uhr | Eintritt: 5 € (Kinder und Jugendliche 4 bis 17 Jahre: 3 €) | www.ccvalg.pt

**Vergangene Zeiten**

Museu Regional do Algarve

Wen die **Alltagskultur der Algarve** vor dem Einsetzen des Tourismus interessiert und wer wissen möchte, wie es in dieser Gegend in

Capela dos Ossos: Hier gibt es nichts zu beschönigen, die Deko besteht aus Knochen und Schädeln.

den ersten Jahrzehnten des 20. Jh.s aussah, sollte unbedingt in das kleine Museu Regional do Algarve an der Praça da Liberdade gehen. Es ist etwas altmodisch aufgezogen, was bei der Thematik aber wiederum auch gut passt. Zu sehen sind Sammlungen alter Gebrauchsgegenstände, u. a. ein Eselkarren, der einem »aguadeiro«, einem Wasserträger, als Transportmittel diente. Innenräume algarvischer Häuser sind originalgetreu nachgebaut worden, Fotografien zeigen Ortsansichten und Landschaften, die heute nicht einmal mehr zu erahnen sind. Fotografisch festgehalten sind auch Algarvios bei ihrer Arbeit in Salinen, auf den Feldern, beim Fischfang, Korbflechten und Wassertransportieren.

Di.–Fr. 10–18, Sa. 10–16.30 Uhr | Eintritt: 1,50 €

### Ein schattiges Plätzchen

Alameda João de Deus

Gut zum Entspannen: Der Park etwas abseits des Geschehens ist mit Blumenbeeten, hohen Bäumen, Wasserbecken hübsch angelegt und an kleinen Kiosken bekommt man Getränke. Benannt ist der Park nach dem wohl bekanntesten portugiesischen Pädagogen, nach dessen Modell, das der Montessori-Methode verwandt ist, in Portugal zahlreiche Kindergärten aufgebaut wurden.

**Nur für Unerschrockene!**

Igreja do Carmo, Capela dos Ossos

In der 1719 gebauten Karmeliterkirche – einmalig in Faro: eine **Barockkirche** mit zwei Glockentürmen – fand im Juni 1808 eine Versammlung statt, in der der Aufstand gegen die napoleonische Besetzung der Stadt geplant wurde. Der Innenraum wird durch die überbordende Talha Dourada am Hochaltar und an den Seitenaltären geprägt. Schlichter nimmt sich die Gestaltung der Sakristei aus, in der verschiedene Christusfiguren in kleinen Holznischen aufgestellt sind. Außerdem lohnt sich ein Blick an die Holzdecke der Sakristei mit 24 unterschiedlich ausgemalten Tafeln.

Das Ziel der meisten Besucher ist aber die Knochenkapelle. Über den kleinen Friedhof kommt man zu der 1816 eingeweihten **Capela dos Ossos**, die von Ordensbrüdern gebaut wurde und weit über Faros Grenzen hinaus bekannt ist. Ihre Wände und die Gewölbedecke sind mit Knochen und Schädeln von Toten »verziert«. Die menschlichen Skeletttteile stammen aus früheren Gräbern des Friedhofs.

**Capela dos Ossos:** Mo.–Fr. 9–13, 15–18, im Winter bis 17, Sa. 9–13 Uhr | Eintritt 2 €

**Jüdische Kultur in der Algarve**

Faro Jewish Heritage Centre

In der Rua Leão Penedo am Nordrand des Stadtzentrums gibt es einen jüdischen Friedhof, der 1992 auf Initiative von Isaac Bitton, einem aus Portugal stammenden Juden, der ab 1959 in den USA lebte, wieder instand gesetzt wurde. Sowohl der Friedhof als auch das angeschlossene Museum zur jüdischen Kultur und Geschichte in der Algarve sind derzeit für die Öffentlichkeit nicht zugänglich.

## Rund um Faro

**Sand, Sand, Strand**

Praia de Faro

Hier baden die Farenser: auf der Ilha de Faro, einer extrem schmalen **Laguneninsel**, die fast nur aus Sandstrand, einer langen Straße und Sommerhäusern besteht. Kilometerlang zieht sich Faros Hausstrand nach Osten und Westen. Vom Zentrum ist er etwa 7 km entfernt. Mit dem Auto muss man sich Richtung Flughafen halten und kurz vorher abbiegen, dann führt eine Brücke auf die Insel. Von Faros Zentrum fahren auch Busse und am Rand der Altstadt, an der Porta Nova, starten **Boote zum Strand**.

**»Deserto«, menschenleer**

Ilha Deserta

Die Ilha Deserta, manchmal auch als Ilha Barreta bezeichnet, ist eine unbewohnte Insel vor Faro. Auch zu dieser Insel fahren Boote vom Anleger an der Porta Nova. Es gibt ein Restaurant, ansonsten nichts als einen ewig langen Sandstrand. Das Cabo de Santa Maria auf der Ilha Deserta ist der **südlichste Punkt Portugals**.

# LAGOS

**Conselho:** Lagos | **Einwohnerzahl:** 23 650

***Rappelvoll ist die »Drosselgasse« von Lagos, die Rua 25 de Abril. Alle möglichen Sprachen und der köstliche Duft von Fischgerichten liegen in der Luft. In den Lokalen ist kaum noch ein Tisch frei, eine Fülle, ein Gedränge! Manch einer ist mit seinen Nerven schon fast am Ende, andere fühlen sich wohl im quirligen Feriengetriebe. Kein Zweifel: Lagos ist einer der beliebtesten Touristenorte der Felsalgarve. »Schuld« daran ist die unglaublich schöne Küste mit ihren Postkartenbuchten zwischen bizarren Felsen.***

Ganz schön quirlig

Trubel müssen Sie mögen, wenn Sie nach Lagos kommen. Die Altstadt kann sehr stimmungsvoll sein, wenn sie nicht in den Massen der Hochsaison untergeht. Anders als Albufeira oder Praia da Rocha hat sich Lagos ein sympathisches Eigenleben erhalten, man sieht viele Einheimische, die ihrem Alltag nachgehen und sich von dem internationalen Felsalgarve-Hype kaum stören lassen. Und Sie sind hier in der Stadt der großen Seefahrer! Lagos macht wenig aus seiner Geschichte, drängt sich nicht auf. Zwei oder drei Denkmäler, ein paar Straßen- und Platznamen, mehr nicht. Zeit also für Urlaub: sonnen, baden, tauchen, Bootstouren, wohlfühlen – pudelwohl. Apropos: etwas ganz schön »Pudeliges« können Sie am Strand von Lagos hin und wieder auch erleben ...

### Vor Anker gegangen

Geschichte

Die weite Bucht von Lagos bot frühen Seefahrern einen guten Ankerplatz, Griechen und Karthager nutzten ihn, Phönizier hatten schon zu Beginn des 1. Jts. v. Chr. eine wichtige Handelsniederlassung gehabt. Die Römer kamen im 2. Jh. n. Chr., bauten eine Hafensiedlung und nannten sie Lacóbriga. Als die Araber Lagos im 8. Jh. besetzten, war ihre erste Maßnahme, ihr erobertes Zawaya, also das heutige Lagos, mit starken Mauern zu schützen. Die Portugiesen ihrerseits, die Lagos Mitte des 13. Jh.s zurückeroberten, verstärkten die Stadtmauer umgehend gegen drohende Angriffe von Arabern.

Die große Blütezeit hatte Lagos im 15. und beginnenden 16. Jh. als Ausgangshafen und **Zentrum der großen portugiesischen Entdeckungs- und Eroberungsfahrten**. Zahlreiche Werften entstanden, in denen die berühmten portugiesischen Karavellen gebaut wurden – Konstruktionspläne für die Schiffe waren im nahen Sagres unter Heinrich dem Seefahrer entwickelt worden. Durch die Eroberungszüge und die neuen Handelsmöglichkeiten kamen große Reichtümer aus Übersee in die Stadt. Gehandelt wurde auch mit Menschen, ab 1444 gab es hier Sklavenversteigerungen.

Zwar avancierte Lagos 1577 zur **Hauptstadt** der Provinz Algarve, doch verlor die Region gegen Ende des 16. Jh.s und vor allem während der 60-jährigen Herrschaft Spaniens über Portugal (1580 bis 1640) immer mehr an Bedeutung. 1755 richtete das schwere Erdbeben starke Zerstörungen an und ein Jahr später wurde Faro dann Hauptstadt der Algarve. Erst der Tourismus, der in der zweiten Hälfte des 20. Jh.s einsetzte, riss Lagos aus einem jahrhundertelangen Dornröschenschlaf.

»

Portugiesische Welt ist zunächst einmal eine Welt der bloßen Relikte. Die Erinnerungen sind auf der Landkarte zu finden. Mit einer Reihe von Namen. Sei es einer wie Lagos, die Hauptstadt Nigerias. Der Name erinnert an Lagos an der Südküste Portugals; eine Stadt, die für den Schiffsbau wichtig war und wo der erste Sklavenmarkt in Europa abgehalten wurde.

«

*Hugo Loetscher: Das Hugo Loetscher Lesebuch 1984*

## Wohin in Lagos?

### Verschollen und ersehnt

Praça Gil Eanes

Drei Namen brauchen Sie, um Lagos' wichtigste Plätze zu verstehen: **Gil Eanes**, einer der großen Kapitäne des 15. Jh.s, **Heinrich der Seefahrer**, der nur einmal in See stach, aber die Seefahrt revolutionierte und Portugals Goldenes Zeitalter einleitete, und **König Sebastião**, der dem portugiesischen Höhenflug 150 Jahre später ein katastrophales Ende setzte.

Nach Gil Eanes, der um 1400 in Lagos geboren wurde und 1434 vom Hafen Lagos aus als erster Europäer zur Umsegelung des Kap Bojador startete (▶Interessante Menschen), ist Lagos' Hauptplatz benannt. Das Denkmal in der Platzmitte zeigt aber nicht ihn, sondern Sebastião, den **»ersehnten« König Sebastião** (▶Interessante Menschen), der 1578 in der Bucht von Lagos seine Anker lichtete und mit einer 8000 Mann starken Truppe nach Marokko aufbrach. Sein allerwichtigstes Ziel war es, die islamisierten Berber zu christianisieren. Der 24-Jährige hatte alle Warnungen in den Wind geschlagen, geriet mit Tausenden von Kämpfern in die furchtbare Schlacht von Alcácer Quibir in Nordmarokko und kam selbst auf dem Schlachtfeld um. In der Folge fiel, da es keinen Thronfolger gab, Portugal an Spanien – der spanische König Philipp II. war ein Enkel Manuels I. und erhob Anspruch auf die portugiesische Krone. Sebastião wurde in dieser misslichen Situation immer noch als Retter erhofft, man wollte seinen Tod nicht wahrhaben, zumal es keine eindeutigen Beweise gab.

LAGOS
200 m
©BAEDEKER
Faro
Sagres
Praça Dom João II.
Marina
Bahnhof
Centro de Vela
Avenida dos Descobrimentos
Busbahnhof 2
Largo Rossio de S. João
Rua Vasco da Gama
R. António dos Santos
Crisógno
Nova da Aldeia
Rua do Cemitério
Rua da Capelinha
Trav. Santo Amaro
Rua Ilha da Madeira
Porto de Pesca
Meia Praia
São Sebastião
Mercado
R. Fábrica
Avenida
Câmara Municipal
Praça Gil Eanes
R. Dr. José de Almeida
Praça Luís de Camões
R. do Jogo da Bola
R. dos Peixeiros
Trav. 1.° de Maio
Rua da Barroca
Rua 25 de Abril
dos Descobrimentos
Ribeira de Bensafrim
Rua Ilha Graciosa
Rua Infante
R. do Sagres
Canal
Rua da
Rua de
Rua Marreiros Neto
Rua Cândido dos Reis
R. Extrema
R. da Silva Lopes
Oliveira
Maio
de
R. das Alegrias
R. da Atalaia
Mercado de Escravos
Praça Infante Dom Henrique
Santa Maria
Palácio dos Governadores
R. Luís de Azevedo
Centro Cultural
Santo António
Museu de Lagos
Largo Dr. Vasco Gracias
R. de Gil Vicente
Tr. de Gil Vicente
R. Lançarote de Freitas
R. de São Gonçalo
Castelo dos Governadores
R. do
Forte Ponta da Bandeira
Luz, Vila do Bispo
Muralhas da Cidade
R. Cardeal Neto
Trav. do Forno
R. 5 de Outubro
R. Miguel Bombarda
R. de S. José
Praia de Dona Ana 3
1 Dom Henrique
2 Restaurante Reis
3 Adega da Marina
1 Tivoli Lagos Algarve Resort
2 Hotel Marina Rio
3 Vivenda Miranda

## LAGOS ERLEBEN

### TURISMO DE LAGOS

Praça Gil Eanes
Tel. 282 76 30 31
https://visitalgarve.pt
www.cm-lagos.pt

### PARKEN

Mit Glück findet man einen Parkplatz an der Avenida dos Descobrimentos unten am Wasser, allerdings zeitlich begrenzt. Ansonsten gibt es ein Parkhaus an der Avenida dos Descobrimentos oder man parkt direkt an den Stadttoren im Westen der Altstadt, z. B. vor dem westlichen Stadttor an der Rua Infante de Sagres.

In Lagos werden Bootstouren zur Ponta da Piedade und entlang der Felsküste zu verschiedenen Grotten angeboten. Auch Touren zur Delfinbeobachtung kann man buchen.

Die Auswahl an Bars und Kneipen ist groß, die meisten sind in der Altstadt, aber auch in der Marina sind bis spätabends Kneipen geöffnet. Beliebt ist z. B. die »Zanzibar« in der Rua 25 de Abril mitten in der Altstadt. Verschiedene Kulturveranstaltungen gibt es im Centro Cultural in der Rua Lançarote de Freitas.

### ❶ DOM HENRIQUE €€€

Ein gepflegtes Restaurant – typisch portugiesische Küche, aber auch internationale Gerichte stehen auf der Speisekarte.
Rua 25 de Abril 75
Tel. 282 76 35 63

### ❷ RESTAURANTE REIS €€

Alteingesessen und gut: Es gibt reine portugiesische Küche, leckere Cataplanas und die Bedienung ist freundlich.
Rua António Barbosa Viana 21
Tel. 282 76 29 00

### ❸ ADEGA DA MARINA €/€€

Die Atmosphäre in der großen Fischrestauranthalle ist nicht gerade bestechend, ebenso wenig der Umfang des Speisenangebots. Das Essen ist aber gut und die Portionen sind groß. Vor allem Einheimische kommen gerne her.
Avenida dos Descobrimentos 35
Tel. 282 76 42 84

### ❶ TIVOLI LAGOS ALGARVE RESORT €€/€€€

Das große Hotel in zentraler Lage steht am Hang und man hat einen guten Blick. Die Zimmer sind teilweise etwas klein, aber wohnlich, und es gibt einen Gratis-Shuttle zum hoteleigenen Strand-Club an der Meia Praia, aber auch Swimmingpool und Sonnenbaden direkt am Haus.
Rua António Crisógono dos Santos, Tel. 282 79 00 79
www.tivolihotels.com

### ❷ HOTEL MARINA RIO €€/€€€

Ein behagliches, gepflegtes Familienhotel, dessen Zimmer nach vorne Blick auf den Jachthafen haben, nach hinten zum Busbahnhof.
Avenida dos Descobrimentos
Tel. 282 78 08 30
www.marinario.com

### ❸ VIVENDA MIRANDA €€€€

Ein besonderes kleines Luxushotel oberhalb des Strands Porto de Mós südlich von Lagos (▶Baedeker Wissen, S. 274)

Als »Retter in der Not« grub er sich tief ins portugiesische Gedächtnis ein, das Phänomen fand sogar als »Sebastianismus« Eingang in die Literatur. Immer wieder wurde auf den verschollenen König Bezug genommen, auf den Erlöser, der auftauchen und das Land aus Krisensituationen retten würde. Der Sebastianismus wird sogar mit einer vermeintlichen Charaktereigenschaft der Portugiesen in Verbindung gebracht: einer fatalistischen Passivität und abwartenden Haltung. Urheber der Skulptur aus den 1970er-Jahren ist der bekannte portugiesische Bildhauer **João Cutileiro**. Sie zeigt den jungen König in all seiner Naivität mit weit aufgerissenen Augen als großen Jungen.
Die **Igreja de São Sebastião** etwas weiter nördlich birgt ein **Kruzifix**, das 1578 angeblich nach **Alcácer Quibir** mitgenommen worden war und als eines der wenigen Überbleibsel aus der verheerenden Schlacht wieder zurück nach Portugal gebracht wurde. Den Kircheneingang ziert ein schönes Renaissanceportal, an dem die portugiesische Krone zu erkennen ist. Ansonsten zieht sich ein Hauch des Morbiden durch diesen Ort: Das Bildnis der Nossa Senhora da Glória in einer der Seitenkapellen stammt von einem gestrandeten Schiff und hinter einem Seiteneingang verbirgt sich eine kleine Knochenkapelle.

### Der Seefahrer Dom Henrique

Praça Infante Dom Henrique

Auch vom Aussehen Heinrichs des Seefahrers können Sie sich ein Bild machen. Völlig anders als der junge Sebastião sitzt er voller Würde aufrecht auf einem Steinsockel, den unerschütterlichen Blick in Richtung Wasser gerichtet. Das Denkmal auf der Praça Infante Dom Henrique wurde 1960 anlässlich seines 500. Todestages aufgestellt (▶Baedeker Wissen, S. 230).
In der Kirche am Platz wurde er 1460 beigesetzt, damals noch in einer Vorgängerkirche aus dem 14. Jh., die während des Erdbebens zerstört und durch die heutige **Igreja de Santa Maria** ersetzt wurde. Später überführte man den Leichnam Dom Henriques in die Klosterkirche von Batalha nördlich von Lissabon.
An der Nordseite der Praça steht das schmale Gebäude der früheren Zollbehörde, des späteren Sklavenmarkts **Mercado de Escravos**, in dem 1444 erstmals schwarzafrikanische Sklaven zur Schau gestellt und später dann verkauft wurden. Unter den Arkaden wurden sie angebunden und konnten begutachtet werden (▶Baedeker Wissen, S. 105 ff.). 2009 wurde vor den Toren der Stadt ein »Sklavenfriedhof« entdeckt, der älteste dieser Art in Europa. In den Räumen der früheren Zollbehörde erinnert ein kleines Museum an die Jahrhunderte des menschenverachtenden Sklavenhandels und auch an einen der größten Aufstände in São Tomé e Príncipe unter dem damaligen König Amador.
**Núcleo Museológico Rota da Escravatura:** Di.–So. 10–13, 14–18 Uhr
Eintritt: 3 €

OBEN: Im Fischerhafen wird der Tagesfang von Männern und Möwen begutachtet.

UNTEN: Die Felsenküste mit dem Boot erkunden – ein richtig guter Urlaubstag!

**Glänzend!**

★ Igreja de Santo António/ Museu de Lagos

Wie im Innern einer Goldschatulle fühlt man sich in der Igreja de Santo António. Der Innenraum ist in typisch portugiesischem Barock gestaltet und fast vollständig mit Talha Dourada ausgekleidet, mit Holzdekorationen also, die **mit Blattgold überzogen** sind. Auf dem goldenen Hochaltar steht das Bildnis des Santo António mit Offiziersschärpe, Kommandostab und dem kleinen Jesus auf dem Arm – die Kirche wurde als Regimentskirche für die in Lagos stationierte Truppe errichtet, die den hl. Antonius zum Schutzpatron hatte. Die Seitenwände oberhalb des Sockels aus blau-weißen Azulejos sind ebenfalls reich mit Talha Dourada versehen. Auf den Gemäldetafeln sieht man Szenen aus dem Leben des hl. Antonius, u. a. die Heilung eines Blinden und das Anfügen eines abgeschlagenen Fußes. Einen genaueren Blick lohnen die Holzputten und -figuren, die sich unter den Konsolen vermeintlich mit dem Gewicht der Pilaster abmühen. Über der vergoldeten Herrlichkeit prunkt ein mit dem portugiesischen Wappen und der Krone bemaltes Tonnengewölbe. Werfen Sie auch einen Blick auf die Unterseite der Empore: Sie sehen die drei Tugenden – Treue, Hoffnung und Nächstenliebe.

Auf der Suche nach der besten Location: In der Rua 25 de Abril ist Kneipen-, Bar- und Klubhopping einfach und ergiebig.

Die genauen Daten der Kirchengründung kennt man nicht, vermutet aber, dass sie in der Regierungszeit von João V. zwischen 1706 und 1750 gebaut wurde. Sie wurde durch das Erdbeben zerstört, 1769 nach alten Vorlagen rekonstruiert und gehört heute zu den eindrucksvollsten Kirchen der Algarve (Zugang durch das benachbarte Museu de Lagos).

Das **Museu de Lagos Dr. José Formosinho** zeigt schön präsentierte Exponate zur Geschichte der Stadt. Besucher werden über die kleine Hafenstadt und die Felsküste informiert, über das Leben von Frauen in Lagos und in den kleinen Dörfern in der Umgebung. Stadtansichten und Landschaftsmalereien geben einen Eindruck der alten Algarve, desgleichen kostbare Fliesen und schöne Produkte des traditionellen Kunsthandwerks. Aus den Beständen des Museums wurde zudem ein sehenswertes Kuriositätenkabinett zusammengestellt.

**Igreja de Santo António / Museu Dr. José Formosinho:** Di.–So. 10 bis 13, 14–18 Uhr | Eintritt: 3 € (Museum und Kirche)

### Kultur im Hier und Jetzt

Centro Cultural

Ein anderes Lagos sehen Sie im Centro Cultural: Kultur von heute. Es werden gute Ausstellungen **zeitgenössischer Künstler** gezeigt, außerdem Theater-, Film- und Tanzvorführungen und Konzerte veranstaltet.

### Am Hafenkanal entlang

Avenida dos Descobrimentos

Eine frische Brise begleitet den Bummel auf der Avenida dos Descobrimentos, der Avenida der Entdeckungen. Die palmengesäumte Uferstraße führt am Hafenkanal entlang, am Fischerhafen vorbei und bis zum Jachthafen von Lagos mit Cafés und Restaurants – hier lässt sich in Ruhe ein bisschen Marinaluft schnuppern.

Wer vormittags in Lagos ist, sollte in die **Markthalle** (Mercado) gehen, der Fisch und die Meeresfrüchte sind absolut frisch, die Auswahl ist groß. Für Familien mit Kindern ist das **Centro Ciência Viva** oberhalb der Markthalle schön: Es geht um physikalische Phänomene und die portugiesischen Entdeckungen – ein Museum zum Anfassen und Ausprobieren. Etwa auf Höhe der Praça Infante Dom Henrique stehen an der Avenida Teile der alten Stadtmauer. An einer Stelle der Befestigungsmauer ist noch ein **manuelinisches Fenster** erhalten, das zum ehemaligen Gouverneurspalast gehörte und von dem aus König Sebastião vor seiner Abfahrt Richtung Nordafrika angeblich seine letzte Messe angehört haben soll. Ein Denkmal erinnert an **Gil Eanes**.

Weiter südlich mündet der Hafenkanal, die begradigte Ribeira de Bensafrim, hinter einer Festung ins Meer. Über eine Zugbrücke geht es in den Innenhof des **Forte Ponta da Bandeira**, hin und wieder sind kleine Ausstellungen zu sehen. Die Burg wurde im 17. Jh. zum Schutz des Hafens gebaut.

Neben der Festung liegt ein kleiner Strand, an dem Sie mit Glück ein paar schwarze pudelige Wesen beobachten können, die hier hin und wieder von ihrem Züchter trainiert werden: die beliebten **portugiesischen Wasserhunde** (►Baedeker Wissen, S. 194).

**Centro Ciência Viva:** Di.–So. 10–18 Uhr | Eintritt: 6 € (Eintritt frei für Kinder unter 6 J., 6–17 Jährige 3 €) | www.lagos.cienciaviva.pt
**Forte Ponta da Bandeira:** Di.–So. 10–13, 14–18 Uhr | Eintritt frei

## Rund um Lagos

### Die eigentlichen Stars von Lagos

Bekannte Badebuchten

Sie gilt als die schönste der Buchten um Lagos herum: die bekannte **Praia de Dona Ana** mit den vorgelagerten Felseninselchen. Stufen führen hinab zum Strand, der durch einen Felsvorsprung in zwei Buchten unterteilt wird. Achtung: Bei Flut besteht keine Möglichkeit, trockenen Fußes von einer Bucht in die andere zu gelangen. Und ein großer Wermutstropfen: In der Hochsaison stapelt man sich hier ziemlich, die Leute kommen von nah und fern, manche haben es nur ein paar Schritte weit von einem der größeren Hotels oberhalb des Strandes. An Kiosken und Restaurants herrscht kein Mangel, Sie können getrost einen ganzen Tag ohne Hunger und Durst hier verbringen. Etwas weiter südlich liegt die ebenfalls beliebte **Praia do Camilo** in einer etwas kleineren Bucht.

### Bizarr, bizarr!

Ponta da Piedade

Felsnasen, einzelne Felszacken und -türme, Naturbögen und -tore reihen sich hinter- und nebeneinander und bilden eine fantastische Küstenlandschaft. Von der Praia de Dona Ana kann man mit dem Auto oder auch zu Fuß – ein Pfad verläuft oberhalb der Steilküste – zur Ponta da Piedade 2 km südlich fahren bzw. gehen. Hier stehen die wohl **eindrucksvollsten Felsformationen der Algarveküste**. Sie sind vom Land, noch schöner aber vom Wasser aus zu sehen. Die Ponta da Piedade ist ein grandioses Kap, das am Südende der Baía de Lagos steil ins Meer abfällt; an der höchsten Stelle sind die Felsen etwa 20 m hoch. Ein Leuchtturm markiert die Ein- und Ausfahrt in die Bucht von Lagos. Vom Turm führt eine Treppe hinunter zum Wasser, hier starten Bootstouren durch die Felsen. Boote zur Ponta da Piedade fahren auch ab Lagos und in der Saison von der Praia de Dona Ana.

### Schöne Strandtage

Praia do Porto de Mós

Westlich der Ponta da Piedade liegt die Praia do Porto de Mós mit einigen Lokalen und Strandcafés, eine weite, geschützte Bucht mit wenig Brandung und guten Wassersportbedingungen. In Richtung Ponta da Piedade findet man winzige Buchten, die nur per Boot zu erreichen und entsprechend leer sind.

# EIN PFERD FÜR ZEHN MENSCHEN

*Kein rühmliches Datum für Portugal, das Jahr 1444, in dem in Lagos erstmals Sklaven verkauft wurden. Gerade hatten die Portugiesen die Mündung des Senegal entdeckt und waren dort zum ersten Mal auf Schwarzafrikaner gestoßen. Als Beweis für die Anlandung und quasi als Mitbringsel aus dieser afrikanischen Region mussten einige der Bewohner die unwürdige Reise nach Portugal antreten.*

Die ersten schwarzen Sklaven wurden 1444 in Lagos wohl eher zur Schau gestellt, als dass es schon um ein gewinnbringendes Geschäft gegangen wäre. Das Unglück der Schwarzafrikaner war, dass sie als besonders belastbar galten. Alle erdenklichen Arbeiten wurden ihnen zugemutet. In der nur dünn besiedelten Algarve war man in jener Zeit besonders auf zusätzliche Arbeitskräfte angewiesen. Durch die portugiesische Expansion hatte sich der Landstrich entvölkert: Viele Portugiesen gingen in eines der neu entdeckten Länder als Händler, andere waren als Seefahrer auf Reisen umgekommen.

## Einträgliches Geschäft

Schnell stellte sich heraus, dass der Sklavenhandel außerordentlich lukrativ war. Neben dem Gewürzhandel war er eine Zeit lang die **Haupteinnahmequelle** der Portugiesen. Im 16. Jh. finanzierte das Land seine Seefahrten und die Expansion nach Afrika, Asien und Amerika zu einem Drittel durch den Menschenhandel. Wer Arbeitskräfte benötigte, machte sich auf den Weg nach Lagos zur Praça da República. Hier wurden Sklaven durch Tausch erworben. Für ein Pferd erhielt man zum Beispiel zehn Menschen. Der **Tauschwert** schwankte aber je nach Bedarf und nach »Qualität«. Christen waren teurer als Heiden.

Bevor die Schwarzafrikaner in Lagos zum Verkauf angeboten wurden, hatten sie schon erschütternde Odysseen hinter sich. Nach der Gefangennahme wurden sie unter unmenschlichen Bedingungen in überladenen Schiffen transportiert. Jeder Vierte der zum Verkauf vorgesehenen Menschen starb schon auf der Seereise.

**Englische Quäker** waren die Ersten, die die Brutalität dieses Unternehmens öffentlich anprangerten. Viele Jesuiten in Portugal folgten ihnen. Doch erst im 19. Jh. wurde der Menschenhandel verboten.

Der alte Sklavenmarkt in Lagos. 1444 wurden Schwarzafrikaner unter diesen Arkaden zur Schau gestellt.

# MENSCHENHANDEL

*1415 eroberten die Portugiesen Ceuta in Afrika, knapp 30 Jahre später stießen sie bis zur Mündung des Senegal vor. 1444 wurden in Lagos die ersten schwarzafrikanischen Sklaven zur Schau gestellt, woraus sich schnell ein Sklavenmarkt entwickelte. Im 16. Jh. finanzierte Portugal ein Drittel seiner Entdeckungs- und Eroberungsfahrten durch den Handel mit schwarzafrikanischen Sklaven, die meist über die Kapverdischen Inseln nach Amerika verfrachtet wurden.*

▶ **Sklavenhandelsrouten**
Die Routen der Sklavenschiffe folgten dem »Atlantischen Dreieckshandel«: Europäische Güter wurden an den Küsten Westafrikas gegen Sklaven eingetauscht. Über den Atlantik segelte man nach Süd-, Mittel- und Nordamerika, um dort wiederum Waren für den europäischen Markt zu laden.

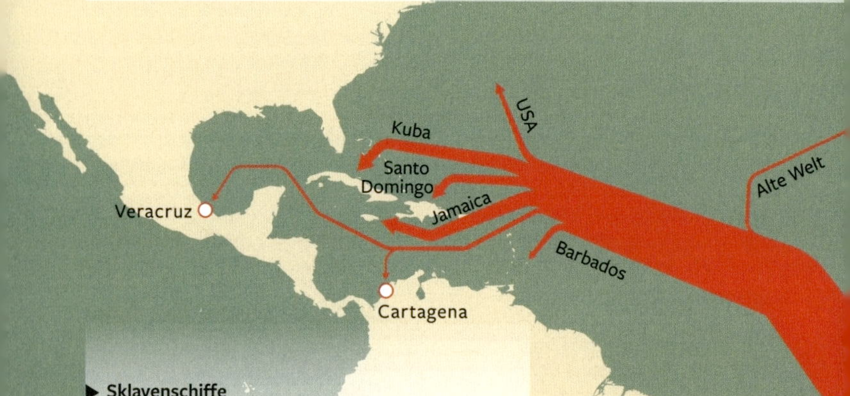

USA
Kuba
Santo Domingo
Alte Welt
Jamaica
Veracruz
Barbados
Cartagena
SÜD-AMERIKA
Brasilien
Rio de la Plata

▶ **Sklavenschiffe**
Für den Transport der Sklaven wurden meist alte Handelsschiffe umgebaut, auf denen bis zu 400 Sklaven unter Deck auf Pritschen angekettet waren. Sank das Schiff, gab es kein Entrinnen.

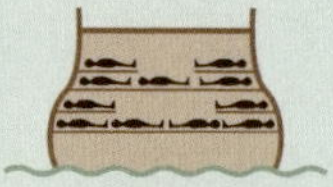

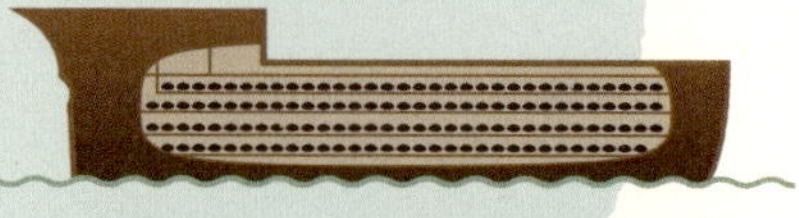

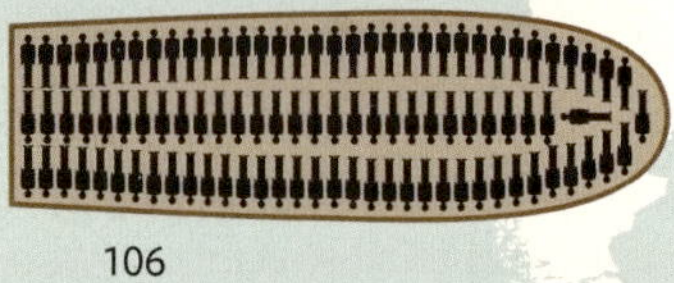

**Geschichte der Sklaverei**

In den 400 Jahren des Atlantischen Sklavenhandels wurden ca. 40 Mio. Menschen aus Afrika verschleppt. Jeder Vierte überlebte die unmenschlichen Strapazen an Bord eines Sklavenschiffes nicht.

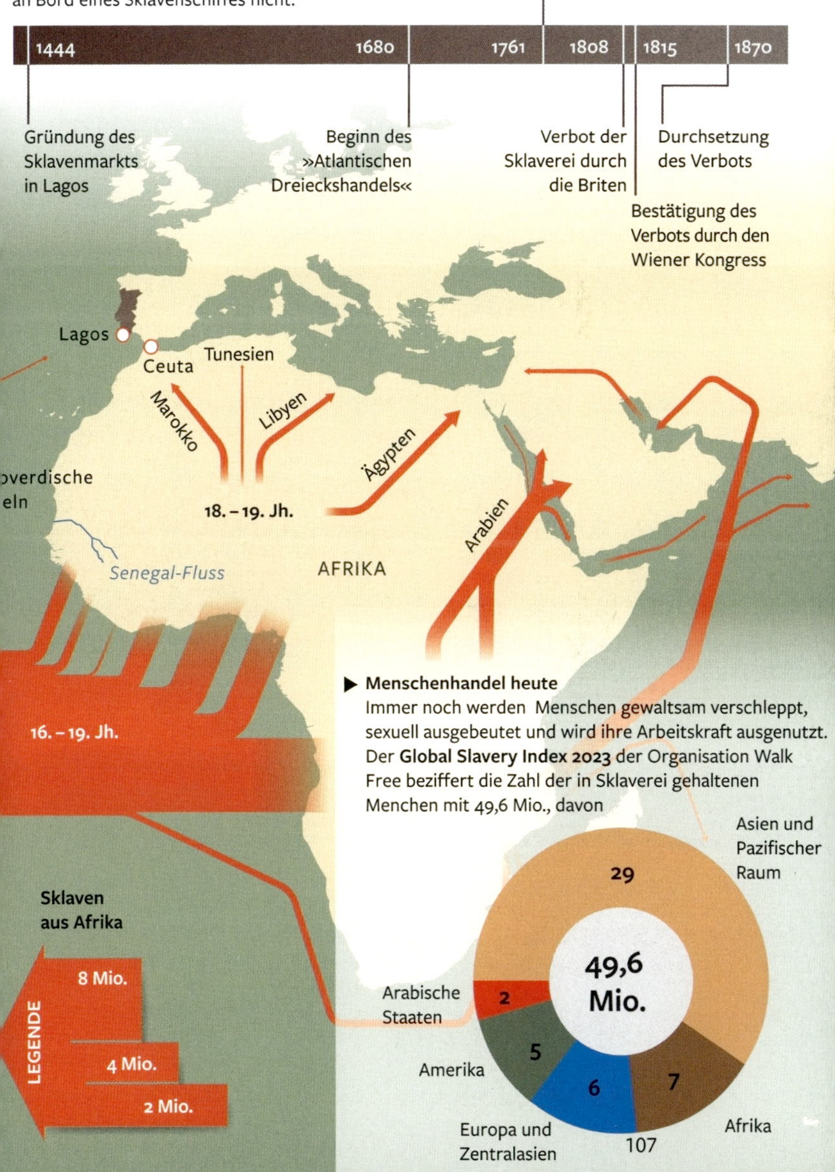

Lange Schatten, kantige Felsen, blaues Meer. Abendspaziergang an der Küste mit Blick auf die weite Bucht von Lagos

### Nichts als Sand

Meia Praia

Eine Alternative zu den in der Hauptsaison meist überfüllten Felsbuchten südlich und westlich von Lagos ist die Meia Praia nordöstlich der Stadt. Der **Sandstrand** zieht sich über mehrere Kilometer **in einem leichten Bogen an der Baía de Lagos** entlang. Zur Meia Praia kommt man ohne Auto: Zu Fuß geht es am Bahnhof Lagos vorbei oder man nimmt einen Kleinbus, der etwa einmal pro Stunde vom Zentrum zu den Stränden in der Umgebung fährt, oder einen der Züge, die an der Meia Praia halten. Außerdem pendeln in der Saison kleine Boote von der Avenida dos Descobrimentos über die Ribeira de Bensafrim.

### Familiärer Ferienort

Praia da Luz

Luz ist ein ehemaliger Fischerort, etwa 5 km westlich von Lagos, der sich mittlerweile zu einem touristischen Zentrum entwickelt hat. Am Ort gibt es einen schönen Strand, an dem sehr gute Wassersportmöglichkeiten bestehen, u. a. Surfen, Wasserski oder Tauchen.

### Tiere aus anderen Gefilden

Zoo Lagos

Der »Zoo Lagos« ist ein sehenswerter Tierpark 10 km nordwestlich von Lagos. Die unterschiedlichsten Vogel- und Affenarten, Schafe, Ziegen, Esel tummeln sich auf den Rasenflächen und Teichen, zu sehen sind außerdem Reptilien, Flusspferde und Lamas. Auf Pflanzenliebhaber wartet eine botanische Vielfalt.

tgl. 10–19, Okt.–März bis 17 Uhr | Eintritt: 19 € (Kinder 14 €) | www.zoolagos.com

# LOULÉ

**Conselho:** Loulé | **Einwohnerzahl:** 17 930

***Es gibt gute Gründe, die sympathische Landstadt 15 km nordwestlich von Faro anzusteuern: Vormittags ist Markt in einem schönen neomaurischen Gemäuer. Bunt und trubelig ist es dort, es duftet nach Koriander, frischen Pfirsichen, Feigen und Tomaten. Anschließend geht es zum Spaziergang durch die ruhigen Altstadtgassen. Der beste Tag für einen Loulé-Besuch ist Samstag, wenn Marktstände rund um die Markthalle und am Ortsrand aufgebaut werden. Montags dagegen ist fast alles, was man sich ansehen könnte, geschlossen.***

Ein Hauch von Orient

Ist man irgendwo im Orient gelandet? Helle Sonnensegel sind an heißen Sommertagen über die wichtigste Einkaufsgasse gespannt. Wie eine Basarstraße wirkt die schmale Rua 5 de Outubro dann, und die kleinen Geschäfte kommen einem da auch gleich etwas exotischer vor, als sie eigentlich sind. Orientalisch wirkt natürlich auch die neomaurische Markthalle, und das Centro histórico, die Altstadt von Loulé, erscheint wie eine passende Kulisse für die Banhos Islâmicos, den maurischen Hamam. Weiß gekalkt und geputzt sind die niedrigen Häuser und meistens ist es recht still in dem verwinkelten Viertel. »Al-Ulyá« hieß Loulé unter den Arabern, woraus sich zunächst Laulé und später Loulé entwickelt hat. Einer Legende zufolge leitet sich der

## LOULÉ ERLEBEN

POSTO DE TURISMO
Rua 25 de Abril 9
Tel. 289 46 39 00
https://visitalgarve.pt

Vormittags lohnt sich ein Bummel durch die Markthalle. Jeden Samstag findet ein Bauernmarkt am Ortsrand statt, dann sind auch Verkaufsstände rund um die Markthalle aufgebaut. Eine Fußgängerstraße ist die Rua 5 de Outubro, in der man keine eleganten Geschäfte findet, dafür aber vieles für den Alltag. Südlich von Loulé gibt es in der Zona Comercial ein großes Designer Outlet.

Wichtig sind Karneval und die Festa da Mãe Soberana im Frühjahr. Das Festival Med, ein Weltmusikfestival mit teilweise namhaften Musikern, findet im Juni statt.

❶ BICA VELHA €€/€€€
Ein gutes Restaurant der gehobenen Kategorie, hier sitzt man in rustikaler Einrichtung. Das Bica Velha hat nur abends geöffnet.
Rua Martim Moniz 17
Tel. 289 46 33 76

❷ O AVENIDA €/€€
Freundliche Bedienung und gute portugiesische Küche. Es gibt auch Tapas und Petiscos.
Avenida José C. Mealha 13
Tel. 289 46 21 06

❶ HOTEL LOULÉ JARDIM €€
Ein sehr angenehmes Hotel mit 52 Zimmern in einem schönen alten Stadthaus.
Praça Manuel de Arriaga
Tel. 289 41 30 94
www.loulejardimhotel.com

Ortsname von einem Lorbeerbaum, lateinisch »laurus«, ab, der in der Nähe des Kastells gestanden haben soll und im Stadtwappen verewigt wurde. Abwegig ist diese Vorstellung nicht, schließlich meinen einige Forscher, die Stadt sei in römischer Zeit gegründet worden.

## Wohin in Loulé?

**Loulés Hauptattraktion**

Kaum vorstellbar, was hier über die Jahrzehnte schon rein- und rausgetragen wurde, jeden Morgen wieder. Seit 1908 steht die **Markthalle** an dieser Stelle, ein ganz wichtiger Warenumschlagplatz in dieser kleinen Stadt, die das Zentrum einer weiten ländlichen Region ist. Da mögen die Leute vom Land skeptisch die Augenbrauen hochgezogen haben, als das neomaurische Monstrum seine überdimensionalen Tore öffnete! Arabische Ecktürme, maurische Zinnen, Hufeisenbögen. Eindeutig ist dies Loulés Hauptattraktion. Hier ist jeden Tag

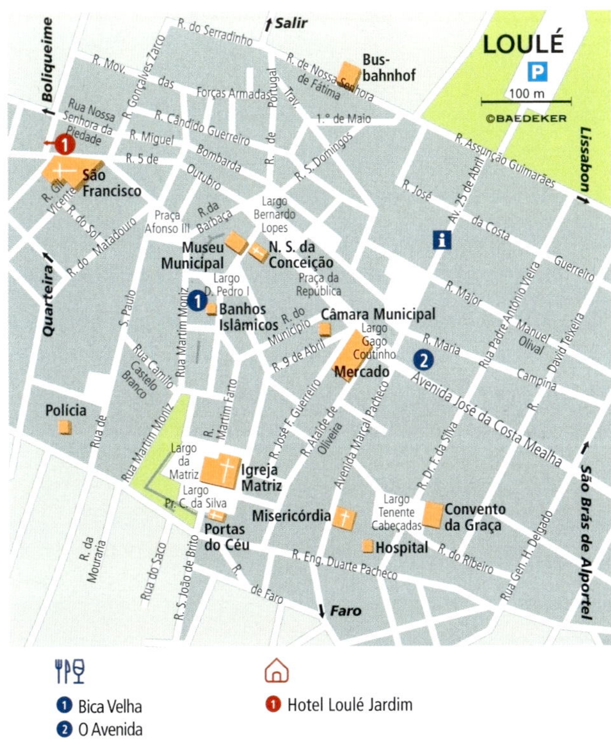


Markt – Obst, Gemüse, Fisch und Geflügel und immer mehr delikate Algarvemitbringsel werden verkauft.

Mo.–Sa. 7–13 Uhr

**Platz oder Avenida?**

Praça da República

Praça da República nennt sich das, was wie eine repräsentative Avenida wirkt und von der Markthalle aufwärts führt. Wer einen guten Galão oder eine Bica gebrauchen kann, kehrt in ein altes Etablissement ein: Das **Café Calcinha** ist zwar renoviert, hat aber doch noch viel von einem alten portugiesischen Kaffeehaus.

Café Calcinha: Di.–So. 8–23 Uhr

**Castelo – der alte Ortskern**

Castelo/ Museu Municipal

Von der alten Burganlage, die wahrscheinlich auf die Mauren zurückgeht, sind nur noch wenige Reste stehen geblieben. Heute markieren sie den früheren Ortskern. Eine Steintreppe führt auf die Burgmau-

OBEN: Vor Loulés neomaurischer Markthalle stehen die Männer vormittags in Grüppchen zusammen und tauschen das Neueste vom Tage aus.

UNTEN: Ihr macht's Spaß, sie scheint gerade eine gute Portion Fisch verkauft zu haben.

ern hinauf, von oben bietet sich ein schöner Ausblick auf Loulé und die Umgebung der Stadt bis hin zum Meer.
Im ehemaligen Wohnbereich der Burg ist heute eine Abteilung des Städtischen Museums untergebracht. Gezeigt wird neben archäologischen Funden vor allem bäuerliches Arbeitsgerät. Außerdem ist in einem Raum eine **traditionelle Algarveküche** eingerichtet worden.
**Museen und Burg:** Di.-Sa. 10-13.30, 14.30-18 Uhr | Eintritt: 1.62 €

### Maurischer Hamam

Banhos Islâmicos

Die öffentlichen Bäder der Mauren wurden erst in den 2000er-Jahren entdeckt und freigelegt. Ihre Überreste fanden Archäologen unter dem Adelssitz einer Familie Barreto aus dem 15. Jahrhundert.
Di.-So. 10-12.30, 13.30-18 Uhr | Eintritt frei

### Verstecktes Kleinod

Ermida de Nossa Senhora da Conceição

Man läuft leicht vorbei: Hinter schlichter Fassade verbirgt sich diese schöne Kapelle, die Mitte des 17. Jh.s als Dank für die Wiederherstellung der Unabhängigkeit von Spanien gebaut wurde und einen **mit Talha Dourada verzierten Altar** aus dem 18. Jh. besitzt. Zur selben Zeit ist der Innenraum mit Fliesenbildern verkleidet worden, die Szenen aus dem Leben Marias zeigen.
Di.-Sa. 10-12.30, 13.30-18 Uhr

### Zeitgenössische Kunst in der Altstadt

Convento do Espírito Santo

Das Kloster wurde Ende des 17. Jh.s gegründet, durch das Erdbeben 1755 teilweise zerstört und 1836 aufgehoben. Heute dient es als Kulturzentrum, in der Galeria de Arte Municipal werden Wechselausstellungen gezeigt.
R. Vice Almirante Candido dos Reis 30 | Di.-Sa. 10-13.30, 14.30-18 Uhr

### Immer wieder Erdbebenschäden

Igreja Matriz de São Clemente

Die Ursprünge der Hauptkirche von Loulé reichen in die zweite Hälfte des 13. Jh.s zurück, wahrscheinlich wurde sie sogar vom Erzbischof im nordportugiesischen Braga in Auftrag gegeben. Die Kirche ist nur zu Messen geöffnet, dann könnten Sie einen Blick auf die im 16. Jh. errichteten Seitenkapellen werfen, auch in die dem São Brás gewidmete mit einem manuelinischen Spitzbogen und in die der Nossa Senhora da Consolação geweihte Kapelle mit einem **manuelinischen Kreuzrippengewölbe**. Das Erdbeben von 1755 zerstörte Teile der Kirche, 1856 und 1969 erlitt sie nochmals Schäden durch Beben.

### Neues Design

Kunsthandwerk

Loulé war immer ein Zentrum der Kunsthandwerksproduktion und auch in der Umgebung wurde viel hergestellt. Seit einiger Zeit lebt diese Tradition wieder auf und wird gefördert. Heute werden alte

Techniken und neues Design kombiniert. Zu sehen ist interessantes modernes Kunsthandwerk u. a. in den Räumen von **Loulé Criativo** im Palácio Gama Lobo und im Geschäft des **Projecto TASA**.

Loulé Criativo: Rua da Nossa Senhora de Fátima | Mo.–Fr.9–13, 14–18, Sa. 9–14.30 Uhr

Projecto TASA: Rua de Portugal 35 B | Mo.–Fr. 10–13.30, 14–17 Uhr

### Außerhalb der Altstadt

Kirchen

Aus der Fassadenfront der **Igreja da Misericórdia** hebt sich das manuelinische Portal deutlich heraus, über eine breite Treppe mit einem Granitkreuz geht es zum Eingang hinauf. Mächtige Steintaue umziehen die fein gearbeitete Türrahmung. Vom früheren **Convento da Graça** am Largo Tenente Cabeçadas ist nur ein kleiner Rest erhalten, der sich jedoch recht wirkungsvoll ausnimmt: Zwischen neueren Häusern steht unvermittelt ein gut erhaltener gotischer Portalbogen.

## Rund um Loulé

### Für die Senhora da Piedade, die Schutzheilige von Loulé

Capela de Nossa Senhora da Piedade

In der Renaissancekapelle wird die Statue der Senhora da Piedade aufbewahrt, oft statten die Leute aus Loulé ihr einen Besuch ab. Neben die alte Kapelle wurde eine große, weiße Kuppelkirche gesetzt, in der die Messe für die Wallfahrer abgehalten wird. Sie steht weithin sichtbar auf einer Anhöhe mitten in der Landschaft an der Straße nach Bouliqueime, ein **Wallfahrtsweg** führt auf den Hügel hinauf.

### Auf einer Bergkuppe

Querença

In der dünn besiedelten, hügeligen Region nordöstlich von Loulé liegt das Dorf Querença. Die Landschaft ist hier bereits weniger lieblich, in der Umgebung von Querença gibt es Wälder, den Wegesrand säumen Zistrosenflächen, auf manchem Hügel gedeihen nur noch Macchiagewächse. Der alte Ort erstreckt sich auf einem Berg, ganz oben liegt der große Kirchplatz. Wer Glück hat, findet die **Kirche**, die ihre Ursprünge im 16. Jh. hat, geöffnet: Sie beherbergt ein hübsches Taufbecken und mehrere von heimischen Künstlern geschaffene Heiligenbildnisse. Ein kleines **Museum** am Platz hat das Wasser und seine Bedeutung für die Algarve zum Thema. Das **Restaurant** neben der Kirche bereitet Deftiges aus der Region zu und ist beliebtes Ausflugsziel.

**Pólo Museológico da Água:** Mo.–Fr. 9–13, 14–17 Uhr

### Wanderung zur Benémola-Quelle

Fonte Benémola

Ein schönes Ausflugsziel in der Nähe von Querença ist die Benémola-Quelle. Man fährt von Querença Richtung Aldeia da Tôr, an der Straße liegt ein Parkplatz. Hier startet ein ausgeschilderter Rundwanderweg (Länge ca. 4,5 km). Am Quellgebiet gibt es einen Picknickplatz.

BAEDEKER ÜBERRASCHENDES

# 6x GUTE LAUNE

*Das hebt die Stimmung!*

## 1. EIN LOB DER SARDINE

Weiße Grillwolken steigen über dem Flussufer auf, überall duftet es nach Sardinen. Ganz Portimão ist auf den Beinen und Tausende sind angereist, um dem »Nationalfisch« zu huldigen. Eine **riesige Sardinenfete** im August! (▶ **S. 127, 265**)

## 2. MARKTHALLE

Vormittags in Loulé: Ein tolles Marktgebäude, gute Stimmung, viel Delikates zum Mitnehmen und Verschenken – ein **großes Kaufvergnügen**! (▶ **S. 110**)

## 3. LUNCHEN MIT BERGLUFT

Mal keine Wellen, kein Strand, keine Felsenbuchten, sondern hoch hinauf in die Berge und ein deftiges Mahl im Gartenlokal mitten in der **Serra de Monchique** genießen. Auch das ist die Algarve! (▶ **S. 144**)

## 4. AUSNAHMEZUSTAND

75 Stunden Musik, 55 Konzerte, 9 Bühnen! Loulé steht Kopf, wenn hier die Weltmusik spielt. Eine Woche lang im Sommer – dazu Straßentheater, Tanz, Kunsthandwerk. Ein bunter Kulturmix: das **Festival Med**. (▶ **S. 110, 264**)

## 5. IM ZEICHEN DER 7

In der Marina von Vilamoura pilgern Fußballfans – und viele andere auch – in die **Decklounge 7**. Was es damit auf sich hat? Die 7 war die Rückennummer des Weltklassefußballers Luís Figo und der hat in der Marina von Vilamoura seine eigene Bar aufgemacht. (▶ **S. 173**)

## 6. AN DER QUELLE

Nicht zu kurz, nicht zu lang und im Sommer schön schattig: eine kleine **Wanderung** führt zur erfrischenden Benémola-Quelle. (▶ **S. 114**)

# OLHÃO

**Conselho:** Olhão | **Einwohnerzahl:** 14 200

***Olhão – die Eigenwillige, eine Stadt mit Charakter. Atmosphärisch unterscheidet sie sich völlig von allen anderen Orten an der Küste, hat einen ganz eigenen Alltag, der mit dem touristischen Leben an der Algarve nicht viel zu tun hat. Und wie das so ist mit den Eigenwilligen – nicht jeder kommt mit ihnen klar. Jedenfalls nicht auf Anhieb.***

Nordafrika in der Algarve

Frühmorgens knattern die Fischer mit ihren Mopeds zum Hafen und stärken sich nach getaner Arbeit am Vormittag mit Kaffee und einem Klaren in den kleinen Frühstücksbars. An der Lagune Ria Formosa lebt man von der **Fischerei**. Armut und soziale Schwachpunkte sind nicht zu übersehen. Vielleicht gefällt Olhão vielen auf den ersten Blick nicht – spätestens auf den zweiten fasziniert aber die unverfälschte Lebendigkeit der Stadt.

Oft wird Olhão als die **nordafrikanischste** der algarvischen Städte bezeichnet, ein starker arabischer Einfluss sei hier zu spüren. Das liegt vor allem an der Architektur, an den charakteristischen Würfelhäusern. Das Fischerviertel am Wasser besteht aus zwei- oder dreistöckigen **kubischen Häuschen**, alle Häuser gleichen sich, aber keines ist wie das andere. Alle haben sogenannte Açoteias, **Flachdächer** zum Trocknen von Fisch und Früchten, auf denen oft ein kleiner Turm sitzt, ein begehbarer Turm, auf den angeblich die Frauen der Fischer stiegen, um nach den Booten ihrer Männer auf der Lagune Ausschau zu halten. Das Nordafrikanische in der Architektur führt man auf den Handelskontakt zwischen Olhão und den Küstenorten des Maghreb zurück, in denen das Klima ähnlich ist wie in der Algarve. Die Bauweise erschien den Fischern aus Olhão in mehrfacher Hinsicht ideal.

»

So paradox es klingen mag: das Bemerkenswerteste an Faro ist die kleine Nachbarstadt Olhão, ... die kleine Fischerstadt, deren Konservenfabriken berühmt sind. Die Stadt ... scheint irgendwie aus der Wüste hierher versetzt worden zu sein. Einen kubistischen Maler müßte sie in höchstes Entzücken versetzen. Denn alle ihre Häuser sind weiße, viereckige Würfel mit flachen Dächern ...

«

*Jakob Job: Land der Christusritter, Zürich 1951*

Nicht nur kubistische Maler, auch Fotografen und alle, die vom Kirchturm über die Stadt schauen, werden in höchstes Entzücken versetzt.

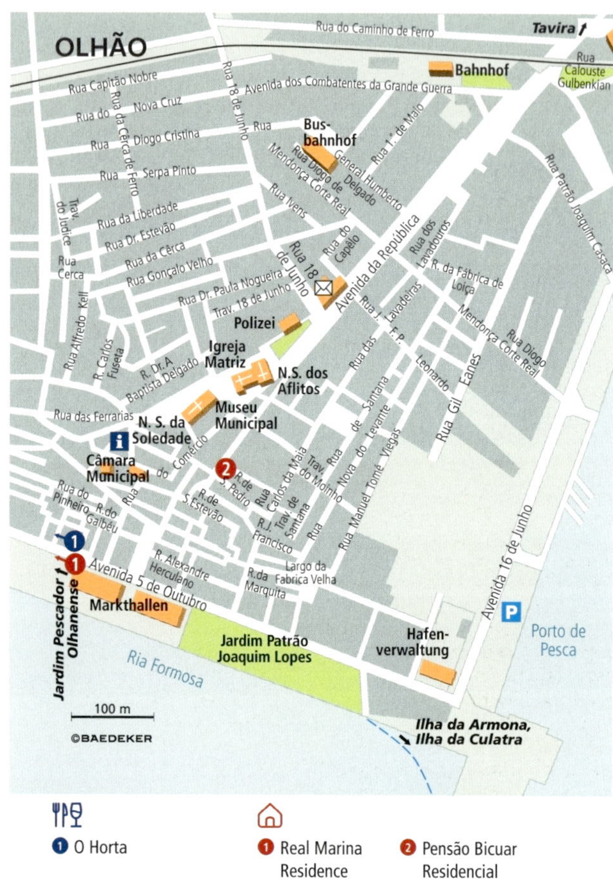


**Wasseraugen**

Ortsname

Olhão entstand erst im 14. Jh. aus einer Fischersiedlung. In der Region gab es damals zahlreiche **Süßwasserquellen**, man bezeichnete sie als »olhos« (Augen). Wegen dieser Quellen machten viele Seeleute und Fischer in dem Dorf Halt, um ihre Frischwasservorräte aufzufüllen. Der Beruf des »aguadeiro«, des Wasserträgers, war lange eine typische Erwerbstätigkeit in Olhão.

**Verwegene Fischer**

»O Bom Sucesso«

Eine spektakuläre Aktion mehrerer Fischer ist in die portugiesische Geschichte eingegangen. Die Bewohner von Olhão taten sich im

## OLHÃO ERLEBEN

### POSTO DE TURISMO
Largo Sebastião Martins Mestre 6A
Tel. 289 71 39 36
www.cm-olhao.pt

### PARKEN
Manchmal findet man einen freien Parkplatz in der Avenida da República, ansonsten direkt unten am Wasser in der Avenida 5 de Outubro oder etwas weiter östlich an der Avenida 16 de Junho am Hafenbecken.

Viele kleine Geschäfte gibt es in der Fußgängerzone, hier kann man teilweise relativ günstig einkaufen. Fisch, Obst und Gemüse aus der Region bekommt man in der Markthalle, und jeden Samstag wird ein großer Markt unten am Wasser um die Markthallen herum aufgebaut. Dort gibt es frische Lebensmittel und alles mögliche andere, auch Blumen und Trockenfrüchte.

Am Bootsanleger östlich der Markthallen starten die Fähren zu den vorgelagerten Inseln Culatra und Armona. In den Sommermonaten werden auch Ausflüge in die Ria Formosa angeboten.

Die größte Veranstaltung ist das Festival de Marisco im August, ein Fest für Freunde von Meeresfrüchten. Während dieser Zeit sind die Hotels und Pensionen in Olhão komplett ausgebucht.

### 1 O HORTA €€
Im Eingangsbereich können Sie schon begutachten, was Sie später auf dem Teller serviert bekommen: gute, frische Fisch- und Muschelgerichte, regionstypisch zubereitet.
Avenida 5 de Outubro 146-148

### 1 REAL MARINA RESIDENCE €€€
An der Uferstraße am Jachthafen steht dieser moderne, etwas überdimensionierte Hotelbau. So richtig passt das Gebäude nicht ins Ortsbild, aber man wohnt komfortabel, hat einen Pool und eine Relaxzone mit Blick über die Straße hinweg auf die Lagune und kann im Spa entspannen.
Avenida 5 de Outubro
Tel. 289 09 13 00
www.realmarina.realhotelsgroup.com

### 2 PENSÃO BICUAR RESIDENCIAL €
Diese viel gepriesene Pension im Zentrum hat eine Dachterrasse mit toller Aussicht über Olhão.
Rua Vasco da Gama 5
Tel. 289 71 48 16
www.pensionbicuar.com

Kampf um die Wiederherstellung ihrer Unabhängigkeit gegen die napoleonischen Truppen zu Beginn des 19. Jh.s hervor: Nachdem die Franzosen vertrieben worden waren, machte sich eine Gruppe von Olhanensern in einem kleinen Fischerboot, »O Bom Sucesso« (Guter Erfolg) genannt, auf den Weg über den Atlantik nach Brasilien, um der dorthin geflüchteten Königsfamilie die gute Nachricht zu übermitteln. João VI. erteilte dem Dorf daraufhin den Titel **»Olhão da Restauração«** (Olhão der Restauration).

**Konservenfabriken**

Fischerei

Durch die sich ausweitende Fischerei und die entstehende Fischindustrie setzte in Olhão Mitte des 19. Jh.s ein Aufschwung ein, der **Fischereihafen** gewann an Bedeutung. Er liegt am östlichen Stadtrand und ist heute der größte der Region, im Distrikt Faro hat nur Portimão vergleichbare Umsätze. In Olhão werden vor allem Sardinen und Thunfisch gefangen und direkt weiterverarbeitet. Da die Stadt weitgehend von der Fischerei und Fischverarbeitung abhängig ist, trifft sie der Niedergang dieses Wirtschaftszweiges in den letzten Jahrzehnten besonders.

## Wohin in Olhão?

**Wo Olhão zu Hause ist**

Fußgängerzone und Fischerviertel

Als Erstes wird es einen ins Zentrum des alten Olhão ziehen, das fast ausschließlich Fußgänger- und Einkaufszone ist. Hauptstraße ist die Rua do Comércio mit mehreren Cafés. Olhãos Geschäfte sind einfach und günstig, in den Lokalen bekommt man Bodenständiges. Zwischen dem Geschäftsviertel und dem Lagunenrand liegen ein paar Gassen mit alten Fischerhäusern – ein in sich geschlossenes authentisches Viertel, in dem die kubische Bebauung besonders auffällt, in dem sich inzwischen aber auch Ortsfremde eingekauft haben.

**Feiern am Lagunenrand**

Markthallen

Sie sind der Höhepunkt des Olhão-Besuchs: Laute Rufe, der Duft von Fisch und Krustentieren, ein üppiges Angebot an Obst und Gemüse – in den Markthallen erlebt man vormittags den Handel mit frischen Waren. Nach dem Einkauf gönnen sich viele in einer der Markt-Pastelarias noch eine Bica. Die beiden Markthallen mit ihren grünbehelmten Ecktürmen stehen direkt an der Lagune. Im Sommer spielt sich Olhãos Nachtleben hier in den Cafés unter freiem Himmel direkt am Wasser ab. Und jeden Samstagvormittag wird um die Hallen herum ein Open-Air-Markt abgehalten, die Wochenendkäufe werden gern mit dem einen oder anderen Getränk begossen. Zwischen den Markthallen liegt die »Bom Sucesso«, das bunte kleine Segelboot, mit dem die Fischer Anfang des 19. Jh.s über den Atlantik geschippert waren – nicht das Original ist hier vertäut, es handelt sich um eine original-getreue Nachbildung.

Parallel zum Ufer verläuft die schnurgerade Avenida 5 de Outubro. Zu beiden Seiten der Markthallen liegen **Jachthäfen** und kleine Parkanlagen, ein Stück weiter östlich kommt man zum **Anleger** für die

Schiffe zu den Inseln Culatra und Armona. Dann beginnt der **Hafenbereich**. In Anlegernähe liegen kleinere Fischerboote, etwas weiter östlich folgt das große Becken des Fischereihafens, um das sich Fischverarbeitungs- und Gewerbebetriebe angesiedelt haben.

**Die Kirche der Fischer**

Igreja Matriz de Nossa Senhora do Rosário

Früher schien von der zum Wasser ausgerichteten Hauptfassade ein großes **rotes Leuchtfeuer** zur Orientierung für die Fischer. Es wurde abends angestellt und war von der Lagune aus zu sehen. So lange ist es noch gar nicht her, dass man ein ganz gewöhnliches rotes Licht, das man aus der Flugsicherung kennt, oben auf die Kirche setzte – die Bebauung im Ort ist im Lauf der Jahre höher geworden.
1698 wurde der Grundstein für die Kirche gelegt, der Bau wurde mit Geldern der Fischer finanziert. Der einschiffige, mit einem Tonnengewölbe überspannte Kircheninnenraum ist nüchtern, auffällig ist allein der mit Talha Dourada verzierte, barocke Hochaltar.
Mit etwas Glück können Sie auf den **Kirchturm** hinaufsteigen, der Blick ist wunderbar: über die typischen Dächer von Olhão bis weit in die Lagunenlandschaft und auf das offene Meer. Meistens muss man in der Kirche nachfragen, die Tür zum Kirchturm muss oft erst aufgeschlossen werden.
An die Rückseite der Igreja Matriz ist die **Capela de Nosso Senhor dos Aflitos** angesetzt. Die Kapelle ist ein zu einer Seite hin offener, nur mit einem Gitter versehener Raum, der mit Fliesen ausgekleidet

## SOMMERNACHT AN DER LAGUNE

In lauen Sommernächten sind die Cafés an den Markthallen von Olhão voll, alle genießen die Stimmung an der Lagune. Stehen Sie einfach auf und gehen Sie einen Moment direkt ans Wasser. In der Dunkelheit hören Sie nur das leise Plätschern des stillen Haffs, einen im Schlaf aufgeschreckten Vogel. Die Lagune riecht intensiv nach Meer und Brackwasser, und aus der Dunkelheit blinkt der Leuchtturm von Culatra herüber – wie ein einsamer Wolf, das einzige Lebenszeichen von dem Dünenstreifen zwischen Watt und offenem Meer.

ist. Immer brennen Kerzen, Blumen sind aufgestellt und **Votivgaben** wie wächserne Arme, Beine, Füße und Köpfe hängen an der Wand. Die Fischersfrauen suchten die beliebte kleine Kapelle bei stürmischer See und Unwettern im Winter auf, um für ihre Männer zu beten, heute kommen viele Olhanenser hierher, um Hilfe für kranke Angehörige oder Freunde zu erbitten.

**Blick in die Geschichte**

Museu Municipal

Gegenüber der Igreja Matriz gibt ein kleines Museum Einblick in vergangenes Leben in Olhão: eine schön aufbereitete Ausstellung mit archäologischen Fundstücken, Kunst und Kunsthandwerk aus der Region. Auch erfahren Museumsbesucher etwas über Salinen, Fischerei und die Seefahrt.

Di.–Sa. 10–12.30, 13.30–17 Uhr

## Rund um Olhão

**Für Vögel und Vogelliebhaber**

Parque Natural da Ria Formosa

▶Baedeker Wissen S. 124

Seit 1987 steht ein 60 km langer Küstenabschnitt zwischen Faro und Manta Rota als Parque Natural da Ria Formosa unter Naturschutz. Die Pflanzen- und Tierwelt in dem Lagunengebiet mit seinen ausgedehnten **Dünenzonen** und **Salzwiesen** ist einzigartig. Besonders interessant ist die **Vogelwelt** mit vielen seltenen Arten, in den Wintermonaten kommen zahlreiche Vögel aus Nordeuropa, die hier überwintern, andere Zugvögel legen auf ihrem Weg von oder nach Afrika einen Zwischenstopp ein. Insgesamt lassen sich mehr als 200 Arten in dem Naturschutzgebiet beobachten.

**Ein Stück Ria Formosa**

Quinta de Marim

Die Quinta de Marim etwa 1 km östlich des Hafens von Olhão in der Nähe des Campingplatzes ist ein etwas in die Jahre gekommenes Besucher- und Informationszentrum der Ria Formosa. Man kann einen Spaziergang über das Gelände machen – das aber möglichst nicht in der Mittagshitze, da es wenig Schatten gibt – und an zwei Beobachtungsposten die Vogelwelt erleben.
Direkt am Lagunenrand steht eine **Gezeitenmühle** (moinho de maré). Eine erste Mühle dieser Art existierte bereits im 12. Jh. in Frankreich, in Portugal wurden derartige Mühlen im ausgehenden 13. Jh. eingeführt. Der »moinho de maré« auf dem Gelände der Quinta de Marim wurde 1885 gebaut und war bis 1970 noch in Betrieb. Er ist eine der letzten überhaupt existierenden Gezeitenmühlen. Im Osten der Quinta de Marim stieß man bei Ausgrabungen auf die Reste von **römischen Salzanlagen**, steinerne Wannen, in denen man das Wasser verdunsten ließ.

tgl. 8.30–20, im Winter bis 19 Uhr | Eintritt: 3 €

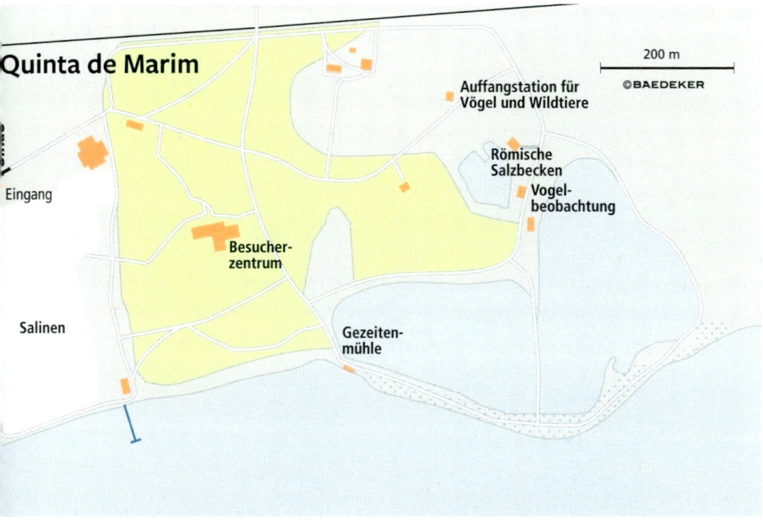


## Sommerinseln

Culatra, Armona

Diese beiden Laguneninseln sind ein Traum für Weltflüchtige. Viel Platz für wenige Leute, lange Sandstrände, kleine Sommerhäuser. Die Inseln sind nicht viel mehr als flache Dünenstreifen mit guten Stränden. Eine Handvoll Insulaner gibt es, ein paar einfache Restaurants und Cafés und im Westen von Culatra steht ein **Leuchtturm**. Hotels wird es wahrscheinlich niemals hier geben, denn die Insulaner sind darauf erpicht, dass alles beim Alten bleibt. Vom Anleger in Olhão fahren Schiffe von Juni bis September mehrmals täglich, im Winter drei- bis viermal täglich auf die Inseln. Auf Culatra werden die Stationen »Culatra« und »Farol« angefahren. Das Schiff nach Armona steuert die Häuseransammlung im Westen der Insel an; von Fuzeta aus fahren ebenfalls kleine Boote nach Armona (Praia da Fuzeta).

## Fischer und Müller

Fuzeta

Der Fischerort wirkt wie eine kleine Schwester von Olhão. Er ist ursprünglich und lebendig und hat dieselben kubischen Häuser wie Olhão. Fuzeta liegt etwas erhöht, 8 km östlich von Olhão, und man hat einen weiten Blick über das Watt und die Insel Armona. Der kleine Hafenbereich unten am Wasser ist schön gestaltet, hier starten im Sommer kleine Boote hinüber nach Armona zur Praia da Fuzeta. Auch bei Fuzeta gibt es noch eine Gezeitenmühle (am Ende des Hafenkanals); sie dient heute als Pension – warum also nicht eine kleine Auszeit am Lagunenrand?

*Das Lagunengebiet an der östlichen Algarveküste ist ein sensibles Ökosystem aus breiten Wasserarmen, schmalen Rinnen und Prielen, Sandbänken und vorgelagerten Düneninseln. Süßwasserzuflüsse aus dem Hinterland und Meerwasser, das zwischen den Inselstreifen mit der Flut in die Lagune strömt, vermischen sich. Das Lagunenwasser erhält dadurch einen leichten Salzgehalt.*

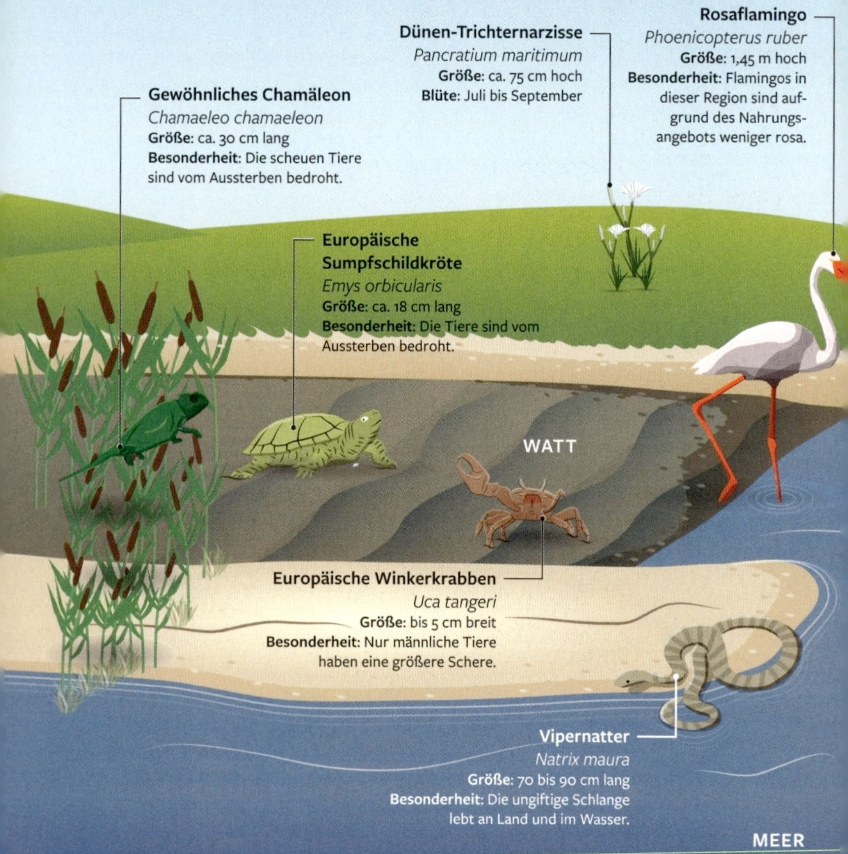

**Rosaflamingo**
*Phoenicopterus ruber*
**Größe:** 1,45 m hoch
**Besonderheit:** Flamingos in dieser Region sind aufgrund des Nahrungsangebots weniger rosa.

**Dünen-Trichternarzisse**
*Pancratium maritimum*
**Größe:** ca. 75 cm hoch
**Blüte:** Juli bis September

**Gewöhnliches Chamäleon**
*Chamaeleo chamaeleon*
**Größe:** ca. 30 cm lang
**Besonderheit:** Die scheuen Tiere sind vom Aussterben bedroht.

**Europäische Sumpfschildkröte**
*Emys orbicularis*
**Größe:** ca. 18 cm lang
**Besonderheit:** Die Tiere sind vom Aussterben bedroht.

WATT

**Europäische Winkerkrabben**
*Uca tangeri*
**Größe:** bis 5 cm breit
**Besonderheit:** Nur männliche Tiere haben eine größere Schere.

**Vipernatter**
*Natrix maura*
**Größe:** 70 bis 90 cm lang
**Besonderheit:** Die ungiftige Schlange lebt an Land und im Wasser.

MEER

**▶ Ebbe und Flut**
Auf wattähnlichen Flächen, die im Rhythmus der Gezeiten überflutet sind oder trockenfallen, findet man eine Flora, die unter diesen speziellen Bedingungen gedeiht. Auch die Tierwelt ist dem amphibischen Lebensraum angepasst.

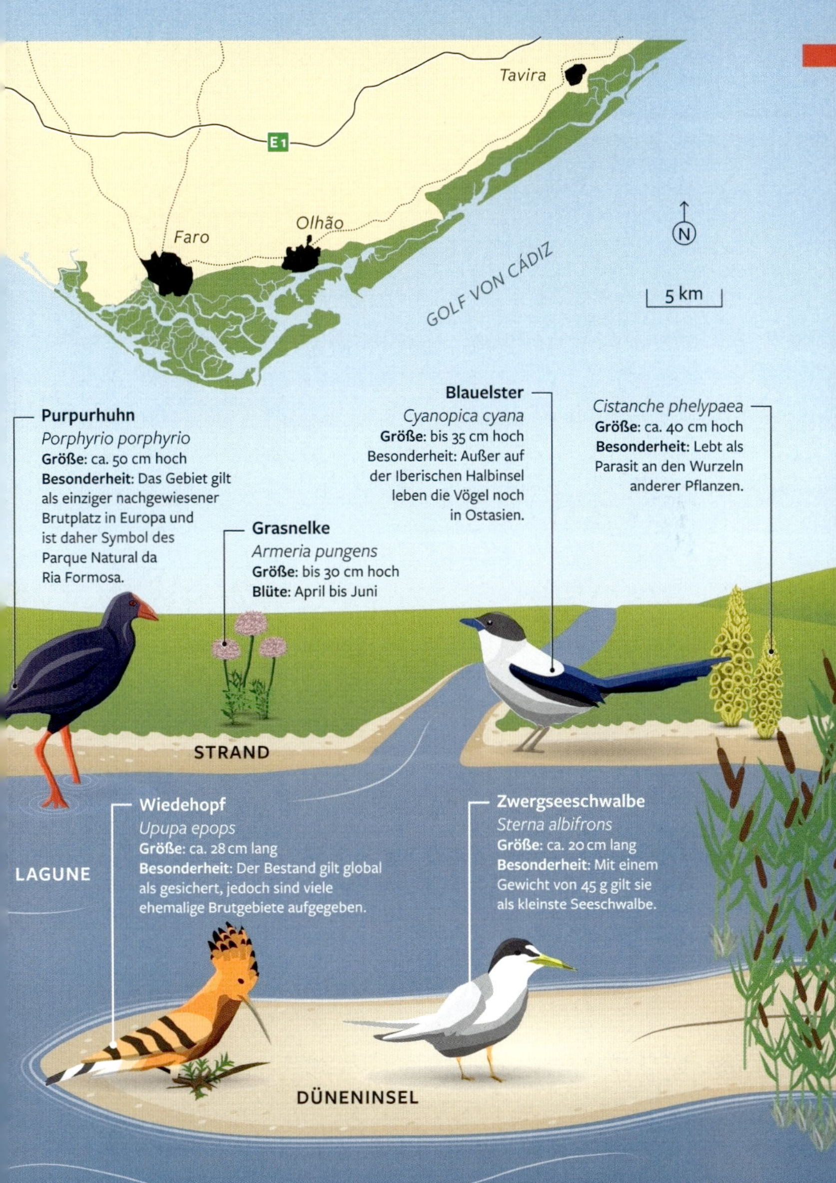


**ewirtschaftung**

as Watt- und Marschgebiet wird nach wie vor zur Salzgewinnung enutzt. Ein neuer Erwerbszweig ist die Zucht von Austern nd anderen Muscheln.

**Unerwartet: ein Azulejoschatz auf dem Land**

Moncarapacho

Nördlich von Olhão erstreckt sich eine wunderschöne Landschaft mit Obstplantagen. Ein etwas größeres typisches Dorf dieser Region ist Moncarapacho etwa 8 km nordöstlich von Olhão. Hier stehen zwei Kirchen: die Pfarrkirche mit einem schönen Renaissanceportal und in der Nähe die nur unregelmäßig geöffnete Santo-Cristo-Kapelle – hinter völlig unscheinbarer Fassade verbirgt sich ein vollkommen mit Azulejos ausgekleidetes Kleinod. Angeschlossen ist ein winziges Freiluftmuseum mit einer archäologischen Sammlung, die derzeit ebenfalls nicht zuverlässig geöffnet ist.

# ★ PORTIMÃO

**Conselho:** Portimão | **Einwohnerzahl:** 49 220

*Urbanes Leben an der Algarveküste – Portimão mit Rushhour, alten Industrieanlagen und Alltagscharme gefällt vielen erst auf den zweiten Blick. Nämlich dann, wenn sie am Fluss auf der großzügigen Uferpromenade wandeln oder in einem der Sardinenlokale mit Blick aufs Wasser sitzen. Der Arade ist breit – kurz vor seiner Mündung – und der Atlantik ist nah. Gleich um die Ecke, quasi als Küstenvorort, hat sich eines der großen Seebäder der Algarve entwickelt: Praia da Rocha, ein im Lauf der Jahre ziemlich aus den Fugen geratenes Touristenzentrum.*

Das Ab und Auf der Sardine

Wenn der Sardinenduft irgendwo zu Hause ist, dann in dieser Stadt an der Arademündung. Jahrzehntelang war Portimão das **Zentrum der portugiesischen Sardinenfischerei** und der hoch subventionierten Sardinenverarbeitung. Seitdem dieser Wirtschaftszweig rapide zurückgegangen ist und der **Fischerhafen** an das gegenüberliegende **Aradeufer** verlegt worden ist, bekommt man in Portimão kaum noch Hafenatmosphäre mit, überhaupt lässt sich nur schwer erahnen, welche Rolle die Fischerei in der Stadt einmal gespielt hat. Aufschluss darüber gibt ein Besuch des städtischen Museums in einer früheren Konservenfabrik, in der Stadt selbst kann man höchstens in der Nähe der alten Flussbrücke noch ein bisschen »Fischerromantik« schnuppern. Hier sind lange schon ein paar einfache Lokale ansässig, kleine Familienbetriebe, in denen auf großen Holzkohlegrills frische Sardinen brutzeln. Aber auch dieser Stadtteil hat sich verändert, neuere Fischlokale sind am Flussufer zu finden, in denen die Sardinengerichte, lange ein typisches Arme-Leute-Essen, inzwischen verfeinert sind – und hochpreisiger.

## PORTIMÃO ERLEBEN

### POSTO DE TURISMO PORTIMÃO
Largo da Lota
Tel. 282 24 26 20

### POSTO DE TURISMO PRAIA DA ROCHA
Avenida Tomás Cabreira
Tel. 282 41 91 32

Viele kleine Geschäfte gibt es in den Straßen um die Praça da República.

Infos und Buchung am Flussufer oder online: Grottenfahrten entlang der Küste, Flussfahrten nach Silves auf dem Arade, Fahrten mit der Karavelle Santa Bernarda (Cais Vasco da Gama).

Weithin bekannt ist das Sardinenfestival, das immer im August in Portimão stattfindet – natürlich dreht sich dabei alles um den beliebten Fisch.

### ❶ F RESTAURANTE €€€
Eine Überraschung im Touristenrummel von Praia da Rocha: Das F Restaurante mit Terrasse, tollem Blick auf den Strand und hervorragendem Essen und Service ist hochgelobt.
Praia da Rocha, Avenida Tomás Cabreira, Tel. 919 11 55 12

### ❷ SAFARI €€€
Mit umwerfendem Ausblick auf Meer und Strand, ebenfalls in Praia da Rocha. Spezialitäten des Safari: Meeresfrüchte und afro-asiatische Gerichte.
Praia da Rocha, Avenida Tomas Cabreira, Tel. 282 42 35 40

### ❸ O MANÉ €€
Die Spezialität der beliebten Cervejaria sind Carne de Porco à Alentejana und Carapauzinhos Fritos, kleine gegrillte Sardinen, die mit Bohnenreis serviert werden.
Portimão, Largo Doutor Bastos / Rua Damião L. F. Castro 1
Tel. 282 42 34 96

### ❹ Ú VENÂNCIO €€
Restaurant am Flussufer. Man sitzt mit Blick über den Arade und auf zwei Brücken.
Portimão, Zona Ribeirinha Entre-Pontes 4, Tel. 282 42 33 79
www.uvenancio.com

### ❺ MARISQUEIRA CARVI €€
Wie es sich für eine Marisqueira gehört: Es gibt gute Meeresfrüchte.
Portimão, Rua Direita 34
Tel. 282 41 79 12

### ❶ BELA VISTA HOTEL & SPA €€€€
In Praia da Rocha: Das Bela Vista ist eines der Traditionshotels an der Algarve – hier lässt sich noch die Atmosphäre erahnen, als Praia da Rocha zum beliebten Seebad wurde. Der aufwendig renovierte Bau an der Uferpromenade strahlt viel von der damaligen Zeit aus. Guter Service und Komfort.
Praia da Rocha, Av. Tomás Cabreira
Tel. 282 46 02 80
www.hotelbelavista.net

### ❷ CASA TRÊS PALMEIRAS €€€€
Schönes Luxushotel an der Küste – oberhalb der Praia do Alemão (►Baedeker Wissen, S. 275)
Praia do Alemão, Barranco das Canas, Tel. 282 40 12 75
www.casatrespalmeiras.com

## Glanzzeiten und Schattenseiten

Geschichte

Wasser, Schiffe und Fische – das hat die Stadt immer ausgemacht. Ein wichtiger Fischerhafen war Portimão schon bei den Arabern und mit den Entdeckungs- und Eroberungsfahrten im 15. und 16. Jh. stieg die Bedeutung des Hafens gewaltig. Der **Schiffsbau** erreichte damals Rekorde, Holz für die Karavellen wurde im nahen Monchique-Gebirge geschlagen. 1487 startete Bartolomeu Dias von hier seine Fahrt, bei der erstmals Europäer das Kap der Guten Hoffnung umsegelten. Die Hafenstadt war euphorisch. Die Entdeckung des Seewegs nach Indien und der danach aufblühende Handel brachten Reichtümer nach Portimão – und das weckte Begehrlichkeiten: Portimão war im 16. und 17. Jh. mehrfach Ziel von **Piratenangriffen**. Zur Sicherung der Hafeneinfahrt bauten die Portugiesen die Fortaleza de São João an der Arademündung und auf der gegenüberliegenden Seite die Fortaleza de Santa Catarina.

Wie in vielen anderen Städten der Algarve richtete das Erdbeben im Jahr 1755 verheerende Schäden an. Nur allmählich erholte Portimão sich von der Katastrophe, aber ein Jahrhundert später, Mitte des 19. Jh.s, begann mit dem Einsetzen der Fischindustrie ein rascher wirtschaftlicher Aufschwung.
Heute ist Portimão die größte Stadt der Algarve. Lange war sie vom Tourismus fast unberührt, in den letzten Jahren hat sich die Industrie- und Handelsstadt aber doch zur attraktiven **Einkaufsstadt** für internationale Gäste gemausert.

## Wohin in Portimão?

**Am Wasser entlang**

Am Flussufer

Etwa einen Kilometer können Sie am Aradeufer auf und ab spazieren, immer den Fluss und das gegenüberliegende Ufer im Blick oder die modernen Skulpturen auf der Promenade oder den hübsch angelegten **Jardim Visconde de Bívar**. Unstreitiges Zentrum des touristischen Portimão ist die **Praça Manuel Teixeira Gomes**, die sich zum Arade hin weit öffnet. Unter den Cafés am Platz ist auch die alteingesessene Casa Inglesa, Stammcafé von vielen Einheimischen und Gästen und hilfreich bei allen Mandel-Marzipan-Wünschen.
Unterhalb der alten Straßenbrücke am Nordende der Uferpromenade ist Portimão plötzlich einfach und stimmungsvoll. Die Ziegelschornsteine mehrerer alter **Sardinengrills** ragen auf, in den Restaurants – ein paar traditionellen und einigen modernen an der Promenade – werden Sardinen angeboten.
Die **Santa Bernarda**, Portimãos einzige mobile Sehenswürdigkeit, liegt nachts fest vertäut am südlichen Ende der Promenade, ein sehenswerter Zweimaster, der tagsüber in See sticht. Und Sie mit ihm, wenn Sie möchten: Man kann verschiedene Ausflugsfahrten entlang der Felsküste buchen – sehr zu empfehlen!

**In die Büchse**

Museu de Portimão

Bis Mitte der 1970er-Jahre fuhren mehr als 70 Trawler regelmäßig zum Fischfang aus, in insgesamt 61 Fabriken wurde Fisch verarbeitet. Die Fischindustrie erhielt staatliche Zuschüsse, nach dem Ende der Salazar-Diktatur wurden die Subventionierungen dann erheblich reduziert. Heute leben in Portimão nur noch wenige Menschen vom Fischfang und der Fischverarbeitung. Die **frühere Konservenfabrik »Feu«** hat eine neue Bedeutung bekommen: In den alten Fabrikhallen ist das Museu Municipal eingerichtet worden, viel ist hier zu erfahren über die Fischerei, die Fischverarbeitung und über den früheren Arbeitsalltag in der »Feu«-Fabrik.
Di. 14.30–18, Mi.–So. 10–18 Uhr | Eintritt: 3 €
www.museudeportimao.pt

**10 x portugiesische Geschichte**

Largo 1° de Dezembro

Wer sich für Geschichte interessiert, sich vielleicht schon etwas auskennt, wird am Largo 1° de Dezembro seine Freude haben. In dem kleinen Park stehen zehn Bänke mit Azulejobildern, auf denen wichtige Ereignisse der **portugiesischen Geschichte** dargestellt sind. Unter anderem sind die Eroberung von Ceuta am 21. August 1415, die Entdeckung Brasiliens durch Pedro Álvares Cabral am 24. April 1500, die Wiederherstellung der Unabhängigkeit von Spanien 1640 und die Ausrufung der Republik 1910 zu sehen. Und woher kommt der Platzname selbst? Er nennt den Tag der Wiederherstellung der Unabhängigkeit von Spanien: Am 1. Dezember 1640 gab es in Lissabon einen erfolgreichen Aufstand, dem die Unabhängigkeit folgte.

## Rund um Portimão

**Alles für den Tourismus**

Praia da Rocha

Nichts ist mehr zu erahnen von dem Flair des stilvollen Seebades, das sich in der ersten Hälfte des 20. Jh.s an dem großartigen Strand Praia da Rocha mit seinen fotogenen Felsen entwickelt hat. Heute ist Praia da Rocha Küstenvorort von Portimão und reines Touristenzentrum mit gesichtslosen Apartment- und Hotelbauten und einer ähnlichen Silhouette und Atmosphäre wie in Quarteira und ►Armação de Pêra. Nur das **Hotel Bela Vista** zeigt noch etwas von vergangenen Zeiten – werfen Sie ruhig einen Blick hinein! Ansonsten wird eine gute touristische Infrastruktur geboten mit etlichen Sport- und Unterhaltungsmöglichkeiten und Unmengen von Restaurants, Cafés und Bars. **Nachtleben** wird großgeschrieben – in der Hauptsaison tummeln sich hier die vielen Abendgäste, Casinogänger und Barbesucher, die Avenida Tomás Cabreira wird zur Flaniermeile.

Über diese breite **Urlauberpromenade**, die Avenida Tomás Cabreira mit Hotels, Boutiquen und Lädchen, können Sie fast 2 km oberhalb des Strandes spazieren. Am Ostende bewacht die Fortaleza de Santa Catarina, eine Verteidigungsanlage aus dem 17. Jh., die Mündungsbucht des Rio Arade. Von der Terrasse in den Festungsmauern hat man Blick über den **Jachthafen** und hinüber nach Ferragudo. Die Marina ist mit 620 Liegeplätzen eine der größten Portugals. Eine Treppe führt von der Festung hinunter zum Wasser.

Vom anderen Ende der Avenida Tomás Cabreira haben Sie einen weiten Blick über die Steilküste bei Praia da Rocha. Westlich schließen sich mehrere idyllische Strandbuchten an, die meist durch Felsenriffe und -tore voneinander getrennt sind. Der nächste größere Strand ist die **Praia do Vau**. Zwar ist auch hier das Hinterland zersiedelt, im Vergleich zu Praia da Rocha wirkt aber alles geradezu beschaulich. Schön sind **Bootstouren** entlang der Felsküste bis zur Praia dos Três Irmãos.

OBEN: Die Fischfabrik »Feu« – heute Museum, früher Arbeitsplatz, an dem Frauen Sardinen in Konservenbüchsen verfrachteten

UNTEN: Irgendjemand hatte die geniale Idee, und heute sind die bunten Sardinenbüchsen ein beliebtes Souvenir. Die Auswahl ist groß und wird gerne fachkundig erklärt.

# ★★ SAGRES

**Conselho:** Vila do Bispo | **Einwohnerzahl:** 1890

***Abrupt bricht das Felsplateau ab, 60 m tief. Wer hinunter schaut, sieht unten den Atlantik gegen die Felswand wogen, sieht, wie er sich unermüdlich am Gestein abarbeitet. Seevögel ziehen schreiend weit unten an den Felsen entlang. Hier ist der Kontinent zu Ende, eindeutig.***

Europa extrem

Sagres ist DIE Seefahrerstadt am Ende Europas. »Stadt« ist zu viel gesagt für die Ansammlung von kleinen Häusern, aber von einem Dorf kann man angesichts der Bedeutung von Sagres auch nicht sprechen. Hier im äußersten Südwesten der Algarve, quasi am Ende der alten Welt, wurden die portugiesischen Weltmeerbesegelungen des 15. und 16. Jahrhunderts vorbereitet. Viele pilgern nach Sagres, um eine Prise Seefahrtsgeschichte zu erleben. Die meisten aber kommen, um einfach mal am letzten Zipfel Europas zu stehen.

### Kap-Urlaub

Tourismus

Feriengäste gibt es, aber in Maßen. Sie wohnen in Hotels und Privatunterkünften in und um Sagres, die touristische Infrastruktur ist aber nicht mit der in den Urlauberzentren weiter östlich zu vergleichen. Wer einen ruhigen Urlaub machen möchte und raue Natur, Meeresbrandung, eine karge Landschaft und **einsame Strandbuchten** sucht, ist richtig in dieser Südwest-Ecke. Auch **Surfer** werden fündig, die besten Surfspots weit und breit liegen nördlich vom Kap. Ein beliebter ruhigerer Strand mit Hotel und Apartments ist die Praia do Martinhal direkt östlich von Sagres.

Das Plateau, auf dem die Häuser von Sagres stehen, endet an zwei hohen Landspitzen: an der Ponta de Sagres südlich vom Ort und am Cabo de São Vicente nordwestlich – beide sind beliebte Ausflugsziele. Dazwischen liegt die Bucht von Beliche, ein geschützter Ankerplatz.

### Heiliges Ende Europas

Südwestlichster Punkt

Diese südwestliche Ecke Europas scheint zeitlos zu sein. Wenn es heißt, dass sie schon in der Steinzeit besiedelt war, lässt sich das gut vorstellen. Ebenso, dass Spuren von Grabstätten aus dem 3. Jt. v. Chr. gefunden wurden, die keltiberischen Ursprungs sind. Eine frühe schriftliche Erwähnung – sie bezieht sich auf das Cabo de São Vicente – stammt von dem griechischen Geografen und Historiker Strabo, der über den **»heiligen Gebirgszug«** schrieb. Auch bei Plinius d. Ä. ist zu lesen, dass dieser Bereich bei den Römern als **»Promontorium Sacrum«** (Heiliges Vorgebirge) bekannt war. Die Römer meinten, dass dieser abgelegene Platz ehedem der Sitz der Götter gewesen

## HINTERM HORIZONT

Einmal am Ende der Welt stehen. Einmal übers Meer ins »Nichts« schauen, sich vorstellen, wie es hinter dem Horizont weitergehen mag. Sich vorstellen, wie am Horizont die Wassermassen runterfallen (die Ängste der Seefahrer im Mittelalter), wie hinter dem Horizont fiese Wasserwesen nur darauf warten, dass verlorene Schiffe in ihre Gefilde geraten (die schrecklichen Fantasien der Seeleute). Würde man hier, vom Ende der Welt, ins Nichts, ins Ungewisse aufbrechen?

sein müsse. Auch unter den Arabern war die exponierte Region besiedelt und es gab ein Heiligtum. Die Portugiesen schließlich machten den Ort zu einem bedeutenden Zentrum der europäischen Geschichte (▶Baedeker Wissen, S. 134).

##  Ponta de Sagres · Fortaleza de Sagres

**Entdeckerwelt entdecken**

Festung und Wissenschaftszentrum

Viel zu sehen gibt es nicht – und trotzdem lohnt sich dieser Ausflug. Mit ein bisschen Fantasie tauchen Sie an diesem weltfernen Ort ins Zeitalter der Entdeckungen ein. Von Sagres führt eine Straße nach Süden zur 2 km entfernten Ponta de Sagres mit der Fortaleza de Sagres. Sie gilt als das **Zentrum der portugiesischen Entdeckungs-**

# EUROPAS SÜDWESTSPITZE

*Europas südwestliches Ende: »Wo das Land endet und das Meer beginnt«, wie Portugals Nationaldichter Luís de Camões vor 500 Jahren dieses stürmische und meerumtoste Kap beschrieben hat. Schon der griechische Geograf und Historiker Strabo hatte das Cabo de São Vicente einen »heiligen Gebirgszug« genannt und Plinius d. Ä. wusste zu berichten, dass die Römer den abgelegenen Platz für einen alten Sitz der Götter hielten und ihn zum »Promontorium Sacrum«, zum heiligen Vorgebirge, erklärt hatten.*

**❶ Cabo de São Vicente**
Das südwestlichste Kap Portugals und damit Europas: Mit einer etwa 60 m hohen Steilküste verabschiedet sich an dieser exponierten Stelle das europäische Festland. Im 16. Jh. wurde hier eine Festung mit einem Kloster und Pilgerunterkünften gebaut. Sie wurde 1587 bei einem Angriff von Sir Francis Drake zerstört. Die heutige Festungsanlage entstand Mitte des 19. Jahrhunderts.

**❷ Leuchtturm**
Das Cabo de São Vicente wird durch einen 22 m hohen Leuchtturm markiert. Sein Leuchtfeuer hat eine Reichweite von ca. 33 Seemeilen.

**❸ Ponta de Sagres**
Die Ponta de Sagres bildet gemeinsam mit dem Cabo de São Vicente Europas Südwestspitze.

**❹ Fortaleza de Sagres**
Von dem einstigen Wissenschaftszentrum aus dem 15./16. Jh. sind nur spärliche Reste erhalten geblieben. Die Festung in ihrer heutigen Form stammt von 1793.

**❺ »Rosa dos Ventos«**
Aus dem 15. Jh. ist noch ein Bodenkreis mit 43 m Durchmesser erhalten. Er ist in 40 Segmente eingeteilt und wird im Volksmund als »Windrose« bezeichnet; seine Bedeutung ist aber unklar.

4
5
3

## SAGRES ERLEBEN

### TURISMO DE SAGRES
Rua Comandante Matoso
Tel. 282 62 48 73

In der unberührten Landschaft der Costa Vicentina nördlich von Sagres kann man schöne Wanderungen machen (▶ S. 78), an den Stränden nördlich von Sagres surfen und in den Buchten an der Südküste, wie Martinhal, windsurfen. Im Hafen gibt es eine Tauchschule.

Im Hafen von Sagres (Porto da Baleeira) werden diverse Ausflüge angeboten: Fahrten per Schiff entlang der Küste, Angeltouren, Delfin-, Wal- und Vogelbeobachtung.

### ❶ VILA VELHA €€/€€€
In dem gepflegten Restaurant werden hervorragende Fisch- und Fleischgerichte zubereitet (nur abends geöffnet, Mo. und Do. Ruhetag).
Rua Patrão António Faustino
Tel. 282 62 47 88

### ❷ A TASCA €€
Gute Fischgerichte und Meeresfrüchte gibt es in dem auch von Portugiesen gern besuchten Restaurant im Hafen von Sagres.
Porto da Baleeira
Tel. 282 62 41 77

### ❶ MEMMO BALEEIRA HOTEL €€€
Angenehmes Hotel in schöner Lage oberhalb der Hafenbucht (▶Baedeker Wissen, S. 275)
Sítio da Baleeira
Tel. 282 62 42 12
www.memmobaleeira.com

### ❷ MARETA VIEW BOUTIQUE BED AND BREAKFAST €€
Freundlich und luftig gestaltetes Hotel über dem Meer (▶Baedeker Wissen, S. 275)
Beco D. Henrique
Tel. 282 62 00 00
www.maretaview.com

**und Eroberungsgeschichte** im 15. und 16. Jahrhundert. Man nimmt an, dass es in der Festung zu Zeiten Heinrichs des Seefahrers (▶Baedeker Wissen, S. 230) ein Wissenschaftszentrum gegeben hat, das die theoretischen Grundlagen für die Weltmeerbesegelungen lieferte. Aus dieser Zeit sind innerhalb der Fortaleza de Sagres nur spärliche Reste erhalten. Die Festungsmauern, die zu den beeindruckendsten Befestigungen in ganz Portugal gehören, stammen in ihrer heutigen Form aus dem Jahr 1793.
Über Jahrhunderte war er bedeckt und von Gras überwuchert, erst 1921 entdeckte man ihn zufällig: den großen, im Volksmund als **Rosa dos Ventos** (Windrose) bezeichneten Bodenkreis von 43 m Durchmesser, der gleich links hinter dem massiven Doppeltor zu sehen ist. Vermutlich stammt er aus dem 15. Jh., unklar ist aber seine damalige

Funktion. Lange hielt man den Steinkreis für eine Windrose. Ungewöhnlich sind aber die mehr als 40 unregelmäßigen Felder, in die der Kreis aufgeteilt ist, man kennt eigentlich nur Windrosen mit höchstens 32 Feldern.

Eine Kapelle gehörte auch in die Welt der christlichen Entdecker: die kleine **Igreja de Nossa Senhora da Graça** aus dem 16. Jh., an deren Stelle zuvor wahrscheinlich eine der Maria geweihte Kirche stand. In dem modernen Gebäudekomplex informiert eine Ausstellung über Heinrich den Seefahrer, die portugiesischen Entdeckungsfahrten, die Schiffe, mit denen die Ozeane besegelt wurden, und die Verbreitung der portugiesischen Sprache. Etwas zurückversetzt hinter dieser Häuserzeile steht die heute als **Auditório** bezeichnete ehemalige Pulverkammer. Das Gelände, das sich dahinter bis zur Steilküste erstreckt, können Sie einmal umrunden und dabei schöne weite Ausblicke auf die Küstenlandschaft genießen.

Mai–Sept. 9.30–19.30, Okt.–Apr. bis 17.30 Uhr | Eintritt: 3 €

## Cabo de São Vicente

### Absturzgefährdet

Fortaleza de Beliche

Über das unwirtliche Felsplateau zieht sich die Straße, links und rechts kaum ein Baum, kaum ein Strauch – tatsächlich hat man das Gefühl, am Ende der Welt gelandet zu sein: Das ist die Straße von Sagres zum 6 km entfernten Cabo de São Vicente. Etwa auf halber Strecke kommt man an der Fortaleza de Beliche vorbei. Unbekannt ist, wann die kleine Fortaleza gebaut wurde, man weiß lediglich, dass eine erste Burg bei einem Angriff von Sir Francis Drake komplett zerstört und die heutige Anlage 1632 wiederaufgebaut wurde. Innerhalb

»Westlichster Punkt Europas, wo das Land endet und das Meer beginnt« – das Cabo de São Vicente mit den Worten von Portugals Nationaldichter Luís de Camões

der Festung steht – hoch über dem Meer direkt an der Steilküste – eine **kleine Kapelle**, die der heiligen Katharina geweiht ist. In der Verteidigungsanlage gab es ein Restaurant und einige Hotelzimmer, die der Pousada Sagres angegliedert waren; der gesamte Komplex ist jedoch massiv absturzgefährdet und daher für die Öffentlichkeit geschlossen worden.

### Am Ende der alten Welt

Europas südwestlichster Punkt

Die Straße zum Kap endet am **Leuchtturm**. Er steht 60 m über dem Meer, das sich schäumend und brodelnd an den Felsen bricht. Hier ist das Cabo de São Vicente, der südwestlichste Punkt der Iberischen Halbinsel und **des europäischen Kontinents**. Die Portugiesen weihten das Kap dem heiligen Vinzenz (▶Interessante Menschen). Namengebend war ein legendäres Ereignis: Im Jahr 304 soll der Leichnam des christlichen Märtyrers in einem führerlosen Boot hier angetrieben worden sein.

Den Leuchtturm ließ 1846 Maria II. bauen. Die Festungsanlage um den Leuchtturm geht auf das frühe 16. Jh. zurück, als der Bischof von Silves einen ersten Leuchtturm, Befestigungsmauern und ein Kloster bauen ließ. Das Kloster führten bis 1516 die Hieronymiten, anschließend übernahm der Orden »Santa Maria da Piedade«. Pil-

ger kamen an diesen abgeschiedenen Ort, für sie gab es einfache Unterkünfte. 1587 wurden die Gebäude bei einem Angriff der Flotte von Sir Francis Drake zerstört und 1846 entstand die Anlage in ihrer heutigen Form.
Hier am windigen Ende Europas gibt es im Sommer immer Stände, an denen man Postkarten, Souvenirs, dicke Wollpullis – die man hier gut gebrauchen kann –, Honig, Nüsse und verschiedene andere Algarveprodukte kaufen kann. Und die »letzte Bratwurst vor Amerika« – die nächste gibt es erst in Washington DC.

» Nachts um zwei Uhr fuhren wir um das Cap Vincent, die südwestlichste Spitze von Portugal und folglich von Europa herum – und augenblicklich verkündeten der stärkere Luftzug und die längeren Wellen, daß wir nicht mehr zwischen Afrika und Europa schifften, sondern im weiten grenzenlosen Weltmeer. «

*Ida Hahn-Hahn auf der Schiffsreise von Cadiz nach Lissabon: Reisebriefe, Berlin 1841*

# SÃO BRÁS DE ALPORTEL

**Conselho:** São Brás de Alportel | **Einwohnerzahl:** 4 700

H 3

***Wer hätte in dieser kleinen Landstadt so viel kulturelles Leben vermutet? Das Kulturprogramm in São Brás de Alportel sucht seinesgleichen, initiiert wird es vom Freundeskreis des einzigen Museums vor Ort. Ein Blick auf die Website genügt: Es gibt Jazz, Fado und Klassik, eine Kunstgalerie, Fotoausstellungen, Bridge, Yoga, Tai-Chi und Pilates, Musikimprovisationen und einen Chor. Und noch einiges mehr und alles international!***

Schön auf dem Land

Hinter dieser Umtriebigkeit steckt das Museu do Traje, ein Museum, das Ausstellungen zur Kleidung der algarvischen Bevölkerung über die Jahrhunderte zeigt, in denen es immer auch um Einrichtung und Alltagsgegenstände und um alte Bräuche auf dem Land geht. Das passt, denn São Brás de Alportel ist eine ganz typische, angenehme Landstadt – weitab vom Küstentrubel. Natürlich ist man heutzutage schnell in Faro – es sind nur 17 Kilometer –, aber diese 17 Kilometer machten zu Zeiten von Kutsche, Pferd und Esel den großen Unter-

## SÃO BRÁS DE ALPORTEL ERLEBEN

Posto de Turismo
Largo de São Sebastião 23
Tel. 289 84 31 65

Das Kulturzentrum des Museu do Traje organisiert regelmäßig interessante Veranstaltungen.

Ostern wird in São Brás de Alportel sehr aufwendig gefeiert: Nach dem Ostergottesdienst zieht eine Prozession durch die mit Blütenteppichen geschmückten Straßen. Alle Teilnehmer – nur Männer! – tragen kunstvoll gefertigte Blumenfackeln, die nachmittags bei einem großen Fest prämiert werden.

schied. Das Meer und die Fische waren weit weg, hier lebte man von der Landwirtschaft – auch das zeigt das Museum. In der ersten Hälfte des 20. Jh.s war São Brás de Alportel wegen seines trockenen, milden Klimas ein beliebtes Ferienziel von Städtern. Tourismus gibt es heute im kleinen Stil in einer stilleren, ländlichen Ausprägung.

## Wohin in São Brás de Alportel?

### Im Fokus: die ländliche Algarve

Museu do Traje

Das besagte rührige Museum ist in der **Villa eines ehemaligen Korkfabrikanten** eingerichtet. Allein das Haus ist sehenswert, die komfortable Originalausstattung des 19. Jh.s ist noch erhalten. Im Hof und in den Wirtschaftsräumen stehen alte landwirtschaftliche Geräte, Korkpressen und Korkkochwannen, Schmiedewerkzeuge, Kutschen und Eselskarren, im Haupthaus werden die Wechselausstellungen aufgebaut. Wer etwas über die ländliche Algarve in früheren Zeiten erfahren möchte, sollte das Museum besuchen. Die Homepage lädt zum Stöbern ein.

R. Dr. José Dias Sancho 61 | Mo.–Fr. 10–13, 14–17, Sa., So. 14–17 Uhr
Eintritt: 2,50 € | www.museu-sbras.com, www.amigosdomuseu.com

### Pfarrkiche: Blick bis zum Meer

Igreja Matriz

Vom zentralen Largo de São Sebastião, an dem sich die Touristeninformation befindet, gehen Sie durch die Rua Gago Coutinho zur Pfarrkiche – und sind schon am Ortsrand: Vom hübschen Kirchenvorplatz blicken Sie in eine leicht gewellte Gartenlandschaft bis zum Atlantik. Der Boden vor der Kirche ist mit alten Grabplatten belegt. Außerhalb der Messen ist die Kirche meistens verschlossen. Ist sie doch einmal geöffnet, können Sie im Chor eine Darstellung der Dreieinigkeit sehen. Sie ist Mitte des 20. Jh.s als Kopie eines Gemäldes aus dem frühen 18. Jh. in Rom entstanden und 1991 als Geschenk an die

Kirchengemeinde in São Brás de Alportel gegangen. Der klassizistische Seitenaltar aus Marmor im linken Seitenschiff vorne ist durch seine Gestaltung und das Material eine Seltenheit in dieser Region. Der Entwurf stammt vermutlich von dem italienischen Architekten Francisco Xavier Fabri, der in der Zeit nach dem Erdbeben 1755 sehr viele Arbeiten in der Algarve übernommen hat.

**Auszeit für Bischöfe**

Palácio Episcopal

Seit der Verlegung des Bischofssitzes von Silves nach Faro im 16. Jh. war ein Sommersitz für die Bischöfe in São Brás de Alportel im Gespräch. Die Initiative für einen Bau ergriffen aber erst Simão de Gama und António Pereira da Silva, zwei Bischöfe, die Ende des 17. und Anfang des 18. Jh.s im Amt waren. Heute sieht man nur noch Rekonstruktionen von Teilen des ehemaligen Bischofspalastes aus den ersten Jahrzehnten des 20. Jahrhunderts. Der **Jardim da Verbena** ist ein Rest der früheren Gartenanlagen.

# ★★ SERRA DE MONCHIQUE

**Conselho:** Monchique | **Höhe:** bis 902 m

● C – E 1/2

***Ob Sie sich zur Kur in die Serra de Monchique begeben sollten, ist die Frage – dem portugiesischen König João II. brachte sie nicht den gewünschten Erfolg. Im Gegenteil: Er starb 1495 kurz nach seinem Kuraufenthalt in den Algarvebergen. Aber Sie sollten sich von diesem prominenten Todesfall nicht abschrecken lassen, denn eine Stippvisite in dem winzigen Badeort können Sie gefahrlos machen – der marode Jahrhundertwendecharme wird Ihnen gefallen!***

Der frische würzige Duft der alten Eukalyptusbäume, der Pinien und Fichten liegt über den Bergen, die Ruhe ist himmlisch. Die Serra baut sich wie ein schützender Wall im Nordwesten der Algarve auf, sie hält kaltes atlantisches Wetter aus dem Norden ab und beschert der Küste fast schon nordafrikanisches Klima. Es sind gar nicht so viele Höhenmeter »Schutzwall« für dieses Klimaphänomen nötig: Die **Fóia**, der höchste Algarveberg, steigt auf gerade einmal 902 m an und die **Picota** auf mäßige 774 m. Dass in der Serra de Monchique warme Quellen sprudeln – im Portugiesischen verwirrenderweise »caldas« genannt –, liegt am Vulkanismus.

BAEDEKER ÜBERRASCHENDES

# 6x ERSTAUNLICHES

*Überraschen Sie Ihre Reisebegleitung: Hätten Sie das gewusst?*

## 1. IN DER NOT

Dass der junge **König Sebastião** 1578 in Marokko im Kampf gefallen war, wollte in Portugal niemand wahrhaben. Noch monatelang wartete man auf seine Rückkehr – jahrelang, jahrzehntelang sehnte man den Verschollenen herbei, Jahrhunderte später hoffte man immer noch auf einen »Sebastião«, auf einen Retter in der Not. (▶ **S. 233**)

## 2. ZUM WOHL!

Für jeden Schluck eine Ausrede. Die zugkräftigste ist wohl die, dass der hochprozentige **Medronho** der Gesundheit zuträglich ist. Als »Mata-Bichos« nämlich, als Wurmtöter. (▶ **S. 146**)

## 3. KURSCHATTEN

Das hatte König João II. sich anders vorgestellt. Ein Aufenthalt im schönen **Caldas de Monchique** sollte ihm Erholung und Entspannung bringen. Aber weit gefehlt: Kurze Zeit nach der Kur verstarb er plötzlich. (▶ **S. 229**)

## 4. FATALE NÄHE

Nur 250 Kilometer südwestlich der Algarveküste stoßen die eurasische und die afrikanische **Kontinentalplatte** aufeinander, wodurch es oft zu tektonischen Bewegungen kommt. Hier lag das Epizentrum des folgenschweren Erdbebens im Jahr 1755. (▶ **S. 185**)

## 5. DIE »LETZTE BRATWURST …

… vor Amerika« ist so witzig wie wahr: Am **Cabo de São Vicente** bei Sagres ist sie zu haben! Das originale Nürnberger oder Thüringer Rostbratwürstchen ist lecker, hat Kultstatus und wird am Ende Europas gegrillt. (▶ **S. 139**)

## 6. SPRACHMIX

**Olivenbaum** heißt auf Portugiesisch »oliveira«, das kommt aus dem Lateinischen. **Oliven** aber sind »azeitonas«, **Olivenöl** »azeite«, beides arabischen Ursprungs. Diese Mixtur in der portugiesischen Sprache hat ihre Gründe. (▶ **S. 187**)

**Natur in Gefahr**

Waldbrände

Eukalyptus, Korkeichen, Fichten, Mimosen ziehen sich über die Hänge, weiter oben wachsen niedrige Sträucher und alte Rhododendren – eine vielfältige und üppige Pflanzenwelt, die in den letzten Jahren allerdings immer wieder von schweren **Wald- und Flächenbränden** heimgesucht wurde; große Teile des Waldes sind dadurch schon zerstört worden. In den südlichen Ausläufern der Serra gedeihen Orangen, Zitronen, Feigen, Mandeln und Oliven in alten Obstgärten.

## Wohin in der Serra de Monchique?

**Das Zentrum der Serra**

Monchique

Monchique schmiegt sich an einen Berghang, durch den alten Ortskern ziehen sich steile Straßen und schmale Gassen aufwärts. Überall und immer wieder haben Sie neue Ausblicke auf die Berge. Fast 6000 Menschen wohnen in dem Hauptort der Serra in etwa 450 m Höhe. Sie leben vom Tagestourismus, betreiben Pastelarias, Restaurants und Souvenirshops, in denen auch die Traditionsprodukte der Serra verkauft werden: Scherenstühle, Flechtarbeiten, Holzschnitzereien und Keramik. Außerdem der **Medronho-Schnaps**, der aus den Früchten des Erdbeerbaumes hergestellt wird und eine immense Aufwertung erfuhr: von der hochprozentigen Droge der Bergbauern zum schicken Mitbringsel aus den Algarvebergen. Dreh- und Angelpunkt im Ort ist der zentrale, allerdings nicht besonders stimmungsvolle **Largo dos Chorões**. In der Platzmitte plätschert ein moderner Brunnen, der eine »nora« darstellt, eine Wasserschöpfanlage, die von den Arabern nach Südportugal gebracht wurde.
Eine Gasse führt aufwärts zur **Igreja Matriz**, der Pfarrkirche mit einem fünfstrahligen, manuelinischen Kirchenportal, das aus dem 16. Jh. erhalten blieb. Der Fliesenfries im dreischiffigen Innenraum besteht aus neuen Azulejos, zeigt aber ein traditionelles »Ponta de Diamante«-Muster, das in Portugal im 17. Jh. sehr beliebt war. Das Bildnis der Nossa Senhora da Conceição auf dem Hochaltar wird dem berühmten portugiesischen Barockbildhauer Machado de Castro zugeschrieben.

**Tolle Auffahrt – sensationelle Blicke**

Fóia

Alle Superlative sind ein Muss, also auch die Auffahrt auf den höchsten Berg der Algarve. Von Monchique windet sich eine landschaftlich wunderschöne Straße in mehreren Serpentinen hinauf. Anfangs ist sie von teils recht schmucken Häuschen und beliebten Ausflugslokalen gesäumt. An einem Miradouro mit kleinem Brunnen sollten Sie kurz anhalten: Man hat von hier einen extrem weiten Blick über nahezu die gesamte Algarveküste. Direkt unterhalb an der Küste liegt Portimão, in Richtung Westen erkennen Sie bei guter Sicht das **Cabo**

## SERRA DE MONCHIQUE ERLEBEN

### POSTO DE TURISMO
Largo São Sebastião, Monchique
Tel. 282 91 11 89

Medronho, Fliesen, Korbwaren und Holzarbeiten werden in Monchique verkauft. Ein typisches, mittlerweile aber seltenes Produkt aus Monchique sind die hölzernen Scherenstühle.

Verschiedene Wanderungen in der Serra de Monchique leitet u. a. Uwe Schemionek (www.wandern-mit-uwe.de). Outdoor-Tours.com bietet verschiedene Aktivitäten in der Serra an (www.outdoor-tours.com).

### JARDIM DAS OLIVEIRAS €€
Das Lokal liegt mitten in den Bergen ein Stück nördlich der Straße zur Fóia. Man sitzt im Grünen und bekommt gute regionale Gerichte wie Braten vom Wildschwein oder vom Schwarzen Schwein.
Sitio do Porto Escuro
Tel. 966 24 90 70
www.jardimdasoliveiras.com

### PARAISO DA MONTANHA €/€€
Ein typisches Ausflugslokal, das zwar etwas ältlich wirkt, aber bodenständiges Essen, freundlichen Service, eine Sommerterrasse und einen sensationellen Blick bis zur Küste bietet. An der Straße zur Fóia.
Estrada de Fóia,
Sítio do Saramagal
Tel. 282 91 21 50

### VILLA TERMAL DAS CALDAS DE MONCHIQUE €€
Der Spa-Hotel-Komplex in Caldas de Monchique hat ein großes Wellnessangebot. Zu dem Ensemble gehören drei kleinere Hotels, ein Apartmenthaus und das Restaurant 1692.
Caldas de Monchique
Tel. 282 91 09 10
https://monchiquetermalresort.com

### ALBERGARIA DO LAGEADO €/€€
Eine sympathische Bleibe im stimmungsvollen Dorfkern von Caldas de Monchique: die komfortable, solide Pension mit 19 Zimmern.
Caldas de Monchique
Tel. 282 91 26 16
www.albergariadolageado.com

**de São Vicente** und die Westküste der Algarve. In Richtung Osten können Sie an klaren Tagen sogar **Faro** erkennen. Weiter aufwärts wird die Vegetation immer karger – Zistrosen bestimmen das Bild, Kuh-, Schaf- und Ziegenherden durchstreifen die Täler. Nach einer weiten Kurve schaut man auf einmal auch in Richtung Norden bis in den **Alentejo** hinein.
Auf dem Gipfel angekommen, ist es plötzlich recht unwirtlich: Portugal Telecom, der Rundfunk RDP und die Luftwaffe sind unter einem Antennenwald stationiert, es gibt ein Ausflugscafé und einen Souvenirladen – besonders einladend ist die Szenerie nicht.

Mit Größe kann er nicht aufwarten, aber mit viel Atmosphäre – der Kurort Caldas de Monchique.

**Der Charme der Jahrhundertwende**

Die **»warmen Quellen«** machten Monchique berühmt. Sie finden sie 6 km südlich und 200 m unter dem Hauptort Monchique. 2 Millionen Liter Wasser, das bei Rheuma-, Leber- und Harnwegsleiden, bei Beschwerden im Magen-Darm-Bereich und bei chronischen Atemwegserkrankungen hilft, sprudelt mit 32 °C Wärme aus dem vulkanischen Boden hervor. Es wird in Flaschen abgefüllt und überall in Portugal verkauft oder eben zum Kuren genutzt. Und das seit Ewigkeiten: Die Spa-erprobten Römer kannten die Quellen schon, sie waren die Ersten, die hier ein Thermalbad einrichteten. »Mons Cicus« nannten sie es – und dabei ist es geblieben.

Caldas de Monchique

Viel zu sehen ist nicht. Der Ortskern ist eigentlich kein Ortskern, in einem schmalen Tal unter hohen, schattigen Bäumen stehen nur eine Handvoll Häuser. Um 1900 wurden sie gebaut, und zwar so, dass sie Caldas de Monchique noch heute einen ganz besonderen Charme verleihen. Was man auch bei der Fundação Oriente erkannte, die die Thermalbadeanlagen 1994 erwarb und komplett restaurieren ließ – Kurgäste und andere Besucher können sich seitdem in mehreren hübschen Unterkünften einquartieren. 2019 wechselte der Besitzer noch einmal. Meist wird Caldas de Monchique nur von Tagesausflüglern besucht, die im Café/Restaurant unter hohen Bäumen sitzen und die Szenerie auf sich wirken lassen. Nur wenige Schritte weiter ist man in der üppigen Pflanzenwelt: Von den Häusern führt ein kurzer Weg einen Bachlauf aufwärts durch den Wald. Es gibt ein Picknickareal, dahinter wird es einsamer.

# EIN SCHLÜCKCHEN ZUM FRÜHSTÜCK

*Er ist stark, ein Hochprozentiger. Schnaps aus den Früchten des Erdbeerbaums gab es quasi schon immer in der Algarve, er ist ein ureigenes Algarveerzeugnis. Und seit jeher fängt der Tag für manchen Algarvebauern mit einem kleinen schwarzen Kaffee und einem Medronho an.*

»Aguardente de Medronho«, das ist der korrekte Name für den Schnaps aus Baumerdbeeren. Die immergrünen Erdbeerbäume, zwei oder drei Meter hohe Sträucher, sieht man oft in der Serra, sie wachsen wild an Straßenrändern.

Ihre noppigen, **hellroten Früchte** haben der Pflanze ihren Namen gegeben – sie sehen ähnlich wie Erdbeeren aus. Im Herbst werden sie per Hand gepflückt – eine ziemlich aufwendige Angelegenheit, die mit dazu beiträgt, dass Medronho nicht im großen Stil hergestellt wird, sondern meist privat von Bauern in der Serra. Die Früchte des Erdbeerbaums werden zunächst zur Fermentierung in Holzfässer gefüllt. Dort lagern sie etwa ein Vierteljahr unter Luftabschluss, um Oxidation zu verhindern.

## Privatvergnügen

Dann wird gebrannt. Das geschieht zumeist daheim in der **eigenen kleinen Destille**; viele Bauern im Hinterland haben Destillierapparate, mit denen sie für sich, für Verwandte und Freunde Schnaps herstellen. **»Caldeiras«** heißen die Destilliergeräte, die sie dafür brauchen, sie sind aus Kupfer und werden auf den Landmärkten verkauft. Der beim Kochen der Früchte aufsteigende Dampf kondensiert durch Wasserkühlung, die so entstehende klare Flüssigkeit wird gesammelt.

Das Ganze ist mühseliger, als es sich liest. Nicht nur das Einsammeln der Früchte, auch das Brennen kostet viel Zeit. Etwa **acht Stunden** dauert eine Runde Destillieren, dabei muss die Temperatur stets auf gleicher Höhe gehalten werden. Eine Runde heißt circa 150 Kilo Früchte, 150 Kilo ergeben an die 15 Flaschen des hochprozentigen Obstschnapses. Damit sich der Aufwand überhaupt lohnt, wird ein Vielfaches verarbeitet und die kleine Schnapsbrennerei ist rund um die Uhr in Betrieb. Meist werden zwei oder drei Wochen für die Medronho-Herstellung eingeplant. Dafür nimmt man sich extra frei und brennt gemeinsam mit befreundeten Familien oder mit der Verwandtschaft.

Was über den Eigenbedarf hinausgeht, wird verkauft bzw. an größere Produzenten weitergeleitet. Die wenigsten haben aber eine **Lizenz** zum Brennen, vieles rund um den Medronho geschieht im tolerierten Grauzonenbereich. Zwar existieren seit einiger Zeit **gesetzliche Vorschriften** und einige Erzeuger sind ganz offiziell mit ihren Produkten im Geschäft. Das jedoch lohnt sich für kleine Bauern nicht, zu groß ist die Mühe für ein paar Liter des hochprozentigen Schnapses.

Apropos hochprozentig: 50 % sind es für den Hausgebrauch, Medronho, der zum Verkauf steht, hat zwischen 40 und 50 %.

## Der echte Wurmtöter

Letztlich bleibt der Medronho nach wie vor für viele Privatsache. Steigen in den kleinen Gehöften der Algarveberge die Rauchfahnen aus den Kaminen der Destillerien, dann ist das stets ein guter Hinweis darauf, wo gebrannt wird, wo das starke Wässerchen, der **»Mata-Bicho«**, der Wurmtöter, gerade im Entstehen ist. Der hausgebrannte Aguardente ist bei Kennern im Übrigen sehr beliebt, da er immer einfach und unverfälscht ist. Wie erkennt man einen guten, echten Medronho? Riecht er dezent nach Feigen, dann ist es kein reiner Medronho, er wurde wahrscheinlich in Massenproduktion erzeugt und mit Feigenschnaps versetzt. Werden die Früchte in Eichenfässern gelagert, dann hat der Schnaps eine **leicht gelbe Färbung** und schmeckt besonders gut.

## Vermischtes

Man muss Medronho nicht pur trinken, wenn man nicht mag. Beispielsweise lässt er sich gut im Verhältnis 1 : 1 mit Portwein mischen, das ist allerdings eine starke Nummer, die auch den deutlichen Namen »Arrasa Miudas« trägt – auf Deutsch so etwa: »Was die Mädels fertigmacht«. Etwas bekömmlicher für den Kopf ist die Mischung aus Medronho und Honigmelone im Verhältnis 1 : 3, ein Cocktail, der mit Eis serviert wird.

LOJA DO MEL E DO MEDRONHO
Monchique, Largo dos Chorões
In dem Geschäft wid jede Menge Medronho aus der Serra verkauft.

**Ins Haus des Minenbesitzers**

Parque da Mina

Direkt an der N 266 südlich von Caldas de Monchique liegt das Areal einer alten Mine, das heute öffentlich zugänglich ist. Das Wohnhaus des früheren Minenbetreibers wurde als kleines Museum eingerichtet und ein paar friedfertige Tiere und ein Spiegellabyrinth erfreuen diejenigen, die die Museumssammlung, die nachgebaute Medronho-Destille und altes Algarvehandwerk nicht spannend genug finden.

Apr.–Sept. tgl. 10–19, im Winter bis 17 Uhr | Eintritt: 12 € | www.parquedamina.com

# ★ SERRA DO CALDEIRÃO

**Conselhos:** Loulé, Tavira, Alcoutim, São Brás de Alportel, Almodôvar (Altentejo) | **Höhe:** bis 589 m

***Wer die Serra do Caldeirão erkunden will, muss wandern oder sich auf lange Fahrten einstellen – auf den schmalen, kurvenreichen Straßen kommt man nur langsam vorwärts. Die Mühe lohnt sich aber so oder so: In den abgeschiedenen Dörfern und in den Weilern dieser touristisch kaum erschlossenen Region scheint die Zeit tatsächlich stehen geblieben zu sein.***

Wunderbar (Auto-) wandern

Menschenleer sind diese Bergregionen, sie gehören zu den am dünnsten besiedelten Flecken in der Algarve und in manchem Dorf geht das Leben einen sehr traditionellen Gang. Ein Ausflug in eine andere Zeit ... Am schönsten erwandert man sich die Serra – wiewohl nicht gerade in sengender Sommerhitze, da es viele Höhen ohne Schatten gibt. Die **Via Algarviana**, der Wanderweg, der das Algarvehinterland auf alten Transport- und Hirtenwegen durchquert, führt durch karge Vegetation, nur an einigen Stellen durch Wäldchen und Felder. Große Steigungen muss man nicht bewältigen, der höchste Berg der Serra do Caldeirão ist der **Pelados** mit gerade einmal **589 m**. Nach einer Tageswanderung durch die sanft gewellte Hügellandschaft freut man sich, in einem der kleinen Dörfer anzukommen und in Ruhe ausspannen zu können. Mit dem Auto geht es schneller, aber wundern Sie sich nicht, wie lange es dann doch dauert! Die N 124 ist eine nicht enden wollende Straße, über die man in abgelegene Dörfer ganz im Osten, fast schon am Guadiana, kommt.

## Rundtour durch die Serra

**Startklar**

São Brás de Alportel

Um Zeit für Zwischenstopps zu haben, sollten Sie zu dieser Autotour möglichst früh aufbrechen. Ausgangspunkt für die Fahrt durch die östliche Serra do Caldeirão ist ▶São Brás de Alportel. Von hier fährt man auf der kurvenreichen N 2 nach Norden bis Barranco Velho und folgt dort der N 124 in östlicher Richtung, die eine wunderschöne, einsame Berg- und Waldlandschaft mit nur wenigen Siedlungen erschließt.

**Vorrunde und kein Wunder**

Cachopo

Beim jährlichen Wettbewerb »Die 7 Wunder von Portugal« ist das kleine Bergdorf Cachopo 2017 in der Vorrunde gelandet, immerhin. Mit seinem historischen und archäologischen Erbe war es ins Rennen gegangen – in der Kategorie »Dörfer«, sonst hätte Cachopo sich mit Konkurrenten wie dem Pena-Palast, der Top-Touristenattraktion in Sintra, messen müssen. Ganz schön spannend für die 300 Einwohner, die ihr Cachopo lieben und stolz sind auf das Dorf, in das sich kaum je ein Besucher verirrt. Über die in der Tat lange Siedlungsgeschichte kann man sich im Núcleo Museológico de Cachopo schlau machen.

**Mitten in der Einsamkeit**

Vaqueiros

Ein kaum befahrenes Sträßchen führt von Cachopo nach Osten. Nur vereinzelt sieht man rechts und links der Straße einmal ein Haus. Nach 12 km biegt man links nach Vaqueiros ab. Auffälligster Bau im Dorf ist die Kirche, ursprünglich aus dem 16. Jahrhundert. Im Innern, so die Kirche denn geöffnet ist, sind vor allem die Seitenaltäre mit hübschen Malereien sehenswert.

Man fährt auf der Straße noch ein Stück weiter Richtung Martim Longo. Dann zweigt rechts eine Piste ab und man folgt der Ausschilderung »Parque Mineiro Cova dos Mouros«, dem Areal einer alten Kupfermine. Die rund 3 km lange Piste verläuft oberhalb des Ribeiro da Foupana und gibt hübsche Ausblicke auf das Flusstal frei. Die Minenschächte in diesem Gebiet wurden bereits vor 2700 Jahren ausgebeutet, aber erst 1865 wiederentdeckt. Die älteste Mine reicht 30 m in die Tiefe.

**Tendenz abnehmend**

Martim Longo

Durch karge, von der Sonne ausgedörrte Landschaft geht es weiter nach Martim Longo. Diese Gegend gibt bereits einen Vorgeschmack auf den Alentejo. Nicht nur in der Mittagszeit sind die Gassen von Martim Longo ziemlich ausgestorben. Etwa 1000 Menschen leben hier, Tendenz abnehmend. In der Pfarrkirche existieren noch Reste von Wandmalereien aus dem 16. Jahrhundert.

### Kupfer im Boden

Giões

2 km nördlich der N 124 liegt das Dorf Giões. Stolz sind die Dorfbewohner auf die Pfarrkirche aus dem 16. Jh., in der eine Nossa Senhora das Relíquias aus dem 16. Jh. erhalten ist. Auch hier gab es eine Kupfermine, die die Mauren bis ins 11. Jh. betrieben.

### Flussfinale

Guadiana

Auf der Rückfahrt zur Küste können Sie schön von ▶Alcoutim aus direkt am Ufer des Rio Guadiana fahren und dann weiter auf der N 122 nach ▶Castro Marim und ▶Vila Real de Santo António.

# ★★ SILVES

**Conselho:** Silves | **Einwohnerzahl:** 10 660

E 2

*Willkommen in der alten Algarvehauptstadt! Schöner als Granada soll sie gewesen sein. »Xelb« war die glanzvolle Kapitale der maurischen Provinz Al-Gharb, wurde besungen und in poetischen Versen gerühmt. Lang ist's her, 800 Jahre. Und es währte lange: 500 Jahre! Viel ist nicht mehr zu spüren von all dem Ruhm und Glanz eines halben Jahrtausends. Silves ist heute ganz einfach eine sympathische Kleinstadt im Hinterland.*

Alte Maurenhauptstadt

Genau zwei Sätze hatte der Baedeker Spanien und Portugal von 1906 für Silves: »Silves, am Rio de Silves oder d' Arade, die alte Hauptstadt von Algarve, mit bemerkenswerten Befestigungen aus maurischer Zeit und gotischer Kathedrale. In der Umgebung ausgedehnte Korkeichenwälder.« Der Reiseschriftsteller Gustav Faber lässt sich 1972 ein bisschen länger aus: »Silves ... erfreut unser Auge und unseren historischen Sinn. Noch erhebt sich über den Dächern der Stadt, die zur Araberzeit mit dem orientalischen Córdoba konkurriert haben soll, die aus dunkelroten Steinen geschichtete Maurenburg. Man hat riesige unterirdische Zisternen entdeckt, Zeugnisse muselmanischer Erfahrung im Tiefbau, die sicher auf antiken Vorbildern fußt.« Also dann – die dunkelrote Maurenburg ansehen und in die gotische Kathedrale, den historischen Sinn schärfen und die Kastellzisternen nicht vergessen! Und außerdem: die Atmosphäre genießen!

### Großes Auf – großes Ab

Das arabische Xelb

Dieser Platz am rechten Ufer des **Rio Arade** ist uraltes Siedlungsgebiet. Lange vor den Arabern waren keltiberische Stämme ansässig, von den Phöniziern weiß man, dass Silves für sie ein geeigneter

**Flusshafen** war. Die Araber – man nimmt an, dass sie jemenitischer und ägyptischer Herkunft waren – kamen im 8. Jahrhundert. Unter dem angesehenen Dichter Al-Mu'tamid Ibn Abbad, der im 11. Jh. die Verwaltung in Xelb übernommen hatte, blühte die Stadt auf. Sie avancierte zur Hauptstadt der Provinz Al-Gharb, die dem Emirat und späteren Kalifat Córdoba unterstand. Man vermutet, dass Xelb damals etwa 40 000 Einwohner hatte. Historiker, Juristen, Philosophen, Dichter und Musiker verhalfen der Stadt weit über ihre Grenzen hinaus zu einem guten Ruf.

Mit der Einnahme der Burg durch die Portugiesen und dem Abzug der Araber 1242 setzte der **wirtschaftliche Niedergang** der Region ein. Eine kurze Blüte erlebte Silves nochmals zu Anfang des 16. Jh.s, zur Zeit der portugiesischen Entdeckungs- und Eroberungsfahrten, als Schiffe, beladen mit Pfeffer und anderen kostbaren Waren aus fernen Ländern, über den Rio Arade hinaufkamen. Die zunehmende **Versandung des Rio Arade** brachte jedoch das Aus für den Hafenort. 1577 wurde der Bischofssitz von Silves nach Faro verlegt, Lagos wurde Hauptstadt der Provinz Algarve. Das Erdbeben 1755 vernich-

Rarität in der Algarve: Vierung und Chor der Kathedrale überstanden das Erdbeben 1755 und gehören zu den wenigen gotischen Architekturrelikten in Südportugal.

tete einen Großteil der Zeugnisse, die noch an die einstige kulturelle und wirtschaftliche Blüte der Stadt erinnerten. Silves versank in der Bedeutungslosigkeit.

## Wohin in Silves?

### Lauschiger Rathausplatz

Praça do Município

Der Aufstieg zur Burg und zur Kathedrale ist kein Flachlandspaziergang, und der Rathausplatz auf halber Höhe ist gut für einen schönen Zwischenstopp. Denn wahrscheinlich haben Sie sich vorher schon in der **Markthalle** unten am Aradeufer oder auf dem Weg hier herauf in einem der Geschäfte in der Fußgängerzone umgesehen. Das **Rathaus**, die Câmara Municipal, wirkt fast etwas großstädtisch, ein Gebäude über einem vorgesetzten Arkadengang. Das Café DaRosa un-

## SILVES ERLEBEN

### POSTO DE TURISMO

Posto de Turismo Silves
Parque das Merendas, N124
Tel. 282 09 89 27
https://visitalgarve.pt
www.cm-silves.pt
Unten am Fluss in der Nähe der Markthalle

Posto de Turismo Municipal
Praça do Município
Tel. 282 44 08 00

### PARKEN

Wer direkt im Zentrum keinen Parkplatz findet, kann sein Gefährt problemlos auf dem großen Parkplatz an der Touristeninformation unten am Fluss abstellen.

Jedes Jahr im August wird in der Burg ein großes Mittelalterfest gefeiert – eine Erinnerung an die maurische Zeit.

Im Café Inglês gibt es häufig sehr gute Livemusik.

### ❶ O RUI €€€

Eine richtig gute Marisqueira mit solider portugiesischer Küche – und wie es sich für eine Marisqueira gehört, stehen vor allem Fisch und Schalentiere auf der Karte.
Rua Comendador Vilarinho 27
Tel. 282 44 26 82
www.marisqueirarui.pt

### ❷ CHURRASQUEIRA VALDEMAR €€

Die alteingesessene Churrasqueira grillt mit ihrem Nachbarn um die Wette, dass es nur so raucht. Es schmeckt und der Service ist freundlich.
Mercado Municipal
(an der Markthalle)
Tel. 282 44 31 38

### ❸ CAFÉ INGLÊS €€

Das Café Inglês ist anders: ein nettes Café-Restaurant ganz in der Nähe des Kastells, dessen Küche etwas alternativ angehauchte Gerichte zubereitet. Außerdem gibt es gute Kuchen und Pizza und abends oft Livemusik und andere kleine Veranstaltungen.
Rua do Castelo 11
Tel. 282 44 25 85
www.cafeingles.com.pt

### ❶ TAPADA DO GRAMACHO €€

Hier kann man es sich in aller Ruhe gut gehen lassen: ein schön gemachtes Haus mit Swimmingpool, in dem Zimmer und auch Apartments angeboten werden. Die Tapada do Gramacho liegt südlich von Silves in der Nähe des Aradeufers.
Karin & Imco ten Kate
Sítio Tapada do Gramacho
Tel. 919 66 70 48
www.tapadadogramacho.com

ter den Arkaden hat alle gesunden Erfrischungen und Snacks, die man sich wünscht, einen schön gefliesten Raum und einen Sonnenplatz draußen am Brunnen. Der massige **Torreão das Portas da Cidade** war früher Wachtturm und gleichzeitig Stadttor, das in die

OBEN: Sie stehen ganz oben in der Altstadt und sind auch kulturell herausragend: die Kathedrale und das Castelo.

UNTEN: Beim Mittelalterfest in der Burg von Silves

Stadtmauer integriert war. Der Pelourinho davor, der Pranger von Silves, ist, wie der Turm auch, aus dem typisch roten Sandstein der Region, aus dem Monchique-Gebirge, gefertigt. Und wenn die Orchideenbäume in sattem Pink blühen, ist die Farbensinfonie am Rathausplatz perfekt.

**Was das Erdbeben überstand**

Kathedrale Sé

Mehr als 300 Jahre, von 1242 bis 1577, war Silves Bischofssitz und die Kathedrale damit die Hauptkirche der Algarve. Die Portugiesen bauten sie nach der Eroberung **über der Moschee** von Xelb im gotischen Stil. Das **Erdbeben** 1755 zerstörte den Hauptteil des Kirchenschiffs; Vierung und Chor blieben stehen, was vor allem im Innenraum noch deutlich zu sehen ist. Die Kathedrale ist ein Mix aus Gotik und dem barockem Stil des Wiederaufbaus. Auch von außen erkennt man die gotischen Elemente, die das Erdbeben einigermaßen unbeschadet überstanden haben bzw. restauriert werden konnten: zum Beispiel das massive **Spitzbogenportal** aus gelbem Sandstein mit der Reihe von Tier- und Menschenköpfen darüber. Etwas merkwürdig nehmen sich im barock verzierten oberen Fassadenabschluss die gotischen Fialen aus. Geht man um die Kirche herum, fallen die lang gezogenen **gotischen Fenster** am südlichen Querschiff und am Chor auf; auch der Chor ist aus dem ortstypischen roten Sandstein.
Im Innern werden die unterschiedlichen Stile besonders deutlich: Der größte Teil des Kirchenschiffs wurde mit rotem Sandstein nach dem Erdbeben so aufgebaut, dass er mit dem unzerstörten Teil recht gut harmoniert. Die Sandsteinsäulen sind sehr schlicht gehalten, die Kapitelle ausgesprochen nüchtern gestaltet, allerdings wurden sie in ihren Grundformen in Bezug gesetzt zu den gotischen Kapitellen mit einfachen Pflanzenmotiven an der Vierung. Die **rein gotische Vierung** und der **Chor mit Kreuzrippengewölbe** sind einmalig in der Algarve. Einer der Schlusssteine im Chor trägt das portugiesische Wappen, in den Boden des Chors ist die Grabplatte für König João II. eingelassen (►Serra de Monchique), sein Leichnam wurde aber 1499 in die Klosterkirche von Batalha überführt. Im linken Querschiff und im Hauptchor sind Kreuzfahrer- und Bischofsgräber zu sehen.
Mo.–Fr. 9.30–13, 14–17 Uhr | Eintritt: 2 €

**Das kostbare Fenster**

Igreja da Misericórdia

Wenn Sie vor dem Hauptportal der Kathedrale stehen und sich umdrehen, blicken Sie auf eine immense leere Kirchenwand mit einer einzigen **manuelinischen Fensterrahmung**, die das Erdbeben überstanden hat. Auch in dieser Kirche gibt es eine Mixtur diverser Epochen: Das Eingangsportal ist im klassizistischen Stil gestaltet, im Innern sind Gemälde aus dem 17. Jh. erhalten, das Werk am Hochaltar wurde von einem bekannten algarvischen Laienmaler im 19. Jh. gefertigt. Die Kirche wird oft auch für Ausstellungszwecke genutzt.

**»Dunkelrote Maurenburg«**

Castelo

Eine Burg, wie sie im Buche steht – am schönsten ist der Blick von ferne, zu sehen, wie sie oben auf der Stadt thront, rotbraun, mit dicken Mauern und Türmen. Festungsmauern gab es wohl auch schon zu phönizischer und keltiberischer Zeit und später unter den Römern. Die heutige Anlage, die durch Restaurierungsarbeiten in den 1940er-Jahren ihr Aussehen erhielt, geht auf die Araber zurück.

Bei archäologischen Grabungen im Innenhof wurden Teile der maurischen Burg sichtbar gemacht. **Zisternen** und **unterirdische Vorratsräume** sind gut erhalten. Durch diese großzügige Speichermöglichkeit und die Wasserversorgung konnten die Araber auch langen Belagerungen standhalten. Die Cisterna Grande, die Große Zisterne, wurde im 13. Jh. gebaut und diente noch im 20. Jh. als Hauptwasserreservoir von Silves. Auf dem Burggelände befindet sich außerdem der Schacht einer ehemaligen Mine, in der die Araber und zuvor die Römer Kupfer abbauten. Für den portugiesischen König **Sancho I.**, der 1189 den ersten erfolgreichen Eroberungsversuch von Xelb un-

Stolz der alten arabischen Hauptstadt: das Kastell, das Mauren und Christen Schutz bot.

ternahm, stellte man ein Denkmal auf. An dem Feldzug beteiligten sich namhafte Kreuzritter, darunter **Friedrich Barbarossa** und **Richard Löwenherz**, die mit Portugal eine Allianz eingegangen waren. Sofort nach der Einnahme wurde ein flämischer Priester als Bischof eingesetzt. Zwei Jahre später gewannen die Araber die Herrschaft nochmals für kurze Zeit zurück. Erst unter Leitung des Ordensmeisters der Santiagoritter, Dom Paio Peres Correia, gelang 1242 die endgültige Eroberung von Xelb, das die Portugiesen nun als Silves bezeichneten.
In dem weiten Innenhof gibt es ein Café, und Sie können auf den Mauern einmal um die Anlage herumgehen mit schönem Blick auf Silves und in die Umgebung.
Mai-Sept. tgl. 9-20, Okt.-April bis 17.30 Uhr | Eintritt: 2,80 €

### Relikte einer Wasserversorgung

Museu Municipal de Arqueologia

Blickfang im Museum ist eine **Zisterne** aus dem 12./13. Jh., die von einem großen maurischen Privathaus an dieser Stelle stammt und in die Ausstellung integriert ist. Die früheren Bewohner konnten selbst bei sinkendem Wasserstand gut Wasser schöpfen, denn den 18 m tiefen Brunnenschacht umläuft eine Treppe. Ebenfalls eine Hinterlassenschaft aus arabischer Zeit ist die Stadtmauer, die durch die Glasfront vom Hauptraum aus zu sehen ist.
Beim Museumsrundgang wird man in zeitlicher Abfolge durch eine archäologische Sammlung mit Exponaten vom Paläolithikum bis zur Eisenzeit geführt, weiter werden römische Fundstücke, sehr viele Zeugnisse aus der arabischen Epoche und schließlich Gegenstände der portugiesischen Kultur gezeigt.
Rua das Portas de Loulé | Di.-So. 10-18 Uhr | Eintritt: 2,10 €

### Rätselhaftes Wegkreuz

Cruz de Portugal

An der Ortsausfahrt in Richtung São Bartolomeu de Messines steht das bekannte Cruz de Portugal, das um 1500 aus weißem Kalkstein gearbeitet wurde. Diese sakrale Bildhauerarbeit ist ein für die Algarve einmaliges Beispiel eines **manuelinischen Wegkreuzes**. Dargestellt ist auf der Vorderseite Jesus am Kreuz, auf der Rückseite die Kreuzabnahme. Über Ursprung und Bedeutung des Kreuzes ist wenig bekannt. Allein die Tatsache, dass es aus einem Stein gefertigt wurde, der in der Algarve nicht existiert, lässt Rückschlüsse darüber zu, dass das Kreuz fertig gearbeitet nach Silves gebracht worden war.

### Alte Brücke über den Arade

Ponte, Arade

Die hübsche alte Brücke über den Rio Arade geht auf eine Flussüberquerung aus römischer Zeit zurück. Sie wurde im Mittelalter angelegt und in späteren Jahrhunderten verstärkt, musste mittlerweile aber aus statischen Gründen gesperrt werden.

Der Rio Arade ist hier in Silves ein idyllischer schmaler Fluss – kaum vorstellbar, zu welcher Breite er kurz vor seiner Mündung bei Portimão anschwillt. Vom Flussverlauf können Sie sich bei einer Bootstour von Portimão nach Silves ein Bild machen. Bei einer solchen Flussfahrt fährt man bei Portimão noch unter drei langen Brücken hindurch – die alte Brücke im Zentrum, die Eisenbahnbrücke und die moderne Straßenbrücke mit zwei hohen Pylonen – und weiter den immer schmaler werdenden Fluss entlang; bei der kleinen Ilha do Rosário biegt das Boot nach Osten Richtung Silves ab, der Arade ist nun nur noch ein kleines Flüsschen.

## Rund um Silves

**Ein idyllischer Ort ...**

Sítio das Fontes

... zum Spazierengehen oder einfach nur zum Ausruhen ist der Sítio das Fontes, eine Flussquellenlandschaft 5 km südwestlich von Silves mit einem Picknickareal mit Olivenbäumen. Schmale Wege führen zu der unterirdisch entspringenden Karstquelle. Es gibt mehrere Süßwasserbecken. Am Wochenende ist hier meist viel Betrieb, in der Woche ist es leerer.

# TAVIRA

**Conselho:** Tavira | **Einwohnerzahl:** 15 430

K 3

*Als »Klein-Venedig« wird Tavira oft bezeichnet. Das ist zwar ein höchst gewagter Vergleich, aber wenn sich die Walmdachhäuser im stillen Wasser des Rio Gilão spiegeln, kann man schon ins Schwärmen geraten.*

Die Schöne

Tavira – die Schönste der Algarve? Stolz ist die Stadt, das merkt man auf Schritt und Tritt, stolz auf ihre Schönheit, auf ihre Eins-a-Lage am Fluss, auf die aparten weißen Häuser, auf die brillante Hausinsel mit dem endlosen Sandstrand. Mehr und mehr wird der stille Fluss gefeiert. Lange hat das gedauert, nur zögernd stellten die Lokalbesitzer Stühle und Tische am Ufer auf – jetzt werden es jedes Jahr mehr. Doch Venedig? Nein, aber ein bisschen Dolce Vita in Südportugal!

**Gut gebaut**

Stadtbild

Konkurrenz fürchtet Tavira nicht, sie hat ein unvergleichliches Stadtbild. Da sie nach dem Erdbeben neu aufgebaut werden musste, sind nur wenige Bauten älter als 250 Jahre. Durch eine recht

Der Rio Gilão ist in Tavira tideabhängig, aber auch bei Ebbe spiegeln sich die Bögen der Ponte Romana im Wasser.

einheitliche Bauweise entstand aber ein ausgesprochen harmonisches Bild. Typisch ist die charakteristische **Walmdachform** vieler alter Häuser, die mittlerweile auch Eingang in Taviras moderne Architektur findet. Interessant ist ein Vergleich mit dem benachbarten Olhão, wo die Häuser kubisch sind, die Bauweise also grundsätzlich anders ist.

### Der Duft der Stadt

Lage

Es riecht nach Salz und Tang. Die Stadt liegt nicht am offenen Meer, sondern im Lagunenbereich der Ria Formosa. Südwestlich vorgelagert ist die Insel, die Ilha de Tavira, eine dünige Laguneninsel – hier mündet der Rio Gilão, der bis zur alten Brücke den Namen Rio Séqua trägt, in den Atlantik. Die weiten Obstplantagen im Hinterland – hauptsächlich Orangen- und Zitronenhaine – verströmen zur Blütezeit im Frühjahr einen aromatischen Duft, der bis in die Straßen der Stadt hineinwabert.

### Von Balsa bis Tavira

Geschichte

Als die Römer an die Mündung des Rio Gilão kamen, stießen sie auf eine Ansiedlung namens **Balsa**, deren Bezeichnung sie übernahmen. Der heutige Name Tavira leitet sich von **Tabira** ab, wie die Stadt unter den Arabern genannt wurde. Zu arabischer Zeit und bis weit ins Mittelalter hinein war Tavira ein bedeutender Hafen. In der portugiesischen Kolonialzeit unterstützte man von Tavira aus die Besatzungstruppen in Nordafrika – die marokkanische Küste ist nah. Der Hafen verlor an Bedeutung, nachdem die nordafrikanischen Kolonien aufgegeben worden waren, dazu kam eine allmähliche Versandung des Hafenbeckens. Man lebte und lebt in Tavira von der Fischerei – eine Zeit lang war die Stadt sogar Zentrum des **Thunfischfangs** an der

## TAVIRA ERLEBEN

### TURISMO DE TAVIRA

Praça da República 5
Tel. 281 32 25 11

### PARKEN

Parken kann man auf mehreren Parkflächen am Flussufer. In den kleineren Nebenstraßen am Rand des Zentrums findet man oft auch noch eine Parklücke.

Bootsausflüge in die Ria Formosa werden am Flussufer östlich der Markthalle angeboten.

### ❶ ZECA DA BICA €€

Ein alteingesessenes typisches Restaurant im Zentrum, das immer gut besucht ist. Spezialitäten des Hauses sind Reiszubereitungen und verschiedene gute Grillgerichte.
R. Almirante Cândido Reis 24–28
Tel. 281 32 38 43

### ❷ OPORTO TAVIRA €€

Man hat Blick aufs Wasser und genießt gute Tapas und neue portugiesische Küche, teilweise nordportugiesisch inspiriert, wie die typischen Francesinhas aus Porto. Der Service ist nett, der Raum schön gemacht.
Rua José Pires Padinha 180
Tel. 966 60 87 95

### ❸ BEIRA RIO €€

Hier sitzt man in aller Ruhe etwas abseits des Geschehens und direkt am Fluss. Im Angebot sind internationale Gerichte und gute portugiesische Weine.
Rua Borda d'Água da Assêca 50
Tel. 281 32 31 65

### ❹ NOÉLIA €€

Das Restaurant fast am Ostende der Uferstraße in Cabanas ist etwas Besonderes, hier kann man modern-portugiesisch speisen. In der Küche werden Traditionsgerichte der Algarve mit viel Fantasie in neuem Gewand kreiert. Das Noélia ist weithin bekannt, zumindest in der Saison sollte man reservieren.
Cabanas, Avenida Ria Formosa 2 / Rua da Fortaleza
Tel. 281 37 06 49

### ❶ FORTE DE SÃO JOÃO DA BARRA €€€/€€€€

Am Lagunenwasser bei Cabanas östlich von Tavira kann man in dieser alten Festung ungewöhnlich übernachten (▶Baedeker Wissen, S. 274).
Cabanas
Tel. 281 37 04 95, 960 37 54 19
www.fortesaojoaodabarra.com

### ❷ VILA GALÉ ALBACORA €€/€€€

Das Vila Galé Albacora etwas außerhalb von Tavira am Lagunenrand ist in einer früheren Thunfischfangstation eingerichtet. (▶Baedeker Wissen, S. 274).
Quatro Águas
Tel. 281 38 08 00
www.vilagale.pt

### ❸ MARIA NOVA LOUNGE HOTEL €€

Aus vielen Zimmern hat man einen tollen Blick über Tavira – ein komfortables Hotel, das etwas oberhalb des Zentrums steht.
Tavira, Rua António Pinheiro 17
Tel. 281 00 12 00
https://ap-hotelsresorts.com/maria-nova

OBEN: Da staunt der Hund: Was macht die Combo auf der Ponte Romana, und wo will das Kind denn hin?

UNTEN: In Tavira weiß man immer, wie spät es ist – das große Zifferblatt der Kirche auf dem Kastellhügel ist selbst noch vom anderen Flussufer aus zu sehen.

Algarveküste – und in Maßen auch von der **Salzgewinnung**; im Mündungsbereich des Rio Gilão gibt es einige Salinen. Trotz herrlicher Sandstrände auf der Ilha de Tavira spielte **Tourismus** in Tavira lange keine Rolle. Privatzimmer und Pensionen waren ausreichend für die wenigen Urlauber. Erst in jüngerer Zeit sind größere Hotels entstanden – bisher aber keines, das die Landschaft verschandelt.

## Wohin in Tavira?

### Galão am Gilão

Am Fluss

Sommer in Tavira. Wenn die Stadt feiert, dann hier: Konzerte und Folkloretänze erlebt man im angedeuteten Amphitheater an der Praça da República, Popcorn und Farturas gibt's in einer der Buden im Uferpark – ganz Tavira strömt am Fluss zusammen. In der früheren **Markthalle** ist heute kein Marktbetrieb mehr, nur noch kleine Läden und Gastronomie gibt es. Die kleinen Pastelarias haben Tische und Stühle auf der Flussterrasse und bei Tosta Mista und Galão sitzt man schön direkt am Gilão.

### Römerstraße über den Fluss

Ponte Romana

Mit der Karlsbrücke in Prag kann sie nicht mithalten, aber im kleinen Taviraformat ist sie doch auch ein Prachtstück. Diese Brücke ist römischen Ursprungs, über sie verlief der Verkehr der Römerstraße, die Faro und Mértola miteinander verband. Die heutige, nur noch für Fußgänger freigegebene Brücke ist eine Rekonstruktion aus dem 17. Jahrhundert. In den letzten Jahrzehnten sind im Zentrum mehrere Brücken über den Rio Gilão gebaut worden. Zuvor gab es jahrhundertelang, bis 1990, nur diese eine siebenbogige »römische Brücke«.

### Details im Blick

★ Igreja da Misericórdia

Sie ist die wichtigste von Taviras vielen Kirchen und eines der wenigen Beispiele sakraler **Renaissancearchitektur** in der Algarve. Schon in ein paar Einzelheiten an der Fassade können Sie sich vertiefen: Am Renaissanceportal sieht man unter einem Baldachin die Senhora da Misericórdia, die Madonna der Barmherzigkeit, von Engeln gehalten. Links davon sind Krone und Wappen von Portugal eingearbeitet, rechts das stilisierte Wappen der Stadt Tavira – kaum erkennbar die siebenbogige Brücke, ein portugiesischer König mit Krone und ein arabischer König mit Turban. Die Heiligenfiguren sind links Petrus und rechts Paulus.

Das Besondere im dreischiffigen Innenraum sind die blau-weißen Azulejobilder mit ihrer aufwendigen Rahmung und der goldverzierte Hochaltar. Auch hier sieht man die portugiesische Krone und unter dem Baldachin das Wappen. Einen genaueren Blick lohnen die Kapitelle, auf denen teilweise Masken zu erkennen sind, und die kleine

Boote dümpeln sacht im Gilão, die Lichter spiegeln sich im Wasser – blaue Stunde in Tavira.

Orgel auf der Empore – Orgeln sind in den Kirchen der Algarve eine Seltenheit. Neben der Kirche hat sich mit dem Arco da Misericórdia ein Überbleibsel eines Stadttores aus arabischer Zeit erhalten.

**Fürs Gefühl: Fado vom Feinsten**

Fado com História

Zugegeben, Fado in einer alten Spelunke zu hören, wäre passender, aber dieses Vergnügen gibt es heute nur noch äußerst selten. Die 30-minütige Einführung in Portugals ausdrucksstarke Musik ist ein erstes Kennenlernen – und danach ist man entweder infiziert oder nicht (▶ Das ist die Algarve, S. 20)

**Rua Damião Augusto de Brito Vasconcelos 4** (neben der Igreja da Misericórdia): Mo.–Sa. 15.15 und 17 Uhr | Eintritt: 10 € | Tel. 966 62 08 77 | www.fadocomhistoria.com

**Burggarten**

Castelo de Tavira

Nur noch Mauerreste stehen von der ursprünglich römischen, später maurischen Burg, die nach der Übernahme der Stadt durch die Portugiesen unter Dinis I. neu aufgebaut wurde. Ein hübsches Gärtchen ist hier angelegt worden, das heute in Privatbesitz ist, aber besichtigt werden kann. Vom Garten bzw. oben von den Mauerresten und dem Turm bietet sich ein schöner Blick über Tavira und den Rio Gilão.

Tgl. 8.30–19, im Winter bis 17 Uhr

**Eiskalt ermordet**

Igreja de Santa Maria do Castelo

Im Chor dieser Kirche neben dem Burggarten befinden sich die Gräber von Dom Paio Peres Correia und **sieben portugiesischen Rittern**. Ein Stück bewegender Stadtgeschichte verbirgt sich hier: Die sieben Ritter fielen angeblich einem Verrat zum Opfer, der im Rahmen der Reconquista 1242 stattgefunden haben soll. Sie wurden hinterrücks von Arabern ermordet – wohl während eines Waffenstillstands. Der Überfall war offenbar Anlass für die rabiate Inbesitznahme der Stadt durch christliche Truppen.

Die Portugiesen errichteten dann umgehend eine christliche Kirche an der Stelle, an der die arabische Hauptmoschee gestanden hatte. Nach Zerstörungen durch das Erdbeben baute man die Santa Maria do Castelo nach alten Vorlagen wieder auf. Von der gotischen Kirche sind das Eingangsportal erhalten, außerdem im Innern die Ausstattung einiger Seitenkapellen und die Bögen über den Seitenaltären. Eine Seitenkapelle zeigt eine manuelinische Deckenverzierung.

**Als Spion in Tavira**

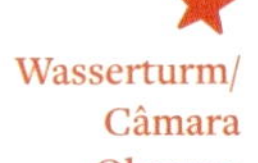

Wasserturm/ Câmara Obscura

Keinen Schritt gegangen – alles gesehen! Faszinierend ist der Besuch der Câmara Obscura im Wasserturm. Mithilfe einer Camera obscura kann man Tavira von verstecktem Posten aus besichtigen.

Calçada da Galeria | Juli–Okt. Mo.–Fr. 11–14.30 Uhr (Öffnungszeiten können variieren) | Eintritt: 5 € | www.cameraobscuratavira.com

# 6x

## EINFACH UNBEZAHLBAR

*Erlebnisse, die für Geld nicht zu bekommen sind*

### 1. WANDERN

Die Küste entlang auf alten Fischer- und Hirtenpfaden, immer das Meer im Blick und die Brandung im Ohr – besser kann man sich die **Costa Vicentina** nicht erschließen. Infos zu den Wanderrouten gibt's auf der Website der Rota Vicentina. (▶ **S. 78**)

### 2. INSELTAG

Auf die **Ilha de Tavira** kommen Sie zu Fuß! Also ohne Boot und ohne Ticketkosten. Bei Santa Luzia führt eine schmale Pontonbrücke über die Lagune und direkt auf die Insel. (▶ **S. 169**)

### 3. MAURISCHER HAMAM

Wellness zu Zeiten der Araber: Wie die Menschen in Loulé damals für ihr Wohlbefinden sorgten, lässt sich in den ausgegrabenen **Banhos Islâmicos** nachvollziehen. Eintritt frei in die alte Badewelt! (▶ **S. 113**)

### 4. VON OBEN

Als würde man über der Ria Formosa schweben – der Weitblick vom Kirchplatz in **Cacela Velha** über die Inseln und das Meer dahinter gleicht fast dem Blick aus dem landenden Flugzeug oder einem startenden Heißluftballon. Ein seltener Genuss in der sonst so flachen Ostalgarve. (▶ **S. 178**)

### 5. FISCHFANG

Wie der Fang von Thunfisch vonstatten ging, zeigt ein **Museumsraum** an originalem Platz: Das Hotel Vila Galé Albacora ist in einer alten **Thunfischstation** eingerichtet worden und hält mit der kleinen Ausstellung die Erinnerung wach. Der Raum ist öffentlich zugänglich. (▶ **S. 274**)

### 6. LANGES LEBEN

Gratis-Schluck mit Langzeitwirkung: In **Alte** strömt angeblich lebensverlängerndes Wasser einfach so aus einer Quelle. (▶ **S. 62**)

# GEBOREN IN TAVIRA

*Obwohl es ihn nie gegeben hat, wurde er am 15. Oktober 1890 in Tavira geboren. Er war Monokelträger, von großer Statur, mager und hielt sich stets leicht gebückt. Als jähzornig und sogar gefühllos wird er bezeichnet. Álvaro de Campos war kein Pseudonym, keine Romanfigur, nicht einmal eine wirklich erdichtete Person – Álvaro de Campos war ein Heteronym.*

Und zwar eines von mehreren, in deren Existenz der Dichter Fernando Pessoa sich hüllte oder aufspaltete oder vervielfältigte. Über die Heteronyme des bekanntesten portugiesischen Schriftstellers des 20. Jahrhunderts ist viel sinniert worden.
Pessoa verbrachte seine Kindheit in Südafrika, wuchs dort zweisprachig auf und verfasste schon damals Gedichte. Mitunter wird behauptet, der zur Vereinsamung neigende Pessoa habe sich mit seinen Heteronymen einen **Kreis von Freunden** geschaffen. Die wichtigsten waren neben Álvaro de Campos der als bukolischer Dichter bezeichnete Alberto Caeiro und Ricardo Reis, ein Arzt aus Porto, der neoklassizistische Gedichte schrieb. Bernardo Soares war ein Halbheteronym, das immer dann in Erscheinung trat, wenn Fernando Pessoa müde und schläfrig war. Jeder von ihnen hat einen fest umrissenen Charakter, ein bestimmtes Aussehen, ein Geburtsdatum, einen Geburtsort und mehr noch: Pessoa hat sogar **Horoskope** für sie aufgestellt.

Álvaro de Campos entstammte einer jüdischen Familie. Nach dem Besuch des Gymnasiums machte er in Glasgow eine Ausbildung zum **Schiffsbauingenieur**. Eine längere Reise führte ihn in den Orient. 1914 kehrte er zurück und lebte in Lissabon, wo er einen Großteil seiner Zeit dem **Nichtstun** widmete, einen anderen Teil seiner dichterischen Arbeit. Er war Anhänger einer »nicht-aristotelischen Ästhetik« und schrieb in diesem Sinne seine **Dichtungen**.
Die Heteronyme standen untereinander in engem Austausch und mit Pessoa führten sie ebenfalls Diskussionen. Von Álvaro de Campos weiß man, dass er in **Lissabonner Avantgardekreisen** verkehrte, die die Bürger der Stadt in einigen Aufruhr versetzten. Er soll sich mit Alberto Caeiro gut verstanden haben, widmete ihm sogar eine Schrift. Stärker noch fühlte er sich dem Dichter Fernando Pessoa verbunden. Die »Geistesverwandtschaft« muss derart eng gewesen sein, dass Álvaro de Campos 1935, in Pessoas Todesjahr, ebenfalls das Zeitliche gesegnet hat.

### Zeitgenössisches und Uraltes

Palácio da Galeria

In dem alten Stadtpalast hat das Stadtmuseum seinen Sitz. Außerdem werden in dem schönen Gebäude Wechselausstellungen präsentiert, die fast immer Regionales zum Thema haben – die algarvische Esskultur, das Leben in Tavira unter der Salazar-Diktatur etc.
Interessant ist ein Stück Stadtgeschichte im Eingangsbereich: Unter Glas sind im Fußboden Relikte der phönizischen Siedlung zu sehen, deren Kern hier oben neben der Burg lag. Zu jener Zeit war der untere Teil des heutigen Tavira noch von Flusswasser überflutet.
Calçada da Galeria | Di.–Sa. 9.30–13, 14–16.30 Uhr | Eintritt: 2 €

### Einzigartiger Fund

Núcleo Islâmico

Um das maurische Tabira geht es in dieser Ausstellung neben der Touristeninformation. Erst 1995 fand man das Prunkstück des Hauses, ein Gefäß – höchst ungewöhnlich gestaltet –, das ganz in der Nähe des Gebäudes die Jahrhunderte im Boden überdauert hat. Einmalig auch in der arabischen Welt, wurde es als **»Vaso de Tavira«** 2014/2015 im Louvre ausgestellt.
Praça da República | Di.–Sa. 9.30–13, 14–16.30 Uhr | Eintritt: 2 €

### Auf der anderen Seite des Gilão

Am nördlichen Flussufer

Hat man den Rio Gilão auf der alten Brücke überquert, steht man schon in der schmalen Rua 5 de Outubro: Souvenirläden links und rechts der Straße, dann an der **Praça Dr. Padinha** Pastelarias und Restaurants. Die Igreja de São Paulo am Platz ist ursprünglich eine Renaissancekirche, innen hat sie schöne Malereien aus dem 15. und 16. Jahrhundert. In die schmucken kleinen Tavira-Häuser im flussnahen Viertel sind in den letzten Jahren jede Menge kleine Lokale, Bars und Geschäfte eingezogen.
Ebenfalls stimmungsvoll ist der ruhige **Largo de São Brás** mit einer Grünanlage und der Capela de São Brás, einer von etlichen kleinen Kapellen in der Stadt.

## Rund um Tavira

### An den Strand!

Ilha de Tavira

Mit diesen Sand-Pfunden kann Tavira wuchern, ein kilometerlanger flacher Dünenstreifen mit einem weißen Strand, der gar nicht wieder aufhört. Die Brandung ist nicht zu stark, Baden ist auch für Kinder möglich. Die vorgelagerte Ilha de Tavira ist von der Stadt aus per Boot zu erreichen: Die kleinen **Fähren** starten am rechten Ufer des Rio Gilão ein Stück hinter der alten Markthalle. Einen zweiten Fähranleger gibt es bei Quatro Águas knapp 2 km flussabwärts. Südwestlich von Tavira kommt man bei Santa Luzia (Pedras d'El-Rei) auch über eine schmale Fußgängerbrücke zur Insel hinüber (siehe unten).

**Zu Fuß auf die Insel**

Santa Luzia

Das alte Fischerdorf Santa Luzia, 3 km südwestlich von Tavira, zieht sich an der Lagune entlang. Die Einheimischen waren früher auf Tintenfischfang spezialisiert, einige sind noch heute tätig. Dazu lassen sie Tonkrüge an Schnüren ins Wasser, die Tintenfische schätzen die Dunkelheit und gehen so in die Falle. Bunte Fischerboote liegen in dem Wattkanal, jenseits davon erstreckt sich die Ilha de Tavira. Am westlichen Rand von Santa Luzia bei der Feriensiedlung Pedras d' El Rei führt eine schmale **Fußgängerbrücke zur Insel** hinüber. Von dort kommt man weiter zu Fuß oder mit einer kleinen **Inselbahn** direkt zum Strand von Barril, wo in einer alten Thunfischersiedlung Restaurants, Lokale und Strandshops alle Wünsche erfüllen.

**Sommerfeeling**

Cabanas

Eine schöne Uferpromenade mit Cafés und Restaurants, der Blick über das flache Lagunenwasser auf die Insel – das kleine Cabanas zieht immer mehr Urlauber an. Genau genommen ist der Dünenstreifen gegenüber von Cabanas keine Insel, weil er weiter östlich ins Festland übergeht. Zu dem weiten, meist leeren Strand kommt man mit kleinen Booten, die an der Uferpromenade starten. Cabanas liegt 6 km östlich von Tavira.

# VILA DO BISPO

**Conselho:** Vila do Bispo | **Einwohnerzahl:** 1400

B 3

*Hier ist nichts los und bis zum »Ende der Welt« ist es nicht weit. Vila do Bispo liegt fast schon an Europas ultimativem Südwest-Kap, fernab von allen Aufregungen der Algarveküste. Wenn auch das Dorf selbst nicht gerade eine Sensation ist, gibt die spröde Umgebung doch Einiges an Natur und Kultur her.*

Heilige Maria vom Kap

Der Boden hier birgt Prähistorisches, Spuren vom Leben vor 40 000 Jahren legte man frei. Im Mittelalter hieß Vila do Bispo »Santa Maria do Cabo«, Heilige Maria vom Kap. Das Dorf war damit unmissverständlich auf das 10 km entfernte Cabo de São Vicente bezogen, der Name hatte Größe. Später wurde es dem Bischof von Faro als Geschenk übergeben und kam so zu seinem Namen Vila do Bispo, die Stadt des Bischofs. Auch das konnte sich sehen lassen. Aus der Kapheiligen und dem Bischofspräsent wurde im Lauf der Zeit ein ruhiges, unspektakuläres Landstädtchen, in dem nur die strahlend weiße Kirche – ganz klassisch am Dorfplatz – auffällt.

## Rund um Vila do Bispo

**Im Beritt von Heinrich dem Seefahrer**

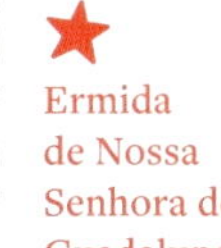

Ermida de Nossa Senhora de Guadalupe

Surfer haben rund um Vila do Bispo ihre Unterkünfte mit Transfer zu den besten Surfspots, Sightseeing-Touristen steuern ▶Sagres und das Cabo de São Vicente an. Heinrich der Seefahrer war in dieser Gegend viel unterwegs auf dem Weg zu seinem nautischen Zentrum am Kap; im Dorf **Raposeira** 2 km östlich von Vila do Bispo hatte er angeblich seinen Wohnsitz.

Östlich von Raposeira steht mitten in der Landschaft, nördlich der N 125, die Kapelle, in die er sich zum Gebet zurückgezogen haben soll. Die **älteste Kirche der Algarve** ist im 13. Jh. mit **frühgotischem Portal** und einer schlichten Rosette über dem Eingang gebaut worden, die Kapitelle im Innern zieren Menschen- und Tierköpfe. So still und außergewöhnlich ist dieser Ort, dass man fast noch den Genius des Seefahrers zu spüren meint. In einem Informationszentrum neben der Kirche werden kleine Ausstellungen gezeigt.

Mai–Sept. Di.–So. 9.30–13, 14–18.30, Okt.–Apr. 9–13, 14–17.30 Uhr

Ein ungewöhnlicher Ort mitten in der Landschaft und nur von wenigen Interessierten beachtet: die frühgotische Kapelle Nossa Senhora de Guadalupe

**Maßvoller Badetourismus**

Strände und Küstenorte

Über Raposeira kommt man zu den Stränden **Praia de Ingrina** und **Praia do Zavial**, kleine, vom Tourismus bisher nur wenig berührte Sandbuchten.

Von **Salema** – 8 km östlich von Vila do Bispo – hat der Tourismus schon seit Längerem Besitz ergriffen. Das alte Dorf mit einfachen kleinen Fischerhäusern, das im Wesentlichen nur aus einer Straße besteht, existiert noch. Rund um den alten Kern sind aber größere Hotels und Apartmenthäuser gebaut worden, auf der Höhe im oberen Ortsteil ist eine exklusive Apartmentanlage entstanden. Es gibt einen Ortsstrand, ruhiger geht es an der Praia da Figueira weiter westlich zu (Anfahrt über das benachbarte Figueira).

**Burgau,** 12 km östlich von Vila do Bispo, hat sich seine Ursprünglichkeit noch weitgehend bewahren können. Der kleine Ort zieht sich oberhalb einer relativ engen Bucht über die Klippen. In Burgau gibt es überwiegend einfachere Unterkünfte und ein vielfältiges gastronomisches Angebot.

# VILAMOURA

**Conselho:** Loulé

*Schwer zu sagen, wie viele Einwohner Vilamoura hat. Diese Stadt füllt sich und leert sich mit dem Wechsel der Saison, Feriengäste reisen an, reisen ab, Segeljachten laufen ein, laufen aus – eine reine Urlauberstadt. Schöne und Reiche aus allen Ländern sitzen beim Drink in der Marina. Golf, Segeln, eine Top-Immobilie: Viel nötiges Kleingeld ist in Vilamoura und Umgebung im Umlauf.*

Das »maurische Dorf«

Eine Stadt aus der Retorte: Das »maurische Dorf« ist ein Kunstprodukt, in den 1970er- und 1980er-Jahren als exklusives Ferienziel mit Luxusunterkünften und vielen Freizeitmöglichkeiten um den Jachthafen angelegt. Nicht schlecht gemacht ist das – die Häuser von Vilamoura verteilen sich über eine weite begrünte Fläche, flache Apartmentsiedlungen breiten sich aus, im Zentrum aber auch ein paar Hotelblöcke. Deutlich merkt man, dass Planer am Reißbrett aktiv waren, organisch gewachsen ist hier nichts. Die Bebauung wird durchzogen von breiten Straßen, die im Halbrund oder hufeisenförmig angelegt sind, sodass einen der Ortssinn im Nu verlässt. In unmittelbarer Nähe gibt es mehrere Golfplätze, unzählige Tennisplätze, Reitmöglichkeiten, und natürlich können alle Arten von Wassersport ausgeübt werden. Bars, Nachtklubs, ein Casino – alles ist da.

## VILAMOURA ERLEBEN

**AKVAVIT €€€/€€€€**
Das Akvavit ist weithin bekannt. Das alteingesessene Restaurant ist im Jachthafen zu finden und hat einen passenden maritimen Charakter. Fisch, Meeresfrüchte und Cataplanas sind im Angebot und es gibt eine große Weinkarte.
Marina de Vilamoura
Tel. 289 38 07 12
www.restauranteakvavit.com

**HOTEL LONGEVITY CEGONHA COUNTRY CLUB €€/€€€**
Schöne Unterkunft in ruhiger Lage nordwestlich von Vilamoura mit 32 Zimmern, Suiten und Familienapartments. Für Gesundheit, Fitness und Wellness gibt es einen Pool, einen großzügigen Spabereich und Fitnessgeräte.
Tel. 289 30 08 50
www.cegonhacountryclub.com

## Wohin in Vilamoura?

### Maritimes Flair

Marina

Der Jachthafen ist das Ein und Alles in Vilamoura. Er ist als einer der größten und **komfortabelsten Sporthäfen Europas** bekannt. Fast 1000 Liegeplätze stehen für luxuriöse Jachten und einfache Jollen zur Verfügung. Das Publikum ist international, manchmal prominent. Es wird flaniert, man zieht durch Sportshops und Boutiquen, sitzt in Restaurants, Cafés und Lounges. Portugals früherer Nationalfußballer Luís Figo hat hier seine Decklounge 7, benannt nach seiner Rückennummer – der junge Figo war mit seinen Eltern hier immer in den Ferien, und noch aus der Zeit ist er Vilamoura verbunden. Mit einer eigenen Location in der Marina hat er sich einen Traum verwirklicht.

### Römischer Lagunenhafen

Cerro da Vila Estação Arqueológica

Historisch ist Vilamoura nicht uninteressant. Der Küstenverlauf war vor Jahrhunderten an dieser Stelle ganz anders. Zu römischer Zeit, zwischen dem 1. und 5. Jh. n. Chr., muss es hier einen Hafen an einer Lagune gegeben haben, von dem aus man aufs offene Meer fahren konnte. Archäologen stießen auf **Reste eines Patrizierhauses** und mehrerer kleinerer Häuser, auf Badeanlagen, Brunnen und Wasserreservoirs, die auf dem Ausgrabungsgelände besichtigt werden können. Erhalten sind schöne Mosaike aus dem 3. Jh. n. Christus. Entdeckt wurden außerdem Spuren späterer Kulturen; deswegen weiß man, dass auch die Westgoten zwischen dem 5. und 8. Jh. und die Araber vom 8. bis 11. Jh. den Ort genutzt haben. Die ausgegrabenen Gegenstände werden in einem **Museum** gezeigt.
tgl. 9.30–12.30 und 14–18 Uhr | Eintritt: 3 €

**SONNENUNTERGANG AM FALÉSIA-STRAND**

Gelb gleißend rückt die Sonne Richtung Horizont, gleich wird sie verschwinden. Die Wasserflächen am Wellensaum schimmern in seidigem Perlmutt. Der Himmel wird grapefruitfarben, die Schatten im Sand matt lila. Hinten leuchtet die Felswand in Ockertönen. Ein großer Farbenrausch – das müsste man malen können!

**Minigolfen**

Family Golf Park

Wem die Zeit lang wird, der kann die interessant gemachte Superminigolfanlage Family Golf Park aufsuchen – Minigolf in »römischem Ambiente«.

R. dos Marmeleiros | Febr., März, Nov. tgl. 10–18, April–Juni, Sept., Okt. bis 19, Hochsaison teilweise bis 24 od. 1 Uhr, Dez., Jan. geschl. | Eintritt: 17,50 € (Kinder 12,50 €) | https://familygolfpark.pt

## Rund um Vilamoura

**Touristenhochburg**

Quarteira

Quarteira ist alles andere als schön – eine nüchterne Hochhausstadt ähnlich wie Armação de Pêra und Praia da Rocha. 14 000 Menschen leben hier an einem wunderbaren langen Sandstrand. Eine Urlaubsbleibe direkt an der Uferstraße Avenida Infante de Sagres mit Blick aufs offene Meer hat möglicherweise ihren Reiz, bekommt man aber eine Unterkunft in der zweiten Reihe, ist nicht mehr viel Schadenersatz zu bieten. An der Uferstraße gibt's jede Menge Strandcafés, ein großes Unterhaltungs- und Freizeitangebot macht Quarteira für manche attraktiv – vor allem Portugiesen machen gerne hier Urlaub.

**Kühles Vergnügen**

Wasserpark

Der Aquashow Family Park (mit Outdoor- und Indoor-Bereich) an der N 396, die von Quarteira nach Nordosten führt, ist ein gutes Ausflugsziel für Familien, wenn der Strand mal zu langweilig wird.
Mai 10–17, Juni, Sept. bis 17.30, Juli, Aug. bis 18 Uhr, Indoorbereich ganzjährig tgl. 10–18.30 Uhr | Eintritt: ab 30 € (Kinder ab 20 €) | https://aquashowpark.com

**Einfach nur traumhaft schön**

Praia da Falésia

Die Praia da Falésia leuchtet, ihre **rötliche Felswand** macht sich am besten in den Abendstunden zur Sonnenuntergangszeit. Über mehrere Kilometer zieht sie sich an einem feinen Sandstrand entlang, Wind und Wetter haben in dem weichen Sandstein Felstürme und -spitzen und tiefe Schluchten gebildet. Der gepflegte weite Strand ist groß und bietet immer ausreichend Platz, obwohl oben auf den Klippen ein paar größere Hotels und Apartmentanlagen stehen. Er zieht sich westlich von Vilamoura über 5 km bis ►Olhos de Água.

# VILA REAL DE SANTO ANTÓNIO

**Conselho:** Vila Real de Santo António | **Einwohnerzahl:** 11 750

*Handtücher, Tischdecken, Bettlaken – nirgends sonst haben Sie eine so große Auswahl an Haushaltstextilien wie in dieser Stadt. Vila Real de Santo António wird viel von Spaniern besucht, die einen Tagestrip über den Grenzfluss machen und abends mit vollen Tüten zurückkehren. Wenn Sie ohne Kaufabsichten in die Kleinstadt kommen, können Sie ein kurzes Sightseeing machen, sind aber bestimmt nachhaltig beeindruckt von den Stoffmengen, die hier vor den Geschäften aufgebaut sind.*

Ein Schachbrett am Fluss mit langen geraden Straßen, durch die man bis zum Ende gucken kann. In einer Straße ist Einbahnverkehr in die eine Richtung, in der nächsten in die andere, immer im Wechsel. Bevor man sich in den völlig überschaubaren Straßen hoffnungslos verirrt, parkt man am besten gleich am Fluss – Spanien im Blick. Vila Real de Santo António liegt ganz im Osten der Algarve am Guadiana, also an der spanischen Grenze, und ist mit dem spanischen Ayamonte am gegenüberliegenden Ufer durch eine Fähre verbunden. Seitdem es wenige Kilometer nördlich eine Autobahnbrücke gibt, fahren die Schiffe seltener hin und her. Wer gern auf dem Fluss schippern möchte, unternimmt am besten eine organisierte Guadiana-Bootstour.

**Alles blanko – Stadtgründung aus dem Nichts**

Am Reißbrett geplant

Jung ist die Stadt, angelegt wurde sie erst 1774 anstelle eines Ortes namens **Santo António da Arenilha**, der Anfang des 17. Jh.s durch eine **Flutkatastrophe** zerstört worden war. Santo António da Arenilha war ein Fischerstädtchen, das gleichzeitig auch Verteidigungs-

Die Praça do Marquês de Pombal, quadratisch und mit strahlenförmigem Mosaik

funktion gegen Angriffe aus dem nordafrikanischen Raum hatte. Der kleine Ort verfügte über eine Befestigungsanlage, von der noch im 19. Jh. einige Türme erhalten waren. Vila Real de Santo António ist keine Rekonstruktion dieses früheren Städtchens, sondern eine unter dem Marquês de Pombal (▶Interessante Menschen) **vollkommen neu gebaute Stadt**. In nur fünf Monaten wurde sie errichtet. Die Besiedlung erfolgte teilweise durch Fischer aus Aveiro an der portugiesischen Westküste, die dort die Fischerei hatten aufgeben müssen, nachdem der Ort durch ein Unwetter vom Meer abgeschnitten worden war. Andere neue Bewohner kamen aus verschiedenen Regionen der Algarve, u. a. aus dem nahe gelegenen Dorf Monte Gordo. Die Umsiedlung fand unter massivem Druck von Regierungsseite statt. Innerhalb kurzer Zeit setzte durch Subventionen ein Wirtschaftsaufschwung ein. Schon 1777 hatte Vila Real de Santo António rund 5000 Einwohner.

**Ein Schachbrett wie bei den alten Griechen**

Stadtanlage

Wie Vila Real de Santo António an sein Schachbrett kam? Die wohlgeordnete Stadtanlage war der Plan des Marquês de Pombal, der zuvor in gleicher Manier die Unterstadt von Lissabon nach dem Erdbeben von 1755, bei dem die portugiesische Hauptstadt weitgehend zerstört worden war, hatte aufbauen lassen. Wie auch in Lissabon ist der Ortskern von Vila Real de Santo António als Schachbrettanlage konzipiert worden – ein städtebauliches Prinzip, nach dem man bereits in Griechenland im 5. Jh. v. Chr. Städte angelegt hatte. Da es sich um einen völligen Neuaufbau handelte, konnte man ein derartiges Konzept durchgängig verfolgen. Es entsprach der Weltanschauung des Marquês de Pombal, der als bedeutendster Vertreter des aufgeklärten Absolutismus in Portugal gilt – eine vergleichsweise rational erscheinende, strenge Überschaubarkeit und Funktionalität waren grundlegendes Prinzip. Nach dem Marquês de Pombal wird der historische Ortskern auch als **Pombalinisches Zentrum** bezeichnet.

## Wohin in Vila Real de Santo António?

**Das quadratische Herz der Stadt**

Praça do Marquês de Pombal

Hübsche kleine Orangenbäume, die im Frühjahr einen unvergleichlichen Duft über den Platz legen, und viele Restaurants und Straßencafés – hier lässt es sich aushalten. Der große Platz ist das Zentrum von Vila Real de Santo António und es gibt immer etwas zu beobachten. Die großzügige, quadratische Platzanlage ist 1879 mit einem strahlenförmigen Bodenmosaik versehen worden. Die Strahlen nehmen ihren Ausgang an dem **Obelisken** in der Mitte, dessen Spitze mit der Krone und der Armillarsphäre versehen ist. Er wurde 1775 für **José I.** aufgestellt, in dessen Regierungszeit Vila Real de Santo António entstand und viele Reformen im Bildungswesen und in der Landwirtschaft durchgeführt wurden. Der Platz ist von niedrigen, relativ gleichförmig gebauten Häusern umstanden – schöne einfache Barockarchitektur. Aus der Häuserfront hebt sich nur die Igreja Paroquial heraus, die in das barocke Konzept eingepasst wurde. In einem der Stadthäuser wurde eine Pousada eingerichtet.

### Am Fluss

Avenida da República

Die Avenida da República zieht sich etwa 1 km am Flussufer entlang. Flaneure können den Blick über den Jachthafen und den Fluss auf die spanische Seite und auf Ayamonte schweifen lassen. Das einzige höhere Gebäude an der Avenida, das wunderbare Jugendstilhotel Grand House, hat fast eine etwas urbane Ausstrahlung. Am Flussufer zeigt eine Skulptur von João Cutileiro den Marquês de Pombal.

## Rund um Vila Real de Santo António

### Sonnenbaden und Nachtschwärmen

Monte Gordo

Strand genießen, shoppen, chillen – Monte Gordo, der westliche Nachbarort von Vila Real de Santo António, ist das einzige größere **Touristenzentrum** östlich von Faro. Der kilometerlange breite Sandstrand ist wunderbar und der Grund dafür, dass in diesem früheren Fischerort große Hotels und Apartmentblöcke direkt an den Atlantik gesetzt wurden – wie sonst nur im zentralen Teil der Algarveküste. Urlauber haben es mit einer guten touristischen Infrastruktur zu tun: viele Geschäfte, Restaurants, Bars, Klubs und ein Casino.

### Lieblingsstrand

Manta Rota

Bei Manta Rota 10 km westlich von Vila Real de Santo António endet das Lagunensystem der Ria Formosa, das Dorf liegt also direkt am offenen Meer. Und wieder dieser Strand: schier endlos zieht er sich bis nach Monte Gordo. Der bekannteste Strandabschnitt ist die von einem Pinienwäldchen gesäumte **Praia Verde** zwischen Manta Rota und Monte Gordo. Die Küste steigt hier ganz leicht an, was ungewöhnlich in der Sandalgarve ist.

### Ein Kleinod auf der Steilküste

Cacela Velha

Cacela Velha ist eine dieser unbekannten Perlen am Rande des großen Geschehens. Inzwischen hat sich ihre Schönheit herumgesprochen, bestes Zeichen dafür ist der große Parkplatz am Dorfrand, der fast so groß ist wie das Dorf selbst. Es sind in erster Linie Tagestouristen, die eine Stippvisite machen. Cacela Velha war eine bedeutendere Ortschaft mit einer Burganlage auf der Höhe über der Lagune. Eine Anhöhe in dieser flachen Gegend war strategisch früher hochwillkommen, also lag es nahe, hier zu siedeln. Vermutlich geht das

## VILA REAL DE SANTO ANTÓNIO ERLEBEN

### TURISMO DE VILA REAL DE SANTO ANTÓNIO
Rua Conselheiro Frederico Ramirez 12

### TURISMO DE MANTA ROTA
Praça da Manta Rota 1
Tel. 281 95 27 50

### RIOSULTRAVEL
Mehrmals wöchentlich Ausflüge auf dem Guadiana mit relativ kleinen Booten. Auch Jeeptouren ins Hinterland werden organisiert.
Tel. 281 51 02 00
https://riosultravel.com

Das Nachtleben in dieser Gegend findet in Monte Gordo statt. Dort gibt es außer Bars und Klubs auch ein Casino.

### RESTAURANTE ANG €€
Man bekommt gute portugiesische Küche, aber auch Pizza, und sitzt schön luftig auf einer Terrasse direkt an der kleinen Marina.
Av. da República, direkt neben dem Fähranleger

### GRAND HOUSE €€€€
Charmantes Jugendstilhotel an der Flusspromenade – ein Traditionshotel ist zu neuem Leben erweckt worden. Die Zimmer sind stilvoll, viele mit Blick auf Fluss und Jachthafen.
Avenida da República 171
Tel. 281 53 02 90
https://grandhousealgarve.com

### POUSADA VILA REAL DE SANTO ANTÓNIO €€/€€€€
In einem der alten Stadthäuser am Hauptplatz von Vila Real de Santo António wurde eine schöne Pousada mit viel Geschmack eingerichtet. Es gibt drei Pools, einer davon ist auf der Dachterrasse.
Praça do Marquês de Pombal 30
Tel. 281 24 91 20
www.pousadas.pt

### COMPANHIA DAS CULTURAS €€/€€€
Im Hinterland zwischen Monte Gordo und Altura ist diese schöne Adresse zu finden: sechs Zimmer und zwei Suiten, stilvoll-ländlich gestaltet. Ein Hamam und Yoga sind auch im Angebot für Interessierte.
Fazenda S. Bartolomeu, Rua do Monte Grande
Tel. 960 36 29 27
www.companhiadasculturas.com

Dorf auf eine phönizische Gründung zurück. Außergewöhnlich schön ist der **Kirchenvorplatz**, von dem aus man einen weiten Blick hinunter auf die Lagune, die vorgelagerten Inseln und das offene Meer hat. Die Kirche aus dem 16. Jh. besitzt ein hübsches Renaissanceportal und ein gotisches Seitenportal. Ansonsten besteht das Dorf nur aus wenigen Häusern, Ausflügler finden ein paar Lokale, in denen man nett sitzt. Cacela Velha liegt 2 km westlich von Manta Rota.

# H

# HINTER-GRUND

*Direkt, erstaunlich, fundiert*

Unsere Hintergrundinformationen beantworten (fast) alle Ihre Fragen zur Algarve.

Draußen auf der Mole sitzen und zusehen, wie die Fischerboote rausfahren auf's Meer ▶

# DIE REGION UND IHRE MENSCHEN

*Atemberaubend schöne Küsten, eine üppige Vegetation und 3000 Sonnenstunden im Jahr bescheren Portugals südlichster Provinz seit Jahrzehnten wahre Urlauberströme. Davon profitiert die gesamte Region, dadurch ist sie aber auch nachhaltig auf den Kopf gestellt worden – sowohl die Landschaft als auch die Menschen, die hier leben und arbeiten, haben sich verändert.*

## Unerwartet vielfältig: die Landschaften der Algarve

Wasser an drei Seiten

Die Algarve ist klein, sie bringt es noch nicht einmal auf ein Zehntel von Bayern, Schleswig-Holstein ist etwa dreimal so groß. Dafür ist die Region extrem vielfältig, was man nach einem Blick in die üblichen Reiseprospekte kaum vermutet. Sie ist an drei Seiten von Wasser begrenzt: im Westen und im Süden vom Atlantik, im Osten bildet der Guadiana die Grenze zu Spanien. Im Norden liegen zwei Gebirge: die Serra de Monchique und die Serra do Caldeirão. Grob kann man die Algarve in einen schmalen, teils sehr touristischen Küstenstreifen **Litoral**, das Vorgebirge **Baroccal** und die wenig besiedelten und touristisch kaum erschlossenen Bergregionen, die **Serra**, unterteilen.
Allein die **Küste** hat alle Varianten zwischen steiler Felsküste und flacher, düniger Sandstrandküste. Nördlich des Küstenstreifens beginnt schnell das **leicht hügelige Hinterland:** weite Hänge mit Korkeichen, Feigen und Olivenbäumen, Mandel- und Orangenplantagen, rote Mohnwiesen – im Winter und im Frühjahr grünt und blüht hier alles. Nach Westen wird es mit zunehmendem Einfluss vom Atlantik karger, an der Westküste wachsen nur noch niedrige Büsche und Macchia. In den Bergen gibt es schattige Wälder mit Eukalyptus, Kastanien und Steineichen, weiter oben widerstandsfähige Zistrosen.

Westküste – nichts als Natur

Hier endet Europa! Ein breites Felsplateau fällt ca. 60 m abrupt zum Atlantik ab: Das spektakuläre und sagenumwobene Cabo de São Vicente ist der **südwestlichste Punkt** des europäischen Festlands. Das nach dem heiligen Vinzenz benannte Kap ist auch der südliche Endpunkt der **Costa Vicentina**: eine raue Steilküste, die von großen Sandbuchten durchsetzt ist. Bis zu 150 m hoch stehen die Klippen über dem Meer. An diesem Küstenabschnitt rollt der Atlantik mit seiner ganzen Macht an, bricht sich an den Felsen und brandet in die Strandbuchten – für **Surfer** eine traumhafte Küste! Der gesamte westliche Küstenabschnitt der Algarve steht seit 1988 unter Naturschutz – die Küstenregion ist eine der intaktesten in Europa.

Die berühmte Felsalgarve

Das ist die wundervolle Küste, die der Algarve in den 1960er- und 1970er-Jahren die erste große Urlauberwelle brachte: Der westliche Abschnitt der Südküste – vom Cabo de São Vicente bis kurz vor Faro – wird als Felsalgarve oder auch **Barlavento** (Luvseite) bezeichnet, eine massive felsige Steilküste mit kleinen Sandbuchten oder längeren Stränden, die von malerischen Felsgruppen durchsetzt sind. Grotten und Höhlen, vorgelagerte Einzelfelsen und bizarre Klippenformationen – eine herrliche Küstenlandschaft zum Sonnen, Baden, Tauchen und für Bootsausflüge.

Sandalgarve: Strände ohne Ende

Wie auf einer Nordseeinsel im Wattenmeer fühlt man sich an manchen Stellen – nur dass die Inseln hier viel kleiner sind und es in der Sandalgarve wärmer ist. Sie liegt im Osten der Algarve und zieht sich etwa von Vale do Lobo bei Faro bis zur Guadiana-Mündung. Der Küstenabschnitt wird auch als **Sotavento** (Leeseite) bezeichnet, wohl weil er den rauen Atlantikeinflüssen weit weniger ausgesetzt ist als die Küste weiter westlich. Man findet hier einerseits kilometerlange, breite Sandstrände und andererseits ein ausgedehntes Lagunensystem. Das **wattenmeerartige Lagunengebiet** wird durch eine ca. 60 km lange **Inselkette** vom offenen Meer abgetrennt, die westlich von Faro beginnt

Das Kapital der Algarve: Felsen, Sandstrände und das Meer

Mit 3000 Sonnenstunden im Jahr kann die Algarve für sich werben.

und sich bis Manta Rota östlich von Tavira erstreckt. Zwischen den schmalen Inseln bestehen Anschlüsse zum Meer – teils durch natürliche Wasserarme, teils durch künstlich geschaffene Öffnungen, die immer wieder ausgebaggert werden. Durch Ablagerung von Sedimenten schließt sich die Lagune im Lauf der Zeit immer mehr. Die natürlichen Wasserstreifen zum offenen Meer versanden allmählich bzw. verlagern sich nach Osten. Durch den geringen Zufluss von Süßwasser aus dem Hinterland und die ständige Erneuerung des Lagunenwassers durch die Gezeiten ist der Salzgehalt in der Lagune sehr hoch. Das Zusammentreffen von relativ warmem flachem Wasser, lehmigen, weichen Böden und hohem Salz- und Sauerstoffgehalt durch den häufigen Austausch des Wassers schafft einen ganz außergewöhnlichen Lebensraum für eine sehr vielfältige Fauna und Flora. Daher ist das Lagunengebiet der Ria Formosa seit 1987 unter Naturschutz gestellt.

Aktiv in der Serra

Bergwandern oder über Serpentinen biken – wer verbindet das schon mit der Algarve? Die Serra macht's möglich. Und die Berge machen sogar den entspannten Badeurlaub möglich, denn sie spielen eine wichtige Rolle für das gesamte Algarveklima: Sie sind eine schützende Abgrenzung zum zentralen Teil Portugals, halten kalte, von Norden kommende Witterungseinflüsse auf und bewirken im südlichen Vorgebirgs- und Küstenbereich der Algarve klimatische Verhältnisse, die schon spürbar nordafrikanisch sind. Die ausgedehnte **Serra do**

**Caldeirão** steigt bis auf 589 m an, in der **Serra de Monchique** sind die höchsten Berge zu finden: der Fóia-Gipfel mit 902 m und der Picota-Gipfel mit 773 m. Der Sandstein aus den Bergen wird oft für Bauten in der Algarve verwendet und die heißen Quellen in der Serra de Monchique – durch Vulkanismus bedingt – werden zu Heilzwecken eingesetzt. Viele kleine Flüsse entspringen in den Bergen, die nach Süden zur Küste fließen; sie gewährleisten nach regenreichen Winter- und Frühjahrsmonaten eine einigermaßen ausreichende Wasserversorgung. Das kostbare Nass wird in mehreren Stauseen gespeichert.

Ruhe am Guadiana

Der Guadiana, der im Osten die Grenze zum benachbarten Andalusien bildet, ist der wichtigste Fluss der Algarve. Sein Name leitet sich vom arabischen Uadi-Ana (der Fluss Anas) ab. Er entspringt in Spanien in der Landschaft La Mancha und hat eine Länge von 830 km. Der Guadiana war in römischer Zeit bis hinter Mértola schiffbar, heute ist er nur noch auf den letzten 48 km zwischen Pomarão und Vila Real de Santo António mit kleineren Booten befahrbar. Die Breite beträgt zwischen 100 und 500 m, die durchschnittliche Tiefe knapp 5 m. In der Ruhe des Flusses wird gepaddelt, an seinen Ufern dem langsam dahinfließenden Wasser nachgeschaut – für Urlauber gibt es nichts Entspannenderes!

Auf unsicherem Boden

Südportugal wurde immer wieder von **Erdbeben** erschüttert. Die folgenschwersten Beben ereigneten sich Mitte des 14. Jh.s und in den Jahren 1531 und 1755 und nach wie vor kommt es zu geringen Erschütterungen. Der Grund dafür liegt 250 km südwestlich vor der Algarveküste im Atlantik: Dort stoßen die eurasische und die afrikanische **Kontinentalplatte** aufeinander und sorgen für Unruhe.

## Pflanzen im Süden Portugals

Für Pflanzenliebhaber

Wer Pflanzen mag, sollte zeitig im Frühjahr in die Algarve fahren. Ab Dezember wird alles, was zuvor braun und verbrannt war, wieder grün. Im **Januar und Februar blühen als Erstes die Mandelbäume**. Vor allem in der Serra de Monchique findet man eine ausgesprochene Artenvielfalt, aber auch die unbebauten Abschnitte der Küste bieten Diverses. Besonders interessant sind die unter Naturschutz gestellten Gebiete der Ria Formosa und der Costa Vicentina. In diesen Regionen konnte sich auf sehr großen zusammenhängenden Flächen relativ ungestört eine mannigfaltige Flora und Fauna entwickeln und erhalten. Zudem gedeihen in der Algarve viele exotische Pflanzen aus verschiedenen Regionen der Erde. Durch die Entdeckungen im 15. und 16. Jh. wurden etliche Pflanzen aus Übersee nach Portugal gebracht und sind seitdem hier verbreitet. In den Jahrhunderten zuvor kamen mit den Römern und Arabern Pflanzen aus dem gesamten Mittelmeerraum nach Südportugal.

# DER SCHNEE DER ALGARVE

*Man stelle sich die Algarve ohne Mandeln vor. Kein schneeweißes Blütenmeer im Januar/Februar. Keine abgefallenen Blütenblätter, die durch die Luft gewirbelt werden. Auf den Märkten kein Mandelverkauf. Keine süßen, keine salzigen, keine gerösteten, keine gebrannten Mandeln. Und: keine Köstlichkeiten aus Marzipan.*

Eben diesen mandellosen Zustand hat es in der Algarve einst gegeben, bevor ein arabischer Emir sich in die Schwedin Gilda verliebte. Die packte ihre Siebensachen und kam zu ihm in die warme Sonne des Al-Gharb. Es wurde geheiratet und sie sollen sehr glücklich gewesen sein. Aber irgendetwas bedrückte die Schwedin schon im ersten Winter. Auch im zweiten war sie wortkarg und verschlossen, im dritten wurde sie richtig traurig.

## Der einfallsreiche Emir

Stundenlang starrte sie in die üppig grüne Umgebung des Kastells und sprach kein Wort. Der Emir zog ihre Dienerin ins Vertrauen. Die wusste längst, was los war: Der Schwedin fehle schlicht der **Schnee ihrer Heimat,** meinte sie. Ihr Heimweh nach nordischen Gefilden verschlimmere sich mit jedem Winter.

Der verliebte Emir erschrak, erwies sich aber als außerordentlich einfallsreich und ließ aus seiner Heimat heimlich **Tausende von Mandelbäumen** kommen. Ein Schiff nach dem anderen landete an und lud »Prunus Amygdalus«-Bäumchen ab. In Windeseile wurden sie gepflanzt, ohne dass die vom Heimweh geplagte Gilda etwas mitbekam. Die Überraschung war perfekt: Als im nächsten Januar die vielen Tausend Mandelbäume blühten, führte der Emir seine Schwedin auf die Burgmauer. Von oben sah man in ein endloses weißes Meer von Mandelblüten. Dies sei der **Schnee des Al-Gharb**, meinte der spendable Emir stolz. Und die verblüffte Schwedin? Sie soll glücklich gewesen sein angesichts der schneeweißen Blüten und beim **leisen Rieseln** der verwelkten Blütenblätter.

Mandelbäume

»Zur Mandelblüte in die Algarve« – dieser Baum kann Anlass für Winterreisen sein! Der Mandelbaum (Prunus dulcis; port. amendoeira) kündigt mit seinen **weißen und zartrosa Blüten** schon im Januar den Frühling in der Algarve an und beherrscht dann mit zartgrünem Laub die Landschaft. Die Blütezeit liegt zwischen Mitte Januar und Ende Februar. Die Mandeln (port. amêndoas) sind schon direkt nach der Blüte zu sehen, im April sind sie ausgewachsen und zwischen Juni und August werden sie geerntet. Danach wird das Laub der Mandelbäume trocken und unansehnlich, wird aber erst im Winter abgeworfen.

Olivenbäume

Die knorrigen, langsam wachsenden Olivenbäume (Olea europaea) sind in der Algarve wie im gesamten mediterranen Raum sehr häufig zu finden. Oliven- oder Ölbäume können bis zu **4000 Jahre alt** werden. Olivenbäume sind seit Urzeiten als Kulturpflanze bekannt, sie galten früher als Symbol des Reichtums. Die Blütezeit lieg im Mai und Juni. Lange trockene Sommer sind für die Ausreifung der Früchte unerlässlich. Im November beginnt die Ernte der Oliven, aus denen das Öl gewonnen wird. Die Ernte geht bis in den März hinein. Im Verlauf der Reifung wechseln die Früchte ihre Farbe von Grün nach Schwarz. Bereits die **Römer** brachten Olivenbäume nach Portugal, erst die **Mauren** aber widmeten sich den Oliven und der Herstellung von Olivenöl. Diese Entwicklung lässt sich übrigens exakt in der portugiesischen Sprache nachvollziehen: Olivenbaum heißt auf Portugiesisch »oliveira«, was lateinischen Ursprungs ist, Oliven sind dagegen »azeitonas« und Olivenöl ist »azeite«, beide Wörter leiten sich aus dem Arabischen ab.

Johannisbrotbäume

Charakteristisch für die Algarvelandschaft sind auch Johannisbrotbäume (Ceratonia siliqua), die man hier seit einiger Zeit systematisch kultiviert. In der Algarve haben sie durch die hohe Sonnenscheindauer ideale Bedingungen. Sie bilden **große braune Schoten**, die sehr **nährstoffreich** und als Tierfutter geeignet sind.

Erdbeerbäume

Oft sieht man in der Algarve Erdbeerbäume (Arbutus unedo), die zu den Erikagewächsen gehören. Sie werden nur 2–3 m hoch, haben ledrige Blätter und wachsen häufig am Straßenrand. Die Bezeichnung leitet sich von den Früchten ab, die durch Farbe und Form ein wenig an Erdbeeren erinnern. Aus ihnen wird der **Medronho** hergestellt, ein klarer Schnaps (▶Baedeker Wissen, S. 146).

Orangenbäume und Zitronenbäume

Einen frisch gepressten, mildsüßen Orangensaft bekommen Sie überall in der Algarve – kein Wunder bei den vielen Orangenplantagen! Eine Besonderheit von Orangenbäumen (Citrus sinensis) ist, dass sie gleichzeitig blühen und Früchte tragen. Die Blütezeit liegt zwischen Februar und Juni. Schon in diesen Monaten beginnen die

Früchte zu wachsen. Die kleinen **weißen Blüten** strahlen einen unglaublich **aromatischen Duft** aus, der bei entsprechenden Wetterlagen über der gesamten östlichen Algarve liegt, da hier die meisten Orangenplantagen zu finden sind. Geerntet werden die Orangen von Dezember bis März und vereinzelt sogar bis in den Sommer hinein.
Zitronenbäume (Citrus limonium) werden etwas seltener in Plantagen angebaut als Orangen. Sie haben größere Blätter als die Orange, ihre Blüte ist an den Spitzen ein wenig rosa gefärbt.

Feigenbäume

Charakteristisch für Feigenbäume (Ficus carica) ist die Form der Blätter, die gleichzeitig mit den Blüten treiben und meistens fünf symmetrisch angelegte Finger ausbilden. Im August reifen die grünen und dunkelvioletten Feigen, deren Mark essbar ist.

Granatapfelbäume

Die dornigen Granatapfelbäume (Punica granatum) sind im östlichen Mittelmeerraum beheimatet. Zwischen Mai und September tragen sie rote Blüten. Granatäpfel haben eine harte, lederartige Schale, die eine Vielzahl von Samen in einer fruchtfleischartigen Hülle enthält. Wegen der zahlreichen Samen gelten Granatäpfel als **Symbol der Fruchtbarkeit**. Sie werden im Oktober und November geerntet.

Japanische Mispeln

Japanische Mispeln (Mespilus japonica) gibt es erst seit knapp 200 Jahren in der Algarve und in Portugal. Ihre etwa pflaumengroßen tiefgelben Früchte (nêsperas) haben große braune Kerne, schmecken angenehm säuerlich und reifen im April, spätestens im Mai.

Korkeichen

Korkeichen (Quercus suber) sind für Portugals Wirtschaft wichtige Bäume – das Land ist der **weltweit größte Korkproduzent** (▶Das ist die Algarve, S. 12). Korkeichen bilden um den Stamm herum eine Schicht aus abgestorbenen Zellen, die einen Wasserverlust verhindern sollen und Temperaturschwankungen ausgleichen können. Die etwa 3 cm dicke Korkschicht kann abgeschält und weiterverarbeitet werden. Man beginnt mit dem Abnehmen der Korkschicht erst, wenn der Baum mehr als 20 Jahre alt ist. Die Schicht wächst nach und kann anschließend erst nach neun Jahren wieder geschält werden. Auf dem geschälten braunen Stamm findet sich die Endziffer der letzten Schälung: Eine Zwei bedeutet z. B., dass der Baum 2022 geschält wurde, seine Korkschicht also im Jahr 2031 wieder abgenommen werden kann.

Steineichen

Wie Korkeichen sind auch Steineichen (Quercus ilex) immergrün. Man erkennt sie an den dunkelgrünen ledrigen Blättern, die auf der Unterseite weißlich-filzig schimmern. Steineichen kommen teilweise als zusammenhängende Wäldchen vor. Wachsen sie allein stehend, können sie eine sehr üppige Krone ausbilden.

Keine Bäume, sondern die Blüten der Agave

Eukalyptus

Eukalyptus (Eucalyptus globulus), den man in den bergigen Regionen sehr häufig sieht, kommt ursprünglich aus Australien. In Portugal trifft er auf ein vollständig anderes ökologisches System als in Australien. Eukalyptusbäume tragen in Portugal mit zur Verwüstung weiter Teile des Landes bei, weil sie mit ihren langen Wurzeln Wasser selbst aus großen Tiefen aufnehmen. Sie wachsen schnell und brauchen erhebliche Mengen Wasser. Da sie zur **Papierherstellung** systematisch angebaut werden, droht das Austrocknen weiter Flächen. Eine durch Eukalyptus verwüstete Region ist auch nach Abholzen der Pflanzen erst nach rund 60 Jahren wieder in ihrem ökologischen Gleichgewicht.

Judasbäume

In Gartenanlagen oder am Straßenrand sind häufig Judasbäume (Ceris siliquastrum) zu sehen, die im März/April mit rosafarbenen Blüten gespickt sind und erst während der Blütezeit ihre **herzförmigen Blätter** bekommen. Später im Jahr erkennt man sie an den langen Schoten. An einem solchen Judasbaum soll sich **Judas** erhängt haben.

Mimose

Sehr hübsch ist die Acacia dealbata, die landläufig als Mimose bekannt ist. Im Februar und März bilden Mimosen unzählige gelbe Blütenköpfchen aus. Etwas Besonderes sind ihre **Blätter**, die sehr fein gefiedert sind und sich **bei Berührung zusammenziehen**. Manche Landbesitzer fürchten Mimosen, da sie sich sehr stark verbreiten.

## JACARANDABLÜTE

Mai in der Algarve. Nichtsahnend gehen Sie in irgendeiner Stadt durch die kleinen Straßen, biegen um eine Ecke – und stehen plötzlich auf einem fliederfarbenen Platz: Wolken von helllila Blütenbüscheln vor tiefblauem Himmel, vor leuchtend weißen Hausfassaden. Unter der Blütenpracht ein paar Bänke: Setzen Sie sich hin und genießen Sie das seltene Farbspiel!

**Jacarandabäume** Aus Brasilien stammen die Jacaranda- oder auch Palisanderbäume (Jacaranda mimosifolia), die zur Blütezeit von Mai bis Anfang Juli wunderschön **violettblau blühen**. Während der Blüte haben sie anfangs noch keine Blätter. Jacarandabäume werden in Portugal häufig als Straßenbäume oder in Parkanlagen gepflanzt.

**Schirmpinien** Die ausgesprochen dekorativen Schirmpinien (Pinus pinea) fallen durch ihre **ausladenden Kronen** auf. Man findet sie in kleinen Pinienwäldchen oder noch häufiger nur einzeln stehend, wobei ihre üppigen Schirmkronen besonders gut zur Geltung kommen. Die Samen in den großen Zapfen sind essbar, ihr Geschmack ist haselnussartig.

Norfolktannen gehören zu den Araukarien (Araukaria excelsa) und kommen ursprünglich aus Neukaledonien. Sie werden in Portugal häufig in Parks angepflanzt. Man erkennt sie leicht an ihrer charakteristischen Form: Ihre Nadeln sind wie lauter kleine **Handfeger** übereinander gestaffelt.

Norfolktannen

Unter den Palmen sieht oder sah man in der Algarve besonders häufig Kanarische Dattelpalmen (Phoenix jubaea canariensis). Vor einiger Zeit hat der **Rüsselkäfer** den Bäumen schwer zugesetzt, ein Großteil des Palmenbestandes ist vernichtet. Ursprungsregion der Kanarischen Dattelpalmen sind die Kanarischen Inseln, von dort aus verbreiteten sie sich über den gesamten Mittelmeerraum. Sie sind an den kleinen gelborangen Früchten zu erkennen, die in langen Büscheln zwischen den Palmwedeln hängen und nicht giftig, aber auch nicht genießbar sind.

Kanarische Dattelpalmen

Agaven (Agavae americana), die aus Portugal und den Mittelmeerländern heute nicht mehr wegzudenken sind, wurden erst in der Zeit der Entdeckungen aus Amerika nach Europa gebracht. Charakteristisch ist der dekorative **baumhohe Blütenstand**. Wenn eine Agave geblüht hat, sterben Blüte und Blätter ab. Allerdings bleiben die Wurzeln erhalten, aus ihnen entstehen immer wieder neue Pflanzen.

Agaven

Unter den Sträuchern gibt es in der Algarve Zistrosen (Cistus ladanifer) besonders oft. In höheren Regionen sieht man zwischen Ende März und Juni ein Meer aus weißgelb blühenden, niedrigen Sträuchern. Die Blüten wirken wie zerknittert, die Blätter glitzern klebrig.

Zistrosen

## Die Algarve-Tierwelt

Während durch die ausufernde Bebauung an der Küste der Lebensraum für Tiere größtenteils zerstört wurde, gibt es in den Bergen und in den Naturschutzgebieten noch relativ gute Lebensbedingungen auch für seltene Tierarten. Hier kann man eine recht große Artenvielfalt beobachten.

Bedingungen für Tiere

Jedes Jahr findet ein **Birdwatchingfestival** in Sagres statt – viel zu beobachten also in der Westalgarve! Aber auch anderswo lohnt es sich, Ausschau zu halten: Die unter Naturschutz gestellte Sumpfzone bei Castro Marim ist für Flamingos bekannt. An geschützten Stellen in den Lagunen kann man Reiher, Fischadler, Schnepfen, Austernfischer, Eisvögel, Purpurhühner und Regenpfeifer beobachten. Bis in die Städte hinein kommen Störche, um dort zu nisten. In Wäldern findet man Blauelstern, in den Obstgärten des Algarvehinterlandes

Vögel

Heckensänger. Eine Rarität sind mittlerweile Blauracken, ihr Bestand ist in Portugal stark zurückgegangen. Manchmal sind auch noch Bienenfresser zu sehen, die ihre Brutplätze in den Steilküsten haben.

Schmetterlinge

Von weltweit 200 000 Schmetterlingsarten leben in Portugal rund 1600. In der Algarve zählt man nur etwa 300 Schmetterlingsarten, darunter Nachtpfauenauge, Eichenspinner, Totenkopfschwärmer, Admiral, Bläuling, Taubenschwänzchen, Schwalbenschwanz, Segelfalter und Zitronenfalter. Die Algarve ist für Schmetterlinge **kein besonders günstiger Lebensraum**. Große Teile sind stark zersiedelt, und die geschützten Gebiete befinden sich in Meernähe, wo Schmetterlinge nur eine wenig brauchbare Vegetation finden. Aus nördlicheren, sehr artenreichen Regionen kommen kaum Schmetterlinge in die Algarve, sie werden durch die Gebirgszüge im Alentejo und in der Nordalgarve abgehalten.

Säugetiere

Säugetiere findet man in der Algarve hauptsächlich in der Nutztierhaltung, in erster Linie Esel, Ziegen, Schafe. An frei lebenden Säugetieren gibt es nur relativ wenige Arten, die vorwiegend in den Bergen leben, u. a. Wildschweine, Rehe und Füchse.

Reptilien

Unter den Reptilien sieht man am häufigsten Eidechsen, die oft auf Mauern sitzen und die Sonne genießen. Sie verschwinden blitzschnell, sobald sie eine Bewegung in der Umgebung wahrnehmen. Mauergeckos haben Saugvorrichtungen an ihren auffälligen Zehen und dadurch die Fähigkeit, sich auch auf senkrechten glatten Wänden zu bewegen. In geschützten Gebieten gibt es **Chamäleons**, die ihre Hautfarbe der Umgebung und der Tageszeit anpassen und sich dadurch vor ihren Feinden schützen. Außerdem leben in der Algarve auch Schlangen, von denen einige Arten giftig sind.

Muscheln

An der Algarveküste gibt es eine ungleiche Verteilung der vorkommenden Muschelarten. An den Sandstränden der Ostküste ist eine erheblich geringere Artenvielfalt zu finden als an den westlichen Küstenabschnitten, die mit ihren **kalkhaltigen Steilküsten** und felsigen Stränden weitaus vielfältigere Lebensräume bieten. Man sieht vor allem Venusmuscheln, Miesmuscheln, Herzmuscheln, Dreiecksmuscheln, Schwertmuscheln, Austern und auch Stachelschnecken.

## Umweltprobleme · Naturschutz

Umweltbewusstsein

Lange Zeit gab es in Portugal kein ausgeprägtes Umweltbewusstsein. Große Regionen des Landes waren oder wirkten noch intakt, ökologischen Problemen und Fragen schenkte man keine Aufmerksamkeit. Zu einer Veränderung haben auch die Folgen des Tourismus beigetragen, da plötzlich deutlich wurde, dass eine unversehrte Natur nicht selbstverständlich ist. Auch der EU-Beitritt 1986 war ein Wendepunkt, weil nun einerseits Gelder für Industrieanlagen und Straßenbau zur Verfügung standen, andererseits aber von der EU auch neue Umweltgesetze gefordert wurden. 1987 wurde in Portugal erstmals ein Umweltbasisgesetz verabschiedet, 1989 ein nationales Umweltamt gegründet, 1990 ein Umweltministerium. Das Bewusstsein für Umweltfragen zu schärfen, machen sich aber in erster Linie **nichtstaatliche Umweltschutzverbände** wie QUERCUS (»Eiche«) oder die bereits 1948 gegründete LPN (Liga para a Protecção da Natureza) zur Aufgabe. In der jüngeren Generation gibt es heute ein stark ausgeprägtes Umweltbewusstsein. Eine wichtige lokale Umweltorganisation in der Algarve ist **Almargem**.

Naturschutzgebiete

In der Algarve gibt es 16 kleinere und größere Naturschutzgebiete. Die wichtigsten sind die **Costa Vicentina** im Westen der Algarve, die 1988 unter Naturschutz gestellt wurde, und das **Lagunengebiet der Ria Formosa** (▶Baedeker Wissen, S. 124) westlich und östlich von Faro, das seit 1987 den Status eines Naturschutzgebietes besitzt. Schon 1975 wurde die **Sumpflandschaft bei Castro Marim** als Reserva Natural do Sapal de Castro Marim geschützt.

Stilles Wasser: Die Küstenlagunen sind wichtige Rückzugsgebiete für Vögel.

# WIE EIN FISCH IM WASSER

*Er sieht aus wie ein Pudel, ist aber keiner. In früheren Zeiten war der Portugiesische Wasserhund ein zuverlässiger Helfer und Begleiter der Fischer überall an der Küste. Er wurde auf hoher See eingesetzt, wo er so manchen Fischschwarm ins Netz trieb. Später landete er im Guinnessbuch der Rekorde als eine der ältesten und seltensten Hunderassen der Welt. Gerade noch im letzten Moment konnte das Energiebündel vor dem Aussterben bewahrt werden. Inzwischen wird er weltweit gezüchtet und teuer gehandelt.*

Sucht man nach einer Übersetzung für »cão de água«, dann findet man schlicht und einfach »Pudel«. Und genauso sieht der **Cão de Água Português** auch aus. Mit kurzen Hängeohren, langem Schwanz und lang gewelltem oder gelocktem Fell, das von Natur aus den ganzen Körper gleichmäßig bedeckt – meist aber an der hinteren Körperpartie kurz geschoren wird –, ist er kein Pudel, gilt aber als dessen Ahnherr. Er hat ein paar Körpermerkmale, die ihn für das nasse Element besonders tauglich machen: Er schwimmt – anders als »normale« Hunde – mit allen vier Beinen rudernd, er hat **Schwimmhäute zwischen den Zehen**, kann die Kehle verschließen und so mit offenem Maul bis 3 m tief tauchen und sein im Brustbereich langes Haar verfilzt mit Salzwasser und schützt so den Hund vor Kälte.

## Helfer der Fischer

Tatsächlich sind Portugiesische Wasserhunde **exzellente Schwimmer und Taucher**. Mit diesen Fähigkeiten halfen sie viele Jahrhunderte lang den Fischern an der Küste – vor allem an der Algarve – und galten als unentbehrliche Helfer, waren ein vollwertiges Mitglied der Bootsmannschaft. Unaufgefordert trieben sie Fische ins Netz, hinderten sie daran, sich aus dem Netz oder von den Angelhaken zu befreien oder fingen bereits gefangene und wieder entschlüpfte Meerestiere ein. Oder sie tauchten ins Wasser gefallenen Ausrüstungsgegenständen hinterher, **retteten über Bord gegangenen Seeleuten das Leben**, überbrachten als unermüdliche Schwimmer Botschaften zwischen einzelnen Schiffen bzw. stellten die Verbindung zum Festland her und kletterten immer wieder behände an Bord eines Bootes. Wenn sich ein Hund einmal weigerte, ins Wasser zu springen, dann wusste die Mannschaft Bescheid: Gefährliche Feinde waren in der Nähe – Haie!
Auch an Land bewachten die äußerst muskulösen Wasserhunde sorgfältig das Boot und den Besitz ihrer »Familie«. Sie zeigen sich als **aufmerksame Freunde** und verfügen über eine hohe Intelligenz, ein ausgeprägtes Sehvermögen und einen bemerkenswerten Geruchssinn.

## Herkunft unbekannt

Der Vierbeiner, der als **portugiesische Nationalrasse** anerkannt ist, ist eine der ältesten und seltensten Hunderassen der Welt; woher die Rasse stammt, ist nicht bekannt. Möglicherweise kamen die Hunde im 5. Jh. mit den Goten nach Portugal oder wurden von den Mauren mitgebracht. Aber schon die Römer berichteten, als sie die Iberische Halbinsel besetzten, von einem »canis piscator«, einem fischenden Hund. In Rom war seinerzeit ein wie ein Löwe getrimmter Hund mit dem Namen »canis leo« bekannt. Im Jahr 1297 jedenfalls schilderte ein Mönch in seinem Tagebuch, wie ein Wasserhund einem in Seenot geratenen Fischer das Leben rettete.

## Seltene Hunderasse

Als die Fischkutter und die Netze immer größer wurden und die Technik ausgefeilter, hatte der treue Helfer ausgedient. Mit Sicherheit wäre die alte Hunderasse ausgestorben, wenn sich nicht der portugiesische Reeder **Vasco Bensaúde** des Wasserhundes angenommen hätte. In den 1930er-Jahren begann er, den pudelartigen Vierbeiner zu züchten, was sich als nicht ganz einfach erwies – und 1981 erschien der Portugiesische Wasserhund schließlich im **»Guinnessbuch der Rekorde«** als seltenste Hunderasse der Welt. Heute wird der Cão de Água Português natürlich nicht mehr beim Fischfang eingesetzt, sondern bei der Spurensuche, bei der Wasserrettung und Drogenbekämpfung und als Therapiehund. Wer einen Portugiesischen Wasserhund kaufen möchte, muss mit langen Wartezeiten rechnen. Der Cão de Água Português gilt als Familienhund; einer von ihnen fand vor einiger Zeit ein prominentes Zuhause: die Familie Barack Obama.
Die Hunde sind gesellige Tiere mit fröhlichem, zuweilen sehr temperamentvollem und immer **freundlichem Charakter**, anspruchsvolle Wesen, die sich hervorragend in die Familie integrieren und sie gut zu bewachen verstehen.
Zwar kann der Vierbeiner mit dem strengen Ausdruck, dem durchdringenden und aufmerksamen Blick und dem kontrollierten, ruhigen Gang auch sehr eigenwillig und stolz sein, aber er gehorcht zuverlässig und mag Kinder sehr gern.
Wer **Wasserhunde erleben** möchte, kann mit Glück in Lagos am Strand neben der Forte Ponta da Bandeira sehen, wie sie von ihrem Züchter Rodrigo Pinto trainiert werden.

Tourismus

Der Tourismus ist Segen und Fluch zugleich. Noch in den 1950er-Jahren war die Algarveküste so gut wie unbebaut. In den folgenden Jahrzehnten wurden weite Teile des Küstenstreifens zubetoniert, womit der natürliche Lebensraum zahlreicher Pflanzen- und Tierarten zerstört wurde und sich das Landschaftsbild innerhalb kürzester Zeit veränderte. Eine echte Herausforderung sind die Menschenmengen: In den Sommermonaten halten sich in der Algarve zwei- bis dreimal so viele Menschen auf wie im Winter.

Wasserversorgung

Akute **Wasserknappheit** macht sich in der gesamten Region immer wieder bemerkbar. In vielen Jahren bleibt der Regen selbst im Winter und Frühling nahezu aus. Dürreperioden gab es in den Jahren 1981 bis 1984 und 1992 bis 1996, in den Zwischenzeiten regnete es in den Wintermonaten ausgiebig, sodass die Talsperren sich füllen konnten und der Grundwasserspiegel wieder anstieg. Besonders feucht war der Winter 2000/2001, angeblich der regenreichste seit 500 Jahren. Die meisten Felder waren überschwemmt und konnten nicht bestellt werden. Das Jahr 2005 brachte dagegen eine extreme Dürre, 20 000 Menschen in Portugal wurden aus Tankwagen versorgt. Sogar die Hotels baten um sparsamen Wasserverbrauch. 2016/2017 sorgte das Ausbleiben von Regenfällen für die schlimmste Trockenheit seit 1931 und **Anfang 2024** war die Situation **so schlimm wie nie zuvor**, es drohte der Wassernotstand, die Regierung stellte einen Notfallplan auf. Der Tourismus ist in dieser Situation ein zweischneidiges Schwert: Er ist wichtiger Wirtschaftsfaktor, Touristen verbrauchen normalerweise aber drei bis vier Mal so viel Wasser wie Einheimische.

Neben anhaltender Trockenheit bewirken auch ein **marodes Leitungssystem** und eine ineffiziente Wassernutzung eine Wasserknappheit. Viel Wasser wird in der Landwirtschaft verbraucht – der zunehmende Avocadoanbau trägt massiv dazu bei, ein Kilogramm Avocados braucht 1000 l Wasser – und auch für die vielen Golfplätze in der Region, die überwiegend mit Grundwasser gewässert werden. Vor allem durch **Stauseen** versucht die portugiesische Regierung eine gleichmäßige Wasserzufuhr sicherzustellen. In der Algarve selbst gibt es vier größere Stauseen, außerdem bezieht die Region aber auch Wasser aus der Barragem de Alqueva, dem größten Stausee Europas, der den Guadiana im Alentejo bei Alqueva aufstaut.

Waldbrände

Immer wieder kommt es zu Wald- und Flächenbränden, oft ist die **Serra de Monchique** betroffen. 2017, als mehr als 100 Menschen bei verheerenden Bränden im Zentrum Portugals umkamen, blieb die Algarve von großen Bränden verschont.

Neben einer Austrocknung der Region in besonders regenarmen Jahren ist der Anbau von Monokulturen – in erster Linie reine Pinien- und Eukalyptusbestände – ein Grund für die erhöhte Waldbrandgefahr. Oft werden auch vorsätzlich Brände gelegt, um freie Flächen für schnell wachsende Kulturen wie z. B. Eukalyptusanpflanzungen zu erhalten. Vielfach sind Leichtsinn und Gedankenlosigkeit der Grund für das Ausbrechen von Bränden. In Wäldern, die von ihren Eigentümern nicht gepflegt werden und brach liegen, breiten sich Brände zudem besonders schnell aus. Unter normalen Umständen dauert es etwa zwei Jahre, bis nach einem Flächenbrand wieder Buschwerk wächst, das Nachwachsen von Bäumen dauert viele Jahre.

Küstenerosion

Ein spezifisches Problem der Küstenlandschaft ist die Erosion. Die einmalige Felslandschaft westlich von Faro bröckelt: Vielerorts warnen Schilder Strandbesucher davor, zu nah an die Felsen heranzugehen. Teilweise müssen ganze **Strandabschnitte gesperrt** werden, um eine Gefährdung der Strandbesucher auszuschließen. Aus demselben Grund mussten auch Gebäude auf der Steilküste geschlossen werden, wie die kleine Hotelanlage und das Restaurant oberhalb der Praia de Beliche nahe dem Cabo de São Vicente.

## Die Algarvios

Etwa 467 000 Menschen leben in Portugals südlichster Region. Sie verteilen sich sehr ungleich über den Landstrich: Dicht besiedelt ist die zentrale Südküste mit mehreren Städten, weite Teile des Hinterlands sind von **Abwanderung, Überalterung und Armut** geprägt. Die leersten Regionen sind der Nordosten der Algarve zwischen Salir und Alcoutim, der Westen zwischen Aljezur und Vila do Bispo und die Berge östlich von Monchique. In den Bergen gibt es seit 1930 einen stetigen Rückgang der Bevölkerung. An der gesamten Küste östlich von Lagos steigen die Einwohnerzahlen dagegen seit 1960 an, nach wie vor ist diese Gegend von **starkem Zuzug** geprägt. Nur Lissabon und die Industrieregion Setúbal waren in den letzten Jahren attraktivere Wohn- und Arbeitsorte.

Religion

Die portugiesische Bevölkerung ist zu **95 % römisch-katholisch**, Staat und Kirche sind in Portugal voneinander getrennt, es werden keine Kirchensteuern erhoben. Anders als im Norden Portugals spielt der praktizierte Katholizismus im Alltag der algarvischen Bevölkerung eine vergleichsweise geringe Rolle. Wie überall in Portugal werden aber auch in der Algarve ausgiebig **Heiligenfeste** zu Ehren des jeweiligen Schutzpatrons eines Ortes gefeiert.

Bildung

Seit 1974 wird in Portugal auf eine **solide Grundbildung** sehr viel Wert gelegt. Während der Diktatur in den Jahrzehnten zuvor war die Analphabetenquote überdurchschnittlich hoch. Seit 1987 besteht in Portugal eine neunjährige Schulpflicht. In der Algarve gibt es eine **Universität** mit Hauptsitz in Faro und einer Zweigstelle in Portimão.

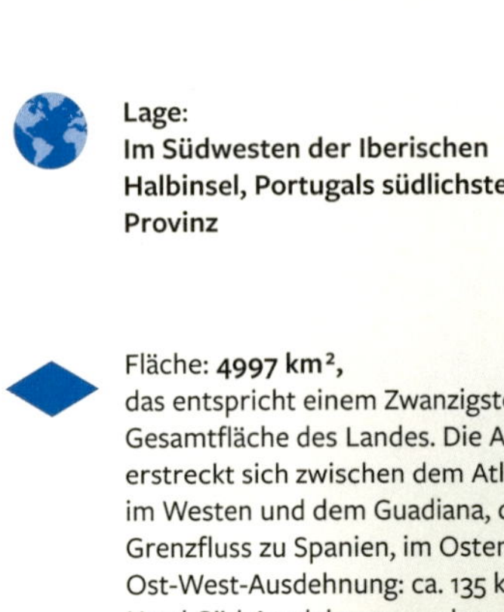

**Lage:**
**Im Südwesten der Iberischen Halbinsel, Portugals südlichste Provinz**

Fläche: **4997 km²,**
das entspricht einem Zwanzigstel der Gesamtfläche des Landes. Die Algarve erstreckt sich zwischen dem Atlantik im Westen und dem Guadiana, dem Grenzfluss zu Spanien, im Osten.
Ost-West-Ausdehnung: ca. 135 km
Nord-Süd-Ausdehnung: 30 km an der schmalsten Stelle, 50 km an der breitesten

Küstenlänge: **200 km**

Einwohner: **ca. 467 000**
(Portugal gesamt 10,3 Mio.)

Bevölkerungsdichte:
**93,5 Einwohner/km²**

## ▶ Verwaltungsgliederung

Die Fläche der historischen Provinz Algarve, der südlichsten der elf historischen Provinzen in Portugal, deckt sich mit der des Verwaltungsdistrikts Faro. Verwaltungs- und Distrikthauptstadt ist Faro.
Der Distrikt (distrito) ist in 16 Landkreise (concelhos) und 77 Gemeinden (freguesias) unterteilt.

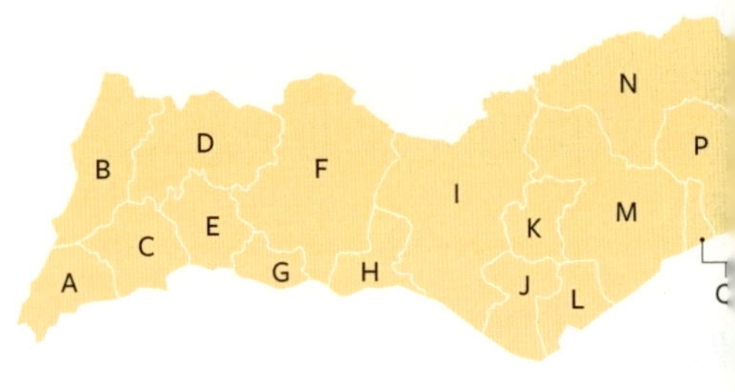


**16 Landkreise (concelhos):**

A: Vila do Bispo
B: Aljezur
C: Lagos
D: Monchique
E: Portimão
F: Silves
G: Lagoa
H: Albufeira
I: Loulé
J: Faro
K: São Brás de Alportel
L: Olhão
M: Tavira
N: Alcoutim
P: Castro Marim
Q: Vila Real
Santo Antón

## Einwohnerzahl

**Größte Städte:**

Portimão

49 220

Faro

46 310

Albufeira

28 640

**Bevölkerungsdichte in den Küstenorten:**
ca. 300 Einw./km²

**Bevölkerungsdichte in den am dünnsten besiedelten Regionen:**
ca. 5 Einw./km²

## Sprache

**Portugiesisch**

## Höchste Erhebung

**Fóia 902 m ü.d.M.**

## Klimastation: Faro

Durchschnittstemperaturen

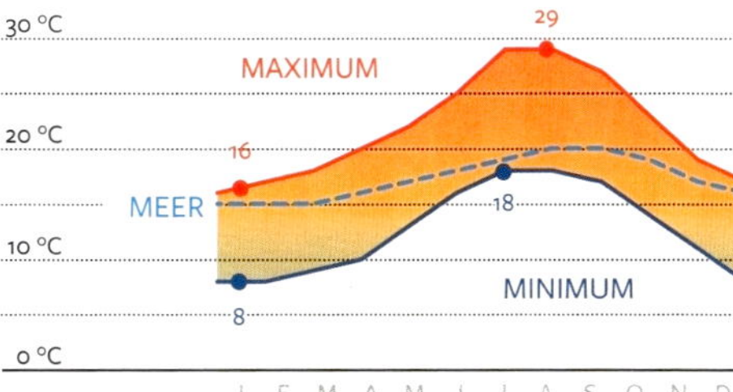


Niederschlag

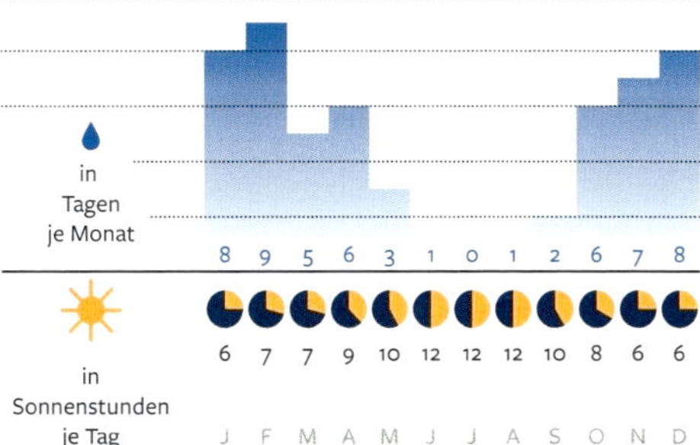


## Extrempunkte Festlandeuropas

**1 Kap Kinnarodden/Norwegen**
nördlichster Punkt
71° 7′ 57″ N, 27° 39′ 27″ O

**2 Cabo da Roca/Portugal**
westlichster Punkt
38° 46′ 51″ N, 9° 30′ 3″ W

**3 Cabo de São Vicente/Portugal**
südwestlichster Punkt
37° 1′ 30″ N, 8° 59′ 40″ W

**4 Deserta (Cabo de Santa María)/ Portugal**
südlichster Punkt Portugals
36° 59′ 17″ N, 7° 50′ 17″ W

**5 Punta de Tarifa/Spanien**
südlichster Punkt
36° 0′ 24″ N, 5° 36′ 29″ W

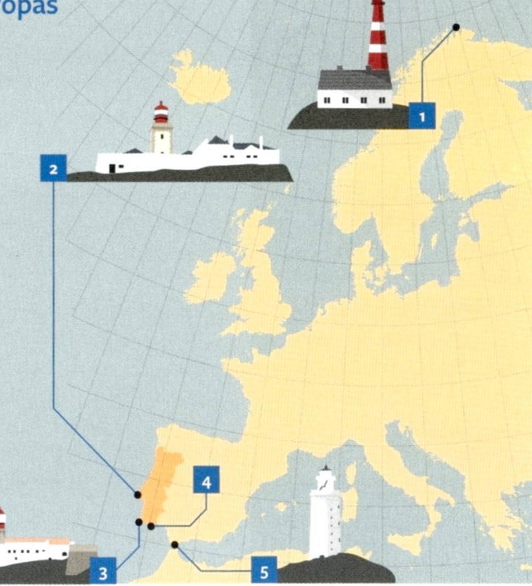

Familie und Gesellschaft

Die alten Familienstrukturen haben sich in Portugal, speziell auch in der Algarve, weitgehend aufgelöst. Es gibt immer mehr Kleinfamilien, Frauen sind durch Berufstätigkeit unabhängig geworden. Die Algarve ist innerhalb Portugals eine »Ausnahmeerscheinung«, mit dem Einsetzen des Tourismus kam es zu einer generellen Umstrukturierung: Viele Menschen haben ihren Arbeitsplatz an der Küste und die ländlichen Regionen, vor allem die abgeschiedenen Bergregionen, sind verlassen bzw. überaltert. In solchen Gebieten sind Arbeitslosigkeit und Armut groß, mit Portugals Finanzkrise ab 2011 verschlechterte sich die Situation noch. Die ärmste Gegend der Algarve ist der Landkreis Alcoutim im Nordosten.
Durch den **Tourismus** hat es in der Algarve eine besonders deutliche **Aufspaltung innerhalb der Bevölkerung** gegeben, die sich in einem unterschiedlichen Lebensstandard bemerkbar macht. Viele jüngere Leute, die in irgendeiner Form in der Tourismusbranche arbeiten, haben es zu einem gewissen Wohlstand gebracht. Ältere Algarvios oder diejenigen, die in der Fischerei oder in der Landwirtschaft tätig sind, mussten dagegen einen ohnehin schon geringen Lebensstandard noch weiter herunterschrauben.

## Politik: Rechtsruck in Portugals Süden

Regierungswechsel

Diese Regierung ist eine »geringonça«! So sagten die Portugiesen 2015. Eine Klapperkiste, ein Vehikel, das eigentlich gar nicht funktionieren kann. Aber zum großen Erstaunen aller klappte die Geringonça mit ihrer abenteuerlichen Zusammensetzung: dem Staatspräsidenten Marcelo Rebelo de Sousa vom liberal-konservativen PSD, dem Ministerpräsidenten António Costa vom sozialdemokratischen PS und den an der Regierung Beteiligten BE und CDU, einem Bündnis aus Linksblock und Kommunisten. Die Geringonça nahm einige Sparmaßnahmen zurück, die zu Krisenzeiten nach 2011 eingeführt worden waren, so die Lohnkürzungen im öffentlichen Dienst. Kindergeld, Renten und Mindestlohn wurden erhöht, ebenso Ausgaben im Bildungsbereich. Trotz **erhöhter Sozialausgaben** konnten Hilfskredite in Höhe von drei Milliarden Euro an den IWF zurückgezahlt werden. Bei den Parlamentswahlen 2019 gewann António Costa mit dem PS Stimmen hinzu, nach den vorgezogenen Wahlen 2022 regierte er mit absoluter Mehrheit. Im November 2023 trat António Costa überraschend zurück, nachdem **Korruptionsvorwürfe** gegen einen seiner engsten Mitarbeiter und andere Regierungsmitglieder erhoben worden waren. Nicht zuletzt wurde auch António Costa selbst verdächtigt, ein Verdacht, der sich jedoch nicht bestätigte.

Das Neueste von den Kindern, das Wetter und die Politik – Zeit für ein Gespräch ist immer.

Im März 2024 wählte Portugal erneut, diesmal rückte das Land nach rechts: Das **Mitte-rechts-Bündnis AD** lag knapp vor den Sozialisten, **Luís Montenegro** ist Chef einer Minderheitsregierung. Die rechtspopulistische Chega legte deutlich zu, in der Algarve, zuvor eine Hochburg des PS, war sie die meistgewählte Partei. Als Gründe werden u. a. mangelnde Effektivität der vorherigen Regierungen bei der Gesundheitsversorgung und der Wasserproblematik in der Algarve angegeben. Eine Rolle spielen auch die hohe Armutsrate in der wirtschaftlich reichen Region, die Zunahme von Migranten aus Asien und Afrika sowie solchen aus Nordeuropa, die wohlhabend sind und die Wohnungspreise hochtreiben.

## Wirtschaft: Der Tourismus boomt

Die Region lebt vom Tourismus

Hauptwirtschaftsfaktor in der Algarve ist der **Tourismus**. Die Bevölkerung arbeitet größtenteils im Gaststätten- und Hotelgewerbe bzw. im Baugewerbe. Daneben lebt ein Teil der Algarvios nach wie vor von Landwirtschaft und von der Fischerei bzw. Fischverarbeitung, Bereiche, die bis Ende der 1960er-Jahre Haupteinnahmequellen waren.

Tourismus

Seit einiger Zeit boomt der Algarvetourismus. Bis 2011 kamen über viele Jahre konstant etwa zwei Mio. Urlauber in Portugals Süden, 2017 kamen drei Millionen, 2023 waren es 3,7 Millionen; 2011 reisten 215 000 Deutsche in die Algarve, 2017 waren es 340 000 und 2023 kamen 368 000. Klassischerweise waren etwa 50 % der Algarveurlauber Briten, 2023 war es nur ein Drittel, gefolgt von Deutschen, Irländern, Niederländern und Franzosen. Sehr viele spanische Tagestouristen besuchen die Städte im Osten der Algarve wie Vila Real de Santo António und Tavira.
Einen **Massentourismus** wie an der Algarveküste gibt es im übrigen Portugal nicht; allein in den 1980er-Jahren war der Tourismus an der Algarve jedes Jahr um 15 % gestiegen. Nach wie vor soll er in der Algarve weiter ausgebaut werden, man setzt aber jetzt auf einen **Qualitäts- und Individualtourismus**. 2008 wurde der Wanderweg Via Algarviana eröffnet: ein Zeichen für die Förderung eines naturnahen Qualitätstourismus. An noch wenig bebauten Küstenabschnitten sind hochpreisige Apartmentanlagen entstanden – wie beispielsweise in Martinhal bei Sagres – und auch der Golftourismus soll weiter gefördert werden.

Fischerei

Am gesamten portugiesischen Fischfang hat die Algarve einen Anteil von etwa 30 %. Insbesondere der **Thunfisch- und Sardinenfang** hat hier immer eine wichtige Rolle gespielt. Die größten Fischereihäfen sind **Olhão** und **Portimão**. Von Olhão aus fuhren die

An der Algarveküste gibt es nur noch wenige Fischer. Die Arbeit bringt nicht genug ein, ein Job in der Tourismusbranche ist profitabler.

Fischer klassischerweise zum **Kabeljaufang** im Nordatlantik. Großenteils wird Kabeljau, der in Portugal viel gegessene »bacalhau«, heute aber aus Norwegen importiert. In den Lagunengebieten um Faro und Alvor und im Mündungsbereich des Rio Arade bei Portimão spielt Muschelfang eine gewisse Rolle; vor der Insel Armona und bei Vila Real de Santo António werden in Aquakulturen Miesmuscheln, Kammmuscheln und Austern gezüchtet. Die portugiesische Fischereiflotte gilt als veraltet und kann der Konkurrenz anderer europäischer Flotten, insbesondere der spanischen, nur schwer standhalten. Fangquoten und EU-Entschädigungen haben zusätzlich dafür gesorgt, dass nur noch wenige Fischer ihren Beruf ausüben. Die noch verbliebenen sind wegen der unzulänglich ausgestatteten Boote gezwungen, in Küstennähe zu fischen, wo es vor allem Sardinen gibt. Viel Fisch muss importiert werden und ist entsprechend teuer. Auch die **Fischverarbeitungsindustrie** verzeichnete große Rückgänge. Mitte des 20. Jh.s gab es etwa 200 Fischfabriken in der Algarve, allein 30 waren es in Portimão. Dieser Bereich wird seit 1974 kaum noch subventioniert, viele Betriebe mussten aufgeben. Heute gibt es lediglich noch drei oder vier Fischfabriken in der Algarve – ansässig in Portimão und Olhão. In Olhão gibt es eine Fabrik, die Muscheln und Fisch aus der Aquakultur bei Armona verarbeitet, bei Lagos eine für Tiefkühlfisch und Meeresfrüchte.

Landwirtschaft

Durch die günstigen klimatischen Gegebenheiten können im Süden Portugals bis zu vier Ernten im Jahr eingebracht werden. Seit Ende der 1980er-Jahre hatte die gesamte portugiesische Landwirtschaft mit den Folgen des EU-Beitritts zu kämpfen; die Agrarpolitik der EU beschränkte sich vielfach auf Stilllegungsprämien und Vorruhestandsregelungen, für die die Kleinbauern der Algarve aber die Voraussetzungen oft gar nicht erfüllten.

Die Landwirtschaft in Küstennähe ist u. a. auch deshalb aufgegeben worden, da Land für touristische Zwecke gewinnbringender verkauft werden konnte. Ein weiteres Problem: Nur noch wenige der in der Landwirtschaft Tätigen sind unter 35 Jahre alt, die meisten dagegen über 65 – infolge von **Personalmangel** ist die landwirtschaftliche Produktion in Zukunft möglicherweise nicht mehr gewährleistet bzw. auf möglichst billige Arbeitskräfte aus anderen Ländern angewiesen. Die Produktion von Feigen, Mandeln und Oliven ist stark zurückgegangen – die Bäume werden entweder nicht abgeerntet oder können nicht ausreichend gepflegt werden.

Angebaut werden **Zitrusfrüchte** und **Johannisbrotbäume**, deren Schoten industriell genutzt werden. Seit einiger Zeit erzeugen ein paar Winzer **Weine** von hoher Qualität. **Obstanbau** wird mit Geldern aus Brüssel gefördert, alte Obstbäume werden gerodet und durch neue, auch vollkommen neu gezüchtete Sorten ersetzt.

Forstwirtschaft

Große Bedeutung hat die Nutzung von **Eukalyptusbäumen**, ganze Hügelkuppen werden in der Algarve und auch weiter nördlich in Portugal mit Eukalyptus aufgeforstet. Das Holz der Eukalyptusbäume wird zur Produktion von Zellulose verwendet, die ökologisch problematische Zelluloseindustrie sitzt hauptsächlich am Tejo. Die Papierfabriken sind eine große Belastung für die Umwelt und auch der Anbau von Eukalyptus wird kritisiert. Der schnell wachsende Baum entzieht dem Boden viel Wasser und führt zum Austrocknen der Böden.

Der Anbau von **Korkeichen** spielt eine immer geringere Rolle. Wenngleich Portugal nach wie vor der größte Korkproduzent der Welt ist, hat die Korkverarbeitung doch abgenommen, seitdem Kork vielfach durch Kunststoff ersetzt wird (▶Das ist die Algarve, S. 12).

Industrie

Die algarvische **Industrie** hatte niemals eine größere Bedeutung. In geringem Maß gibt es Fisch- und Korkverarbeitungsindustrie. Die wichtigen Industriezonen sind aber weiter im Norden angesiedelt. Auch die Baustoffindustrie, die von der regen Bautätigkeit an der Algarveküste profitiert, sitzt im Zentrum und im Norden Portugals.

# GESCHICHTE

*Die isolierte und zugleich exponierte Lage in Europas Südwesten hat die Geschichte der Algarve immer bestimmt. Lange stand die Region in Austausch mit Nordafrika – freundschaftlich oder kriegerisch. Später bot sie günstige Ausgangshäfen für die Entdeckungsfahrten. Und im 20. Jh. kam der Tourismus in die Algarve mit ihrem fast schon nordafrikanischen Klima.*

## Hafenplätze und Hinterland

Im 15. und 16. Jh. erlebte Portugal ein kurzes Goldenes Zeitalter, andere Kontinente wurden entdeckt, erobert und die Welt verändert. Ein Zentrum des Geschehens waren damals die Häfen der Algarve. Immer gab es aber auch ein ruhiges Leben im Hügelland fern der Küsten, das bäuerlich geprägt und meist recht ärmlich war.

## Erste Siedler: Keltiberer

Die Lusitanier

In der Zeit nach 2200 v. Chr. kamen die **Iberer** – soweit man weiß aus dem nordafrikanischen Raum – auf die Iberische Halbinsel und siedelten sich in der Algarve an. Erst mehr als 1000 Jahre später landeten **Phönizier** hier – sie waren in Sachen Bernstein- und Zinnhandel unterwegs, fuhren aus dem Mittelmeer kommend die portugiesische Küste ab und gründeten erste Handelsniederlassungen. Ab 700 v. Chr. wanderten **keltische Stämme** von Norden her auf die Pyrenäenhalbinsel ein und vermischten sich mit den Iberern im Lauf der folgenden Jahrhunderte zu den Keltiberern. Etwa 30 oder 40 keltiberische Stämme, die **Lusitanier**, bildeten die größte Völkereinheit auf der Iberischen Halbinsel. Sie errichteten sogenannte Castros oder Citânias, befestigte Siedlungen auf gut zu verteidigenden Anhöhen. Ab 500 v. Chr. kamen griechische Handelsfahrer, auch sie waren an der Küste unterwegs und gründeten eigene Handelsniederlassungen.

## Das römische Lusitania

Hispania ulterior entsteht

Um 450 v. Chr. breitete **Karthago** seinen Machtbereich von Nordafrika her auch auf die Iberische Halbinsel aus. Der Konflikt zwischen Karthago und Rom wurde nun auch hier ausgetragen. Ende des 3. Jh.s v. Chr. begannen die **Römer** die Iberische Halbinsel zu erobern. Während des Zweiten Punischen Krieges (218–201 v. Chr.) kämpften sie hauptsächlich gegen die Karthager, versuchten aller-

# EPOCHEN

## ERSTE SIEDLER: KELTIBERER

| | |
|---|---|
| **ab 2200 v. Chr.** | Iberer besiedeln den Süden der Pyrenäenhalbinsel. |
| **ab 1000 v. Chr.** | Phönizier gründen Handelsorte an Portugals Küste. |
| **ab 700 v. Chr.** | Keltische Stämme kommen von Norden auf die Iberische Halbinsel. |
| **2. Jh. v. Chr.** | Die Algarve wird Teil der römischen Provinz Lusitania. |

## DIE MAUREN IN AL-GHARB

| | |
|---|---|
| **ab 711** | Die Algarve wird zur maurischen Provinz Al-Gharb mit der Hauptstadt Xelb (Silves). |
| **1139** | Afonso Henriques besiegt die Mauren und lässt sich zum ersten König Portugals krönen. |
| **1250** | Die Algarvestädte werden ins Königreich Portugal eingegliedert. |

## WELTMACHT UND NIEDERGANG

| | |
|---|---|
| **1385–1580** | Dynastie Avis: die großen Entdeckungs- und Eroberungsfahrten und Portugals Goldenes Zeitalter |
| **1444** | In Lagos werden erstmals Sklaven verkauft. |
| **1485–1521** | Wirtschaftliche und kulturelle Blüte unter Manuel I. |
| **1578** | Der junge König Sebastião kommt bei der Schlacht von Alcácer Quibir in Marokko um. |
| **1580–1640** | Spanisches Interregnum |

## DYNASTIE BRAGANÇA

| | |
|---|---|
| **1706–1750** | Unter dem verschwenderischen João V. wird Portugal heruntergewirtschaftet. |
| **1755** | Ein schweres Erdbeben erschüttert das Land. |
| **1908** | Carlos I. und der Thronfolger Luís Filipe werden in Lissabon ermordet. |

## REPUBLIK, DIKTATUR, REVOLUTION

| | |
|---|---|
| **1910** | Die Republik wird proklamiert. |
| **1926** | Durch einen Putsch kommt das Militär an die Macht. |
| **1933** | Salazar ruft den faschistischen »Estado Novo« aus. |
| **1974** | Mit der Nelkenrevolution wird die Diktatur beendet. |

## ENTWICKLUNG SEIT 1974

| | |
|---|---|
| **1986** | Portugal tritt der EG bei. |
| **2011** | Der IWF und die EU stützen das überschuldete Land. |
| **ab 2012** | Einsetzender Boom des Algarvetourismus |
| **2024** | Extreme Dürre und Wasserknappheit. Bei vorgezogenen Neuwahlen wird ein Rechtsruck in der Algarve deutlich. |

dings auch die Grenzen gegen die Keltiberer im Norden und gegen die Lusitanier im Westen der Pyrenäenhalbinsel zu verteidigen. Mit dem Friedensschluss zwischen Karthago und Rom 201 v. Chr. hatten die Römer das Sagen in Iberien. Sie teilten die Halbinsel in die Provinzen **»Hispania ulterior«** im Südwesten und »Hispania citerior« im Nordosten ein. Nach dem Ende des Keltiberischen Kriegs (197–179), in dem Römer gegen Lusitanier kämpften, fiel Lusitanien als Lusitania an die Provinz »Hispania ulterior«.

Der »Mann mit den Armreifen«

Gegen die römische Besatzung leisteten die Lusitanier zwischen 147 und 139 v. Chr. starken Widerstand – führend in dem Kampf war der Lusitanier **Viriatus**, der »Mann mit den Armreifen«, der von den Portugiesen später als Nationalheld in Dichtung und Kunst verehrt wurde. Nach seiner Ermordung im Jahr 139 v. Chr. ließ der Widerstand gegen die Römer nach.

Lusitania entsteht

45 v. Chr. wurde **Julius Caesar** Alleinherrscher im Römischen Reich und regierte somit auch über die Provinz Hispania ulterior. Augustus ließ 27 v. Chr. Hispania ulterior in die beiden römischen Provinzen Baetica, das etwa dem heutigen Andalusien entspricht, und **Lusitania** aufteilen. Lusitania zog sich von der Algarveküste bis zum Douro im heutigen Nordportugal hinauf und östlich ins heutige Spanien hinein. Aus dem Vulgärlatein, das überall im römischen Reich gesprochen wurde, entwickelte sich später das Portugiesische.

Römische Hinterlassenschaften

Die Römer hinterließen einige **Bauwerke**, in der Algarve gehen die Brücken in Tavira und Silves auf die Römer zurück. Nördlich von Faro wurden große Badeanlagen und ein Wasserheiligtum angelegt. Das südwestlichste Kap des europäischen Festlandes, das Cabo de São Vicente, wurde wegen seiner exponierten Lage zur heiligen Stätte mit dem Namen Promontorium Sacrum. Auch die Salzgewinnung aus Meerwasser zur Konservierung von Fisch wurde bereits von den Römern praktiziert. Und schließlich legten die Römer ein Straßensystem an, dessen Verlauf streckenweise noch heute in Verwendung ist. So ist die heutige N 125, die Ost-West-Verbindungsstraße an der Algarveküste, auf die Römer zurückzuführen. Eine wichtige Römerstraße führte von Faro über Tavira und Mértola nach Beja. Die **Christianisierung** hat in der Provinz Lusitania offenbar früh begonnen. Aus dem 3. Jh. sind erste christliche Gemeinden belegt.

Vandalen, Alanen und Westgoten

Während der germanischen Völkerwanderung kamen Vandalen und Alanen bis nach Südportugal. Westgoten drangen bis in die Algarve vor. Sie eroberten Faro und errichteten dort einen Bischofssitz. Sie bauten eine erste christliche Kirche und praktizierten einen ausgeprägten Marienkult.

## Die Mauren in Al-Gharb

Maurische Algarve

711 kamen Araber und berberische Mauren von Nordafrika über die Straße von Gibraltar und eroberten weite Gebiete der Iberischen Halbinsel im Sturm. Ihrem Angriff wurde kaum Widerstand entgegengesetzt, da das Westgotenreich in sich geschwächt war. **Roderich**, der letzte Westgotenkönig, war schnell besiegt. In nur fünf Jahren besetzten sie die Iberische Halbinsel mit Ausnahme der nordöstlichen Bergregionen, unter anderem blieb Asturien westgotisch. Das Gebiet des heutigen Portugal fiel an das **Emirat von Córdoba**, das spätere Kalifat Córdoba.

Hauptstadt der maurischen Provinz Al-Gharb wurde **Xelb, das heutige Silves**. Mit den Mauren bzw. Arabern kam eine hochentwickelte Kultur auf die Iberische Halbinsel. Sie verfügten über umfassende naturwissenschaftliche Kenntnisse insbesondere im medizinischen, geografischen, nautischen und astronomischen Bereich. Auch setzten sie ein **Bewässerungssystem** ein, das noch heute in ähnlicher Form Anwendung findet, die Böden der Algarve wurden erfolgreich kultiviert. Zitrus-, Feigen- und Mandelbäume wurden eingeführt. Die Handelsbeziehungen mit dem arabischen Nordafrika blühten. Al-Gharb war eine wohlhabende Region, Xelb eine vielgerühmte reiche Stadt mit 40 000 Einwohnern. Unter arabischer Herrschaft lebten offenbar unterschiedliche Religionen friedlich direkt nebeneinander,

Solche von Ochsen betriebenen Schöpfbrunnen, »nora« genannt, brachten die Mauren nach Portugal. Sie sind heute mancherorts noch zu sehen.

in den Städten gab es arabische, jüdische und christliche Viertel. Die arabische Herrschaft dauerte im Süden der Iberischen Halbinsel 500 Jahre und war keinen Bedrohungen ausgesetzt. Lediglich im Jahr 922 versuchten **Wikinger**, von Süden her über den Rio Arade in der reichen Hauptstadt Xelb einzufallen. Sie wurden unweit der Mündung eingekesselt und abgefangen.

Reconquista

Während der Regierung König Fernandos I. von Kastilien und León (1035–1065) setzte die Reconquista ein, die **Rückeroberung** der von Arabern besetzten Gebiete. Zwischen 1112 und 1385 wurden – ausgehend von León-Kastilien – nach und nach große Teile des arabischen Reichs durch christliche Truppen erobert. In der ersten Hälfte des 12. Jh.s bildete sich der portugiesische Staat: Nach einem Sieg über die Mauren bei Ourique im Alentejo ließ sich Afonso Henriques 1139 als **Afonso I.** zum **ersten König Portugals** krönen und vollzog damit die Ablösung von León-Kastilien. Was zur Folge hatte, dass Portugal sich immer wieder gegen kastilische Ansprüche zur Wehr setzen musste. Mit Hilfe deutscher, englischer und flandrischer Kreuzritter gelang Afonso I. die Einnahme von Lissabon. Seine Nachfolger vergrößerten das Reich nach Süden hin.
Unter Sancho I. wurden mithilfe namhafter Kreuzritter – unter anderem Friedrich Barbarossa und Richard Löwenherz – Teile der Westalgarve eingenommen. 1189 wurde **Silves** erobert. In der Stadt richtete man einen **Bischofssitz** ein, ein flämischer Priester wurde als Bischof eingesetzt. 1191 konnten die Araber die verloren gegangenen Algarvestädte mit Unterstützung aus Sevilla und Córdoba ihrerseits zurückerobern.

Die Algarve wird portugiesisch

Zwischen 1240 und 1249, zu Regierungszeiten von Sancho II. und Afonso III., wurden die Araber endgültig in allen Algarvestädten besiegt. Damit war die Reconquista abgeschlossen. Immer wieder gab es Auseinandersetzungen mit dem benachbarten Kastilien. Unter portugiesischer Herrschaft endeten für die algarvischen Städte die Handelsbeziehungen mit Nordafrika, die gesamte Region wurde wirtschaftlich, kulturell und religiös vollkommen umstrukturiert. Juden und Araber wurden vertrieben oder in Sklavendienste gestellt. Nur einige arabische Künstler und Handwerker konnten als **Mudéjaren** im Land bleiben und arbeiten. Das Landwirtschaftssystem der Araber wurde übernommen. Auch die naturwissenschaftlichen Kenntnisse der Araber kamen den Portugiesen in der Folgezeit zugute.
1250 wurden die algarvischen Städte dem Königreich Portugal angeschlossen. Portugal erreichte damit seine heutige territoriale Ausdehnung als erste aller europäischen Nationen. 1319 erklärte Dinis I. Castro Marim im äußersten Osten der Algarve zum Sitz der **Christusritter** (▶Baedeker Wissen, S. 76), die in den folgenden Zeiten wesentlichen Anteil an Portugals »Goldenem Zeitalter« hatten.

## Weltmacht und Niedergang

**Zeitalter der Entdeckungen**

Mit João I. begann die **Dynastie Avis**. In den 200 Jahren ihrer Herrschaft – also zwischen 1385 und 1580 – wurde Portugal zur **führenden See- und Kolonialmacht** in Europa. Die bedeutendsten Entdeckungs- und Eroberungsfahrten fielen in diese Zeit, in deren Folge das Land ungeheure Reichtümer anhäufen konnte.

Neben Lissabon war die Algarve wesentlich Zentrum des Geschehens; Lagos wurde zur wichtigsten Hafenstadt der Algarve. **Heinrich der Seefahrer**, ein Sohn Joãos I., wurde zum **Großmeister des Christusritterordens** (1418) ernannt, er verfügte damit über enorme finanzielle Mittel. Es heißt, dass er bei Sagres eine Art Wissenschaftszentrum einrichten ließ, in dem geografische und nautische Kenntnisse ausgetauscht wurden. Auf den Werften in Lagos wurde ein neuer Schiffstyp, die **Karavelle**, gebaut, offenbar nach Konstruktionsplänen aus Sagres. Sie war herkömmlichen Segelschiffen an Manövrierfähigkeit und an Seetüchtigkeit weit überlegen. Als Hafenplatz eignete sich Sagres wegen des fehlenden Hinterlandes allerdings nicht, daher nahmen die von Heinrich organisierten Entdeckungsfahrten ihren Ausgang in Lagos.

Die »Victoria«, ein Schiff der Magellan-Flotte, mit dem im 16. Jahrhundert erstmals die Welt umsegelt wurde

Als Erstes wurde die Madeiragruppe erreicht und kolonialisiert (bis 1423), es folgten die Azoren (1427), später stießen die Schiffe Heinrichs des Seefahrers immer weiter entlang der afrikanischen Westküste vor: Sie erreichten Kap Verde, Gambia, Guinea.
Grund für die Reisen über die Weltmeere war Abenteuerlust, entscheidender waren aber wirtschaftliche Interessen. So wurde auch eine Alternative zu dem von Arabern kontrollierten Landweg in die **Gewürzländer** im asiatischen Raum gesucht. Außerdem war offenbar die Bekämpfung des Islam ein wesentlicher Antrieb für Heinrichs seefahrerische Unternehmungen, mit denen der Grundstein für Portugals Entwicklung zu einer mächtigen Kolonialmacht gelegt wurde.

Beginn des Sklavenhandels

Nach der Entdeckung der Senegalmündung wurden zur Regierungszeit von Afonso V. im Jahr 1444 in Lagos erstmals schwarzafrikanische Sklaven zur Schau gestellt und versteigert. Der **Sklavenhandel** wurde neben dem Gewürzhandel zur Haupteinnahmequelle. Erst im 19. Jh. wurde er gesetzlich verboten (▶Baedeker Wissen, S. 105 ff.).

Der »glückliche König«

**Manuel I.** (1485–1521) gründete die **portugiesische Handelsmacht** mit Niederlassungen in Ostindien, Ostasien, Südafrika und Brasilien. Unter ihm erlebte das Land sein »Goldenes Zeitalter«. Lissabon entwickelte sich zum Mittelpunkt des Welthandels. Krone, Adel und Kaufleute gewannen unerhörte Reichtümer, jedoch überspannte die außergewöhnliche koloniale Expansion die Kräfte des portugiesischen Volkes, sodass die Bevölkerung innerhalb kurzer Zeit rapide abnahm. In der Algarve lebten in dieser Zeit gerade einmal 54 000 Menschen. 1497 startete **Vasco da Gama** vom Lissabonner Hafen Belém, umsegelte das Kap der Guten Hoffnung und kam als erster Europäer auf dem Seeweg nach Indien. Belém war mittlerweile anstelle der Häfen an der Algarve zum wichtigsten Start- und Landepunkt der Weltmeerbesegelungen geworden.

Einsetzender Niedergang

Schon unter João III. (1521–1557) begann der Verfall der wirtschaftlichen Blüte. 1540 wurde die **Inquisition** eingeführt. Verfolgt wurden Juden, Judenchristen, Atheisten, Hexen und Christen, die nicht in das gesellschaftliche Weltbild der Inquisitoren passten bzw. durch Lebensstil oder Weltanschauung auffielen. Die Inquisition wurde erst 1820 abgeschafft.

Der »ersehnte König«

1578 brach der junge König **Dom Sebastião** von Lagos, das ein Jahr zuvor Hauptstadt der Algarve geworden war, zu einem Kreuzzug gegen Marokko auf. Bei der verheerenden Schlacht von Alcácer Quibir, bei der ein Großteil des portugiesischen Heeres umkam, fiel auch der junge König.

# ENTDECKUNGSFAHRTEN

*Da der Weg durchs Mittelmeer immer gefährlicher geworden war, suchten die Portugiesen eine alternative Seeroute nach Osten. Jenseits des Mittelmeerraums versprach man sich Gewinne aus dem Gewürzhandel, hoffte auf Goldfunde und wollte den christlichen Glauben verbreiten.*

▶ **Die großen Entdeckungsreisen**

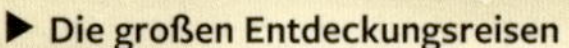

*Gaspar Corte Real erreicht 1501 Neufundland.*

3 2 1 4

*Fernão de Magalhães durchfährt 1520 die nach ihm benannte Magellanstraße an der Südspitze Südamerikas. Er wird 1521 auf der Philippineninsel Mactan getötet. Eines seiner Schiffe vollendet bei der Rückfahrt 1522 die erste Weltumsegelung.*

*Pedro Álvares Cabral landet 1500 in Brasilien.*

▶ **Die Karavelle**
Die Portugiesen segelten mit schnellen wendigen Karavellen, vermutlich Weiterentwicklungen von Fischerbooten und Küstenbarken. Sie zeichneten sich durch geringen Tiefgang, leichte Handhabung und dreieckige Lateinersegel aus.

**Caravela latina**
Zwei-Mast-Karavelle

▶ **Entdecker der neuen Welt**
Die Neugier und der Mut vieler unkonventioneller Abenteurer verhalfen Portugal zum Status einer Weltmacht. Drei von ihnen stellen wir vor.

**Heinrich der Seefahrer (1394 – 1460)**
fuhr selbst nie aufs Meer, plante und finanzierte aber viele Entdeckungsfahrten.

Erste Eroberungen:

1 Ceuta (1415) 3 Azoren (1427)

2 Madeira (1419) 4 Kap Bojador (1434)

*David Melgueiro soll 1660 mit einem holländischen Schiff auf der Nordostroute von Japan nach Portugal gesegelt sein.*

*Vasco da Gama segelt 1497 von Belém um das Kap der Guten Hoffnung, berührt 1498 Mozambique und erreicht im selben Jahr Indien (Calicut).*

*Álvaro Fernandez und Diniz Diaz entdecken 1444 die Mündung des Senegal, Diogo Cão erreicht 1482 die Mündung des Kongo.*

*Bartolomeu Dia umsegelt 1488 das Kap der Guten Hoffnung.*

**Caravela latina**
Drei-Mast-Karavelle

**Caravela redonda**
4-Mast-Karavelle,
Länge: ca. 15–20 m
Breite: ca. 5 m
Tiefgang: ca. 2 m

**Vasco da Gama (1469–1524)**
fand als Erster den Seeweg um das Kap der Guten Hoffnung nach Indien. Mit kostbaren Gewürzen beladen kehrte er zurück.

**Fernão de Magalhães (1480–1521)**
Obwohl er auf der Reise umkam, gilt er als derjenige, dem die erste Weltumsegelung gelang.

Portugals Karavellen erobern die Weltmeere: stolz geblähte Segel mit dem Kreuz der Christusritter.

**Spanisches Interregnum**

Da es keinen Thronfolger gab, erlosch die Dynastie Avis. Der spanische König **Philipp II.**, ein Enkel von Manuel I., machte Ansprüche auf die portugiesische Krone geltend und ließ Portugal gewaltsam besetzen. In der Zeit des spanischen Interregnums 1580–1640 verlor Portugal Teile seiner Kolonien in Südostasien und Südamerika. Spanien finanzierte seine Kolonialkriege u. a. mit Steuern der portugiesischen Bevölkerung. 1640 führte ein Aufstand von portugiesischen Adeligen wieder zur ersehnten Unabhängigkeit Portugals.

## 1640–1910: Dynastie Bragança

Mit dem am Aufstand beteiligten Herzog von Bragança, der sich als João IV. zum König krönen ließ, wurde die Dynastie Bragança eingeleitet. In dieser Zeit verarmte das Land zunehmend, es gelang nicht, eine selbstständige wirtschaftliche Produktion aufzubauen.
Die Zeit nach 1640 war von den **Restaurationskriegen** zwischen Spanien und Portugal geprägt. Die Grenzorte am Guadiana wurden Schauplatz zahlreicher kriegerischer Auseinandersetzungen. Aus England wurde militärische Unterstützung geholt, den Briten die Vor-

herrschaft über Portugal garantiert. 1668 erkannte Spanien endgültig Portugals Unabhängigkeit an. In der Regierungszeit von **João V.** (1706–1750) wurde Portugal trotz des Besitzes der inzwischen gefundenen **brasilianischen Goldminen** durch die verschwenderische Haltung des Königs heruntergewirtschaftet. Portugal geriet dadurch in finanzielle Abhängigkeit von England.
Unter **José I.** (1750–1777) erreichte der **aufgeklärte Absolutismus** in Portugal seinen Höhepunkt. Josés Ministerpräsident Marquês de Pombal führte zahlreiche Reformen im Geist der Aufklärung und des Merkantilismus durch. In die Regierungszeit Josés fällt ein Naturereignis, das ganz Europa in Aufregung versetzte: Am 1. November 1755 erschütterte ein verheerendes **Erdbeben** die Algarveküste und das portugiesische Festland. Die Hauptstadt Lissabon wurde dabei fast vollkommen zerstört. In allen Ortschaften der Algarve kam es ebenfalls zu starken Zerstörungen – auch in Monchique in den Bergen gab es große Schäden. Die Küstenorte wurden von einer 20 m hohen Welle überflutet. Mehrere Häfen und Flussmündungen wurden durch Sande verschlossen. Im Verlauf des folgenden Jahres ereigneten sich weitere leichtere Beben, am 20. August 1756 gab es das letzte Erdbeben dieser Serie. Die zerstörte Innenstadt von Lissabon ließ José I. unter Leitung und nach einem städtebaulichen Konzept des Marquês de Pombal gänzlich neu aufbauen. Auch in der Algarve wurde der Marquês aktiv: Hier errichtete er 1774 nach Lissabonner Vorbild die auf dem Reißbrett geplante Stadt **Vila Real de Santo António** am Guadiana. Nach dem Tod von José I. wurden 1777 unter Maria I. fast alle Reformen des Marquês de Pombal rückgängig gemacht. Aufklärerisches Gedankengut wurde mithilfe der Inquisition bekämpft. **Faro** war 1756 statt Lagos **Hauptstadt der Algarve** geworden. Portugals südlichste Provinz hatte damals 85 000 Einwohner.

Napoleon und die Folgen

Das 19. Jh. begann stürmisch: Als traditioneller Bündnispartner Englands wurde Portugal 1807 von den Truppen Napoleons, Großbritanniens größtem Gegner, besetzt. Die **Königsfamilie** floh nach **Brasilien**. In der Algarve gab es massiven Widerstand gegen die Besatzung. Zwar gelang es den Portugiesen 1811, sich zu befreien, doch dachte der spätere König João VI. zunächst nicht daran, aus Brasilien nach Portugal zurückzukehren. In Lissabon wurde man derweil aktiv: 1821 traten die Cortes zusammen und entwarfen eine liberale Verfassung, die die Umwandlung Portugals in eine **konstitutionelle Monarchie** forderte. Diese Verfassung bestätigte João VI. nach seiner Rückkehr – die Ära des Absolutismus war beendet. 1826 starb João VI., ohne dass seine Nachfolge geklärt war. Unter seinen Söhnen, dem liberal gesinnten **Pedro** und dem reaktionären **Miguel**, brachen Konflikte aus, die zu Auseinandersetzungen zwischen Liberalen und Absolutisten in ganz Portugal führten und in den sogenannten **Miguelistenkriegen** (1832–1834) gipfelten. Miguel hatte die liberale Verfassung annulliert, sich selbst zum König krönen und die Liberalen verfolgen lassen. Anhänger des liberalen Pedro kämpften daraufhin gegen reaktionäre Monarchisten, die das Regime von Miguel unterstützten. In der Algarve sorgte eine monarchistisch gesinnte Guerillatruppe unter dem berüchtigten Remexido für Terror. 1833 wurde Albufeira belagert und in Brand gesetzt. 1834 wurden die Miguelisten besiegt und Miguel des Landes verwiesen.

Industrialisierung

Die Industrialisierung setzte in Portugal relativ spät ein und entwickelte sich nur allmählich. In der Algarve wurden Fischverarbeitung und Korkindustrie wichtig. Im Jahr 1889 wurde die Eisenbahnstrecke von Lissabon nach Faro eröffnet. Zu diesem Zeitpunkt lebten in der Algarve immerhin schon 230 000 Menschen.

Das Ende der Monarchie

Zu Beginn des 20. Jh.s zeichnete sich das Ende der Monarchie ab. 1908 wurden **Carlos I. und der Thronfolger Luís Filipe** in Lissabon bei einem Attentat **ermordet**. Es gab mehrere erfolglose Aufstände, die in der Unfähigkeit des Königshauses, wirtschaftliche Probleme zu lösen, begründet waren. 1910 gelang in Lissabon schließlich eine Revolution von Zivilisten und Militär. Der letzte König der Bragança-Dynastie, Manuel II., dankte ab und floh nach Großbritannien.

## Republik, Diktatur, Gegenwart

Republik und Diktatur

Am 5. Oktober 1910 rief man die Republik aus. Die Folgejahre waren durch innenpolitische Probleme und zahlreiche Regierungswechsel geprägt. 1926 wurde das demokratische System, das sich gerade zu stabilisieren begann, durch einen Militärputsch aufgelöst. **General Carmona** rief 1928 die Zweite Republik aus und holte **António de Oliveira Salazar**, zuvor Finanzminister und Begründer der faschistischen Einheitspartei União Nacional, als Ministerpräsidenten in seine Regierung. 1933 wurde der diktatorische **»Estado Novo«** (Neuer Staat) etabliert, der sich am Deutschland der Nationalsozialisten und am faschistischen Italien orientierte. Im Zweiten Weltkrieg bewahrte Portugal Neutralität, brach aber am 6. Mai 1943 seine diplomatischen Beziehungen zu Deutschland ab. Im Jahr 1969 wurden bei einem Erdbeben in der Algarve zahlreiche Häuser zerstört.

Nelkenrevolution

Die Widerstände gegen die Diktatur nahmen zu. Die Restriktionen des Regimes gegen die portugiesische Bevölkerung sowie die Sinnlosigkeit und Kostspieligkeit der Kolonialkriege in Afrika wurden immer offensichtlicher. Am **25. April 1974** kam es in Lissabon zur Nelkenrevolution, einem von großen Teilen der Bevölkerung befürworteten

António Salazar proklamierte 1933 den autoritären »Estado Novo«.

Militärputsch, mit dem die Diktatur gestürzt wurde. Zunächst wurde eine sozialistische Verfassung erlassen, es gab mehrere Regierungswechsel und zahlreiche unterschiedliche Koalitionsbildungen. Von der Grundausrichtung her war die Politik dann pro-westlich. Nach dem Beitritt zur EG 1986 stabilisierte sich die politische Lage und ein wirtschaftlicher Aufschwung setzte ein.

Krisen

2011 begann die **Finanz- und Wirtschaftskrise** in Portugal, die auch die Bevölkerung der Algarve zu spüren bekam – abgemildert durch einen etwa zeitgleich einsetzenden Aufschwung im Tourismus, der mit Problemen in der Türkei und in Nordafrika einherging. Die **steigenden Touristenzahlen** waren als ein wichtiger Wirtschaftsfaktor ausgesprochen hilfreich bei der Überwindung der Krise. Während der **Corona-Pandemie**, als praktisch keine Urlauber mehr kamen, wurde aber auch deutlich, wie stark die Algarve vom Tourismus abhängig ist. Nach dem Abflauen der Pandemie erreichten die Urlauberzahlen unerwartet schnell wieder Vor-Corona-Niveau.

Algarve heute

2024 spitzte sich der **Wassermangel** in der Region deutlicher zu als je zuvor. Der Tourismus ist eines der Probleme: Im Sommer verdreifacht sich die Menschenmenge in der Algarve und u. a. durch Swimmingpools in Ferienunterkünften, Badeparks und Golfplätze werden erhebliche Wassermengen verbraucht. In der Landwirtschaft steigt der Verbrauch und das marode Wasserleitungssystem verliert beim Transport etwa 30 % Wasser. Derzeit versucht man, zumindest dieses Problem zu lösen, was viele Baustellen in der Algarve erklärt.

# KUNSTGESCHICHTE

*Auffällig ist das Fehlen von Zeugnissen der Mauren, die immerhin ein halbes Jahrtausend im Süden Portugals residierten und im benachbarten Andalusien viele Spuren hinterlassen haben. Bleiben also die typischen portugiesischen Kirchen mit Fliesen, Blattgold und manuelinischem Dekor. Und ein paar charakteristische kulturelle Eigenarten dieses Landstrichs.*

## Kunstgeschichtliche Zeugnisse

An kunstgeschichtlichen Zeugnissen hat die Algarve nur wenig Bedeutendes zu bieten. Wie auch die portugiesische Hauptstadt wurde die Algarveküste von dem **Erdbeben im Jahr 1755** schwer erschüttert. Dabei wurden viele Bauten zerstört oder stark beschädigt, sodass aus den vorherigen Jahrhunderten nur wenig Originales bzw. nur noch Bruchstücke davon erhalten sind. Bis Mitte des 13. Jh.s machte die Algarve eine ähnliche Entwicklung durch wie Andalusien. 1250 wurde die Algarve dem portugiesischen Königreich angegliedert, von da an nahmen die kulturellen Äußerungen unterschiedliche Richtungen. Anders als in Andalusien sind in der Algarve nur noch sehr wenige Spuren der 500 Jahre währenden **maurischen Epoche** erhalten geblieben. Mehr als in baulichen Hinterlassenschaften sind Einflüsse noch in verschiedenen Lebens- und Arbeitsbereichen wie in der Sprache oder in der Landwirtschaft zu merken. Die Algarve unterscheidet sich aber auch von den nördlichen Regionen Portugals. Während die Portugiesen dort nach einer nur kurzen Anwesenheit der Mauren schon wesentlich früher christliche Kirchen bauten, die stilistisch in die romanische Epoche fallen, wurden in der Algarve die **ersten christlichen Kirchen** erst im 13. Jh. im **frühgotischen Stil** errichtet. Auffällig ist der Stein, der für einige Kirchen und Burganlagen in der Algarve verwendet wurde. Teilweise benutzte man roten Sandstein aus der Serra de Monchique, teilweise gelben Sandstein direkt von der Küste.

## Römer und Mauren

Römische Relikte

Die bedeutendsten Zeugnisse der römischen Epoche sind in **Milreu** bei Faro zu besichtigen. Dort befinden sich Gebäudereste einer römischen Patriziervilla, Thermen und ein Wasserheiligtum. Bei Vilamoura fand man Reste einer römischen Siedlung, auf dem Gelände der Quinta de Marim bei Olhão **römische Salzanlagen**. Die Brücken in Tavira und Silves sind römischen Ursprungs, in späteren Jahrhunderten aber erneuert worden.

Eine schöne portugiesische Spezialität: blau-weiße Fliesengemälde

Zeugnisse der Mauren

Fast alle Burganlagen in der Algarve gehen auf die Mauren zurück. Überreste aus dieser Zeit sind jedoch lediglich im Innenhof des Kastells in Silves zu sehen. Zu den **spärlichen Zeugnissen der maurischen Baukultur** gehören außerdem die Mauerreste einer Befestigungsanlage in Salir. Im Archäologischen Museum in Silves kann man eine Zisterne und einige kleinere Fundstücke aus der maurischen Epoche besichtigen.

## 13. bis 16. Jahrhundert

Die älteste christliche Kirche

Die älteste christliche Kirche der Algarve steht in der Nähe des Dorfes Raposeira: eine noch gut erhaltene **frühgotische Kapelle** aus dem 13. Jahrhundert. Von den Kathedralen in Silves und Faro sind nach dem Erdbeben nur Teile der einstmals gotischen Bauten stehen geblieben. In Silves kann man noch sehr gut das Hauptportal, den ehemaligen Chor und die Vierung erkennen, in Faro hat der Glockenturm die Jahrhunderte überdauert.

Manuelinik

Die nach Manuel I. benannte Manuelinik ist ein **landestypischer Ornamentstil**, der zu Beginn des 16. Jh.s ausschließlich in Portugal entwickelt wurde. Zu dieser Zeit erlebte das Land durch die Entdeckun-

gen und Eroberungen in Übersee eine **kulturelle und wirtschaftliche Blüte**, die sich unter anderem in der Baukunst niederschlug. Stilistisch gesehen entstand die Manuelinik in der Übergangszeit zwischen Gotik und Renaissance. Die Bauwerke weisen die typischen Elemente der europäischen Spätgotik oder Frührenaissance auf, in der Ornamentierung bezog man sich aber auf die nationalen Ereignisse dieser Zeit. So wurden ganz bestimmte, **immer wiederkehrende Motive** eingesetzt: das Christusritterkreuz, die Krone und das »M« für Manuel als Zeichen der Initiatoren der Eroberungen, Steintaue, kleine Karavellen, Anker und die Armillarsphäre – ein nautisches Instrument – als Symbol für die Seefahrt sowie stilisierte Korallen, Muscheln und tropische Pflanzen, Blätter und Blüten als Zeugnis des Kontakts mit fernen Ländern. Mitunter flossen auch Anregungen aus fremden Kulturen in die Architektur mit ein, wofür die Torre de Belém in Lissabon ein ausgesprochen schönes Beispiel ist.
Die wichtigsten **Architekten dieser Epoche** waren Diogo de Boytaca, die Brüder Diogo und Francisco de Arruda und João de Castilho. Bedeutende Bauten wie in Lissabon, Batalha oder Tomar, in denen der manuelinische Stil in seiner gesamten Fülle zur Entfaltung kam, gibt es in der Algarve nicht, aber es sind doch relativ viele kleine Kirchen mit manuelinischen Stilelementen zu finden. Meist sind die Eingangsportale, mitunter auch die Bögen zwischen Kirchenschiff und Chor manuelinisch verziert. Sehr schöne Beispiele sind an und in den Dorfkirchen von Alvor, Alte, Monchique, Luz de Tavira, Estômbar und Odiáxere zu sehen. Ein ungewöhnliches manuelinisches Wegkreuz ist in Silves erhalten.

Renaissance

Die Renaissance hat in Portugal eine eher geringe Rolle gespielt. Dadurch, dass man sich lange auf die Manuelinik konzentrierte, wurde eine stilistische Weiterentwicklung hinausgezögert. Mitte des 16. Jh.s standen außerdem schon deutlich weniger Mittel für große Bauvorhaben zur Verfügung und zudem bestand nach dem Ende des Goldenen Zeitalters eigentlich nur noch wenig Anlass zum Neubau von repräsentativen Bauwerken. In der Algarve sind nur an wenigen Kirchen **einzelne Renaissanceelemente** erhalten. Zumeist sind dies Eingangsportale wie in Tavira an der Igreja da Misericórdia, in Faro an der Igreja de São Pedro, in Mexilhoeira Grande oder in Castro Marim an der kleinen Igreja da Misericórdia im Burghof.

## Barock

Gold aus Brasilien

Ende des 17. Jh.s stieß man endlich auf die gesuchten **Goldminen** in Brasilien. Dadurch standen nun wieder Gelder zur Verfügung. Unter dem verschwenderischen König João V. wurden in Portugal in der ersten Hälfte des 18. Jh.s zahlreiche Kirchen und Paläste gebaut oder

OBEN: In Milreu wurde ein römisches Wasserheiligtum freigelegt. Die Archäologen stießen auf erstaunlich gut erhaltene Fischmosaiken.

UNTEN: Barocker geht's nicht: pausbackige Putten und Nossa Senhora mit dem Kind inmitten üppiger »talha dourada«: Holzschnitzereien mit Blattgoldauflage.

schon bestehende Kirchen nachträglich mit Barockaltären oder -kapellen versehen. In der Algarve gibt es relativ viele barocke Kirchenausstattungen. Eine reine Barockkirche ist die Igreja do Carmo in Faro. Berühmtheit erlangten die barocke **Igreja de São Lourenço in Almancil** mit ihren mit Azulejos (▶Das ist die Algarve, S. 24) verkleideten Wänden und die **Igreja de Santo António in Lagos** wegen der prunkvollen Verzierung mit Talha Dourada.

Talha Dourada

Die Talha Dourada ist eine portugiesische Barockspezialität: Man versteht darunter mit feinem **Blattgold überzogene Holzschnitzereien**, mit denen zumeist Kircheninnenräume ausgestattet wurden. Bei dem Holz handelte es sich vorwiegend um Eiche, das Gold kam aus Brasilien. Die Talha Dourada ist im Wesentlichen ein Ausdruck der Zurschaustellung des Wohlstands, dessen sich das Land nach der Entdeckung der brasilianischen Goldminen noch einmal erfreute. Anfangs wurden Gemälde durch Talha Dourada eingerahmt, später gestaltete man Kanzeln und Hochaltäre mit Talha Dourada und zog die Verzierung teilweise bis in die Wände hinein. In der Algarve ist die Igreja do Carmo in Faro mit Talha Dourada verziert, Paradebeispiel für die Kirchengestaltung mit Talha Dourada ist aber die Igreja de Santo António in Lagos.

## 18. und 19. Jahrhundert

Nach dem Erdbeben

Fast alle Gebäude in der Algarve, seien es Wohnhäuser, öffentliche Gebäude oder Kirchen, entstanden nach 1755, also nach dem Erdbeben. Sie wurden wiedererrichtet oder gänzlich neu gebaut. Der damalige Bischof der Algarve, Francisco Gomes do Avelar, setzte sich Ende des 18. Jh.s für den Wiederaufbau zahlreicher Sakralbauten ein. Der italienische Architekt Francisco Xavier Fabri, der auch in Lissabon viele Bauten übernahm, wurde in die Algarve geholt und war dort maßgeblich an den Baumaßnahmen beteiligt. Unter den Bauwerken, die in der Zeit nach dem Erdbeben als Neubauten entstanden, ist der **Palast in Estói** hervorzuheben.

Städtebauliche Anlage

Durch das Erdbeben 1755 waren einige Städte vollkommen zerstört worden. In Lissabon musste die gesamte Unterstadt neu aufgebaut werden. Dabei wurde ein Prinzip verfolgt, das den weltanschaulichen Vorstellungen des damaligen Ministers **Marquês de Pombal** (▶Interessante Menschen) entsprach. Pombal gilt als wichtigster Vertreter des aufgeklärten Absolutismus in Portugal. Er ließ die Unterstadt als wohlgeordnete, rational und funktional ausgerichtete Schachbrettanlage aufbauen. Dasselbe Prinzip verfolgte er bei dem völligen Neuaufbau der Stadt **Vila Real de Santo António** in der Algarve, die quasi auf die grüne Fläche gesetzt wurde.

BAEDEKER ÜBERRASCHENDES

# 6x UNTERSCHÄTZT

*Genau hinsehen, nicht dran vorbeigehen, einfach probieren!*

## 1. UNBEMERKT

Die kleine Landstadt hat es in sich. Im Dunstkreis des einzigen Museums hat sich ein Kreis von Kulturliebhabern und Aktiven zusammengefunden, die **São Brás de Alportel** mit Jazz, Yoga, Theater und mehr dauerhaft aus dem Landschlaf geholt haben – unmerklich auf den ersten Blick. (▶ **S. 139**)

## 2. ANGEWACHSEN

Wenn Hotels, Apartments, Ferienhäuser und Campingplätze im Sommer voll sind, steigt die **»Bevölkerung« der Algarve** auf das Doppelte, teilweise sogar auf das Dreifache an. (▶ **S. 196**)

## 3. ABGEDRIFTET

Sie ziehen einen ins Meer, und gegen sie ist kein Ankommen: Sogenannte **Rip-Strömungen** können selbst gute Schwimmer in Schwierigkeiten bringen. Vorsicht beim Baden im Atlantik! (▶ **S. 238**)

## 4. VON OBEN GESEHEN

Die sorgsam eingearbeiteten **Pflastermosaiken** auf Fußwegen und Plätzen erschließen sich am schönsten von oben. Gucken Sie sich die Städte aus der Google-Maps-Perspektive an, z. B. den Jardim Manuel Bivar neben der Marina in Faro! (▶ **S. 224**)

## 5. ÜBERGESETZT

Kaum zu glauben, dass man so schnell in Andalusien ist! Jedenfalls nicht mitten im Nichts, in **Alcoutim**, wo es weit und breit keine Brücke über den Guadiana gibt. Aber doch: Eine Miniaturfähre bringt einen auf Zuruf hinüber. Achtung – am anderen Ufer ist's eine Stunde später! (▶ **S. 51**)

## 6. VERKANNT

Über Besuchermassen kann sie sich wirklich nicht beklagen, die **Kapelle Nossa Senhora de Guadalupe**. Die älteste Algarvekirche steht wenig beachtet mitten in der Landschaft. (▶ **S. 171**)

## 20. Jahrhundert und Gegenwart

**Die neue Algarve** Ganz entscheidend hat das 20. Jh. das Gesicht der Algarve geprägt. Ab den 1960er-Jahren wurden touristische Projekte gebaut, spätestens seit Ende der 1970er-Jahre schossen die Hochhäuser in die Höhe. Eine auffällige Konstruktion aus den frühen 1990er-Jahren ist die Autobrücke bei Portimão über den Rio Arade. Manche neue Shoppingcenter sind architektonisch interessant: Preisgekrönt ist das 2001 eröffnete Forum Algarve bei Faro. 2017 entstand das Designer Outlet Algarve bei Loulé, das als Algarvedorf konzipiert ist.

**Pflastermosaiken** In ganz Portugal gibt es Plätze und Fußwege, die mit schwarz-weißen Pflastermosaiken gestaltet sind. Angeblich kam man nach dem Erdbeben 1755 auf die Idee, aus den Trümmern der Wohnhäuser, Paläste und Kirchen kleine Quadersteine herzustellen und damit die Gehsteige zu bepflastern. Oft sind in mühevoller Kleinarbeit schöne Motive oder Muster eingearbeitet worden. Als **»calceteiros«** werden die Handwerker bezeichnet, die diese Arbeit übernehmen. Einstmals ein verbreiteter Beruf in Portugal, arbeiten heute nur noch extrem wenige »calceteiros« für sehr niedrige Löhne. In den Zentren von Faro, Lagos, Albufeira und Portimão sind solche Pflastermosaiken zu sehen. Besonders schön sind der Jardim Manuel Bivar in Faro oder die Praça do Marquês de Pombal in Vila Real de Santo António gestaltet worden, wo 1879 ein strahlenförmiges Motiv angelegt wurde.
In Zeiten von Google Maps etc. kann man die Schönheit der Mosaiken auf Plätzen und Fußwegen ganz anders schätzen: Erst der Blick aus der »Google-Perspektive« zeigt, wie planmäßig und akkurat die Muster angelegt sind. Lohnend sind z. B. der Jardim Manuel Bivar und die Fußgängerzone in Faro, die Av. Infante Dom Henrique in Monte Gordo, Marina und Praça Marquês de Pombal in Vila Real de Santo António oder das Zentrum und die Avenida dos Descobrimentos in Lagos.

**Mühlen** Mühlen gehören in der Algarve der Vergangenheit an. Einstmals waren die weiß getünchten runden und leicht konischen Mühlen ein Charakteristikum der Algarvelandschaft. Man bespannte sie mit kleinen **dreieckigen Segeln** und stattete sie oft auch mit **Tonkrügen** aus, die beim Drehen der Flügel ein pfeifendes Geräusch erzeugten und dem Müller die Windstärke anzeigten. In der Algarve sind die schönsten Exemplare unter den wenigen noch erhaltenen Mühlen bei São Brás de Alportel, in Odeceixe und in Odiáxere zu sehen.

**Açoteias** Açoteias gibt es vor allem in Olhão und im benachbarten Fuzeta. Dort entstand ein charakteristischer Typus von kubischen ein- bis dreigeschossigen Fischerhäusern. Sie sind alle mit den als Açoteias bezeichneten **Flachdächern oder Dachterrassen** ausgestattet, die zum Trocknen von Wäsche, Fisch, Früchten und von Netzen und anderen

In Odeceixe steht eine der wenigen noch verbliebenen Mühlen. Wenn ein leichter Wind geht, pfeift es in den kleinen Tonkrügen.

Fischerutensilien dienen. Von vielen Açoteias kommt man auf Mirantes, kleine Ausgucktürmchen, auf die angeblich die Fischersfrauen stiegen, um nach ihren Männern auf See Ausschau zu halten.

### Chaminés

Ein Wahrzeichen der Algarve sind die Chaminés, die Schornsteine. Die **Kamine der Algarve** dienen nicht nur als Rauchabzug, sie sind ganz offensichtlich ein Kunstwerk eigener Art. Wer darauf achtet, wird bemerken, wie viele unterschiedliche Exemplare es gibt: Sie sind rund oder eckig, tragen Walmdächer oder Spitztürme, sehen aus wie ein hohes Vogelhaus oder wie ein kurzes Minarett. Völlig unterschiedlich sind auch die Lochmuster ihrer Seitenwände. Früher waren alle Chaminés handgefertigt und Einzelstücke. Heute kauft man auch in Serie produzierte Kamine.

### Malerei und Bildhauerei

Kunstgeschichtlich bedeutende zeitgenössische Gemälde oder Bildhauerarbeiten sind in der Algarve kaum zu finden. Im Museu Municipal in Faro sind wenige, nicht besonders spektakuläre portugiesische Malereien des 19. und beginnenden 20. Jh.s ausgestellt. Mehrere Galerien und Kulturzentren zeigen zeitgenössische Kunst. An modernen Bildhauerarbeiten ist in erster Linie die Skulptur des Königs Dom Sebastião auf der Praça Gil Eanes in Lagos zu erwähnen. Sie ist das

Werk von **João Cutileiro** (1937–2021), einem der berühmtesten portugiesischen Bildhauer des 20./21. Jahrhunderts. Er hat die Figur des Dom Sebastião zu Beginn der 1970er-Jahre geschaffen – dargestellt ist kein Herrscher, sondern ein junger Mann mit fast etwas naivem Ausdruck in einer Ritterrüstung. Sie ist heute aus dem Stadtbild nicht mehr wegzudenken: Gern wird der in Stein festgehaltene junge König von Straßenkünstlern oder für ein Urlaubsfoto imitiert.

## Folklore

Festas

Die beste Gelegenheit, portugiesische Folklore kennenzulernen, hat man bei den »festas«, die das ganze Jahr über in Portugal gefeiert werden. Bei Volksfesten aller Art, vor allem aber bei den Heiligenfesten, treten regionale **Musik- und Volkstanzgruppen** auf, die die für die jeweilige Gegend typische Musik spielen und Tänze in traditionellen Kostümen der Region vorführen.

Instrumente

Typische Instrumente der portugiesischen Folklore sind Gitarren, mitunter die mit Metallsaiten bespannte »viola de arame«, Tonflöten (pipas), Dudelsack (gaitas de foles) und vor allem ein zweiseitig bezogenes, eckiges Tamburin (adufe).

Tänze

Bei den Tänzen unterscheidet man zwischen den »danças«, die für einen bestimmten Anlass einstudiert werden, und den »bailes«, die in der jeweiligen Gegend allgemein bekannt sind. In der Algarve ist insbesondere der **»corridinho«** beliebt, eine schnelle Polka, die zu Gitarre, Akkordeon und mitunter zu Querpfeifen, Mandoline und Kastagnetten getanzt wird.

# INTERESSANTE MENSCHEN

## Schuf den ältesten noch existierenden Globus: Martin Behaim

1459–1507
Geograf

Mit Christoph Kolumbus hatte er Kontakt und mit Ferdinand Magellan stand er in regem Austausch: Der Nürnberger Martin Behaim war in Portugal als Geograf hoch angesehen und an der Vorbereitung der portugiesischen Weltmeerbesegelungen beteiligt. 1484 hatte er in

Lissabon vorgegeben, ein Schüler des bekannten Forschers und Mathematikers Regiomontanus zu sein – Regiomontanus, mit eigentlichem Namen Johannes Müller, war als Astronom in Nürnberg tätig und mit der Errechnung der Planetenstände beschäftigt. Der portugiesische Hof unter João II. hatte Behaim daraufhin in die **»Junta der Astronomen und Mathematiker«** aufgenommen, die den portugiesischen Seefahrern neueste theoretische Erkenntnisse lieferte. 1486 war Behaim vermutlich Mitglied der Expedition von Diogo Cão, der die afrikanische Küste bis in Höhe des heutigen Namibia entlangsegelte. 1491 kehrte er nach Nürnberg zurück und schuf dort einen Globus, der als der älteste noch erhaltene Erdglobus in die Geschichte einging. Er zeigt den Indischen Ozean als Binnenmeer, Japan weiter östlich als in der Realität. Amerika, das Christoph Kolumbus gerade erreicht hatte, fehlt noch völlig.

## Kindergärten und Lyrik: João de Deus

1830–1896
Pädagoge und Dichter

Nach João de Deus sind in Portugal zahlreiche Straßen und viele Kindergärten benannt. Er entwickelte ein Modell, das der **Montessori-Methode** nahesteht und mit dem bis heute viele Kindergärten arbeiten. Fast 50 war er, als er begann, sich mit verschiedenen Erziehungsmethoden zu beschäftigen. Vorher hatte er schon als Journalist und als Politiker gearbeitet – 1868 war er zum Abgeordneten im Landkreis Silves gewählt worden. Nebenbei schrieb João de Deus, geschätzt wurde er besonders als Verfasser einer von ungekünstelten Emotionen geprägten Lyrik, weniger bekannt war seine satirische Poesie. 1869 erschien sein erster Gedichtband. Er lebte damals in Lissabon und hatte sich in der Literatenszene der Hauptstadt einen Namen gemacht. João de Deus stammte aus der Algarve, aus São Bartolomeu de Messines bei Silves, und ist dort als Sohn eines Ladenbesitzers aufgewachsen.

## Als erster Europäer um Afrikas Südspitze: Bartolomeu Dias

1450–1500
Christusritter und Seefahrer

Vom portugiesischen König beauftragt, den Seeweg nach Indien zu finden, stieß Bartolomeu Dias 1487 von Portimão aus in See. Er umfuhr 1488 das Kap der Guten Hoffnung, war sich dessen allerdings nicht bewusst, da er in einen schweren Sturm geraten war. Erst auf der Rückfahrt wurde ihm klar, dass er die Südspitze Afrikas umsegelt hatte. Er bezeichnete das Kap als **Cabo Tormentoso** (Stürmisches Kap). João II. wählte einen optimistischeren Namen: Cabo da Boa Esperança (Kap der Guten Hoffnung), wohl auch als Ausdruck der Zuversicht, einen Meilenstein für die Entdeckung des Seewegs nach Indien gesetzt zu haben. Bartolomeu Dias war noch an weiteren bedeutenden Seefahrten beteiligt. Als Vasco da Gama im Juli 1497 zu seiner Fahrt nach Indien aufbrach, begleitete Bartolomeu Dias die Flotte bis auf Höhe des westafrikanischen Cabo Verde. Im Jahr 1500 nahm er mit einem eigenen Schiff an der Fahrt teil, bei der unter der Führung von Pedro Álvares Cabral Brasilien entdeckt wurde. Auf dem Rückweg von Südamerika zog an der Südspitze von Afrika ein Unwetter auf. Bartolomeu Dias geriet in Seenot und kam in unmittelbarer Nähe des ehedem von ihm erkundeten Kaps ums Leben.

## Umsegelte das Kap Bojador: Gil Eanes

geb. um 1400
Seefahrer

Im Mittelalter ging man davon aus, dass sich jenseits des westafrikanischen Kaps Bojador ein brodelndes Meer befände, in dem Seeungeheuer lebten, die ganze Schiffe und deren Mannschaft verschlängen. Heinrich der Seefahrer und sein Forscherteam waren davon überzeugt, dass sich das Meer jenseits des Kaps nicht von dem vor Portugals Küste unterscheide. Gil Eanes hielt die neuen Thesen für glaubwürdig und **wagte die Fahrt ins Ungewisse**. 1434 segelte er um das Kap Bojador herum. Nach der geglückten Erkundungsfahrt startete er ein zweites Mal und landete knapp 300 km weiter südlich an der afrikanischen Westküste. 1444 war er an einer bewaffneten Expedition nach Lanzarote beteiligt. Gil Eanes oder auch Gil Eannes stammte aus Lagos und gilt als Wegbereiter für die Entdeckungen und Eroberungen an der Küste Westafrikas und die erste Afrikaumsegelung.

## Weltfußballer: Luís Figo

geb. 1972
Fußballer

Unter den vielen Prominenten und Weltstars, die es zur Erholung in die Algarve zieht, gibt Figo als einer der wenigen ein Heimspiel. Eine einfache Bar im Hafen von Vilamoura, 1979 von Paulo China aufgemacht, war in den Familienferien die Stammbar des jungen unbekannten Luís Figo – eine Bar, die in dem sonst mondänen Vilamoura aus dem Rahmen fiel. Später machte Figo gemeinsam mit Paulo China – Einwanderer aus Mosambik und Inhaber mehrerer bekannter Algarvebars – eine eigene Bar in der Marina auf, das »Sete Café«, benannt nach seiner Rückennummer, heute »Decklounge 7«. Figo stammt aus Almada südlich von Lissabon und wuchs in einem gesichtslosen Arbeiterviertel auf. Dort spielte er Fußball in einem unbedeutenden Vorstadtverein, den »Pastilhas«, wurde in seinem Klub aber entdeckt. Mit zwölf kam er in die Jugendmannschaft von Sporting Lissabon, 1990 gab er dort mit 17 Jahren sein

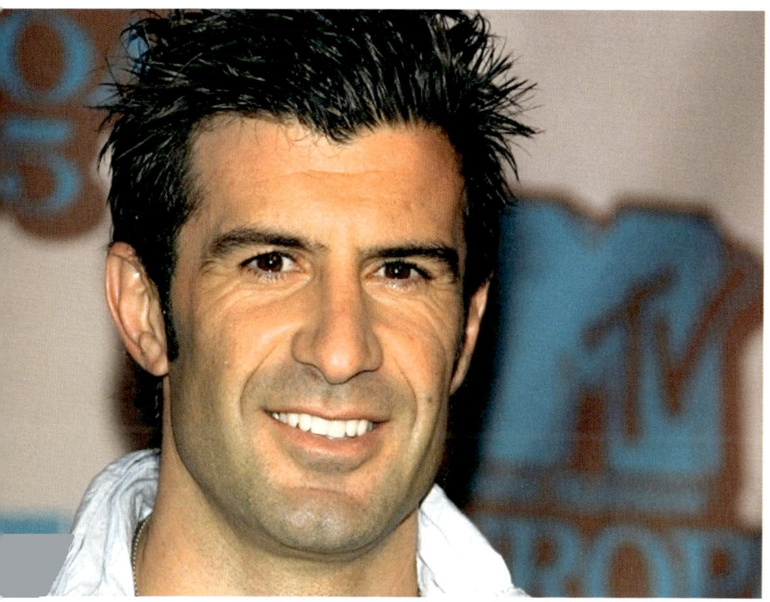

Luís Figo – 2001 Weltfußballer des Jahres

Debüt im Profiteam. Fünf Jahre blieb er bei Sporting Lissabon, ging dann nach Barcelona, anschließend zu Real Madrid und wechselte von dort 2005 zu Inter Mailand. Im Jahr 2000 kürte Europa ihn zum Fußballer des Jahres, 2001 wurde er Weltfußballer des Jahres. Von 1991 bis 2006 spielte er in der **portugiesischen Nationalmannschaft**. 2015 kandidierte er für das Amt des FIFA-Präsidenten, zog die Kandidatur aber zurück, als durch den FIFA-Skandal die Strukturen in dem Verband deutlich wurden. Figo hat für seine Fußballkarriere ein Psychologiestudium abgebrochen.

## Erster König der Renaissance: João II.

1455–1495
König

In die Geschichte ging João II. unter dem Namen **»Johann der Vollkommene«** ein, da er das Land zur Zeit der Entdeckungs- und Eroberungsfahrten sehr sicher leitete und die Rolle Portugals als eine der führenden See- und Handelsmächte vorbereitete. Während sein Vater Afonso V. noch dem Mittelalter verhaftet war, war João II. offen für das Gedankengut der Renaissance. Er **förderte die Entdeckungsreisen** und ließ die »Junta der Astronomen und Mathematiker« gründen, um den Seefahrern theoretisches Hinter-

BAEDEKER WISSEN

# DER SEEFAHRER, DER NUR EINE GROSSE SEEFAHRT MACHTE

*Heinrich, 1394 als dritter Sohn König Joãos I. geboren, gab die Geschichte später den Beinamen »der Seefahrer«, obwohl er selbst nie an einer längeren Seereise teilgenommen hat. An seinem 500. Todestag im Jahr 1960 wurden große Denkmäler aufgestellt. Doch wer war dieser Heinrich, der im 19. Jahrhundert glorifiziert und im Nachhinein hochstilisiert wurde?*

So viel steht fest: Dom Henrique O Navegador, Heinrich der Seefahrer, war eine zentrale Figur bei den groß angelegten Weltmeerbesegelungen der Portugiesen, eine der wichtigsten und wissensdurstigsten Personen der frühen portugiesischen Entdeckungs- und Eroberungsgeschichte.

## Meer der Finsternis

Heinrich wurde am 4. März 1394 in Porto geboren. Durch die **Eroberung des marokkanischen Ceuta** erwarb er sich schon früh Ansehen, sein Ruhm verbreitete sich damals in ganz Europa. Sein Vater übertrug ihm die Verteidigung und Verwaltung von Ceuta. Begierig nahm er Erzählungen und **Berichte von arabischen Händlern** auf, die an den Küsten Afrikas entlanggesegelt waren oder auf dem afrikanischen Festland Handelsreisen unternommen hatten. Haargenau wollte er wissen, wie es in diesen fernen Regionen aussah. Allmählich dämmerte ihm, dass südlich des Cabo Bojador im **»mar tenebroso«**, im Meer der Finsternis, keine Ungeheuer hausen konnten, die den Seefahrern Böses wollten. Das Meer wurde offenbar auch nicht immer salziger, dickflüssiger, zäher und heißer, wie man sich in Portugal erzählte. Und die Vorstellung, dass die Schiffe jenseits des südmarokkanischen Kaps in einen Strudel gesogen und am Ende an der Weltkante abstürzen würden, war für ihn absurd.

## Zentrum der Seefahrt

Die portugiesischen Herrscher unterstützten Heinrichs seefahrerische Ambitionen. Im Oktober 1443 wurde ihm das alleinige Recht zur Durchführung aller Schiffsreisen südlich des Kaps Bojador zugestanden. Nur wenige Tage später übertrug man ihm das **Gebiet von Sagres**. Aber erst ab 1457 lebte er überwiegend in der Region Sagres – sehr zurückgezogen im Übrigen, einfach gekleidet und von tiefer Frömmigkeit geprägt, will man dem Hofbiografen Zurara Glauben schenken. Verschiedenen zeitgenössischen Berichten ist zu entnehmen, dass der Infant beabsichtigte, in Sagres ein ehrgeiziges Hafenprojekt zu verwirklichen. Es gibt jedoch keine Belege dafür, dass diese Idee der Wirklichkeit entsprach. Wohl aber geht man davon aus, dass Heinrich in Sagres, am südwestlichsten Rand Portugals, **Seefahrer, Geografen, Nautiker, Astronomen, Kartografen** um sich sammelte und versuchte, ihre Kenntnisse zu verbinden und für die praktische Seefahrt nützlich zu machen. In dieser Zeit war die Algarve zweifelsohne das Zentrum der portugiesischen Seefahrt. Die Forschungen müssen gut organisiert und sehr effektiv gewesen sein.

Nicht zuletzt wurde die **Karavelle**, ein Schiffstyp, bei dem arabische und nordeuropäische Vorbilder eingeflossen waren, entwickelt. Sie erwies sich in der Praxis als ausgesprochen stabil, wendig und manövrierfähig.

## Enthüllungen

Lange Zeit wurden die Unternehmungen des Infanten als uneigennützig hingestellt, erst neuere Forschungen ergaben, dass auch oder sogar vor allem **persönliche Geschäftsinteressen** eine Rolle spielten. Heinrich der Seefahrer war offenbar an einer Handelsgesellschaft in Lagos beteiligt, die zu seiner Zeit ein Monopol auf sämtliche neue Waren hatte, die aus Afrika nach Portugal kamen. Das Monopol auf den Thunfischfang hatte er schon länger. Schließlich wurde auch noch offenkundig, dass Prinz Heinrich seine Forschungen nicht nur mit den Mitteln des Christusritterordens, zu dessen Großmeister er mit 24 Jahren ernannt worden war, sondern in nicht unerheblichem Maß mit **Steuergeldern** auch der einfachen Leute der Algarve finanziert hat. Und nicht zuletzt wiesen die Forscher darauf hin, dass der Infant seine Ziele allesamt höchst rigoros verfolgte, was sogar so weit führte, dass er nicht einmal seinen eigenen Bruder rettete, als der von den Arabern gefangen genommen wurde und gegen das eroberte Ceuta ausgetauscht werden sollte.

## Heinrich und die Folgen

Mit seinem für die damalige Zeit unkonventionellen Denken hat sich Heinrich der Seefahrer, der nur eine einzige Seereise nach Ceuta unternommen hat, **von den mittelalterlichen Glaubensvorstellungen seiner Zeit entfernt** – und dies ist wohl seine eigentliche Leistung gewesen, die nicht infrage gestellt werden kann. Die Folgen seiner Unternehmungen hat Heinrich nicht mehr erlebt. Wahrscheinlich hat er nicht einmal annähernd geahnt, dass bzw. wie sich die Welt nach ihm und seinem Wirken unwiederbringlich verändern würde. Er starb 1460 – noch bevor die Portugiesen überhaupt den Äquator erreicht hatten.

grundwissen zu liefern. In seiner Regierungszeit wurde die Kongo-Mündung entdeckt und das Kap der Guten Hoffnung umsegelt. Allerdings fiel in Joãos II. Amtszeit auch die durch die spanische Krone unterstützte Entdeckung Amerikas durch **Christoph Kolumbus**, was in Portugal einen deutlichen Wermutstropfen hinterließ. Die Portugiesen waren damals ausschließlich mit der Suche nach dem Seeweg nach Indien beschäftigt. Kolumbus hatte seine Vorschläge für eine Route zu den Gewürzländern auch eindringlich bei João II. dargelegt. Der König ließ die Pläne von seinem Astronomenkonvent prüfen, der zu dem Ergebnis kam, dass der von Kolumbus vorgeschlagene Weg in Richtung Westen nicht nach Indien und Japan führen könne bzw. erheblich länger sei als eine östliche Route. Als Kolumbus 1492 durch Zufall auf den amerikanischen Kontinent stieß, hatte Portugal das Nachsehen. 1495 reiste João II. zu einem Kuraufenthalt in die Algarve nach Monchique und starb kurze Zeit später vierzigjährig in Alvor. In der Kathedrale von Silves fand ein großes Begräbnis statt.

## Beschreibt die portugiesische Gesellschaft: Lídia Jorge

geb. 1946
Schriftstellerin

Lídia Jorge aus dem kleinen Algarveort Boliqueime in der Nähe von Albufeira ist eine der bekanntesten Autorinnen Portugals. Mit neun Jahren kam sie in Faro aufs Gymnasium und wurde dort erstmals mit (klein-)städtischem Leben konfrontiert. Sie studierte in Lissabon Romanistik und lehrte dort später Literaturwissenschaft an der Universität. Seit dem Erscheinen ihrer Romane in den 1980er-Jahren – u. a. »O Dia dos Prodígios« (Der Tag der Wunder) und »A Costa dos Murmúrios« (Küste des Raunens) – hat Lídia Jorge einen **festen Platz in der portugiesischen Gegenwartsliteratur**. Ihre Themen sind die politische und gesellschaftliche Situation in Portugal. In »O Dia dos Prodígios« schildert sie das Leben in dem verschlafenen Vilamaninhos, einem fiktiven Algarvedorf, in dem die Bevölkerung nach der Nelkenrevolution auf die großen Veränderungen hofft.

## Aufklärerische Ideen: Marquês de Pombal

1699–1782
Staatsmann

Der Marquês – mit vollem Namen Sebastião José de Carvalho e Mello Marquês de Pombal – war wichtiger **Wegbereiter des aufgeklärten Absolutismus in Portugal**, unter José I. Außenminister und ab 1756 Premierminister. Er reformierte das Bildungswesen, die Staatsfinanzen, Handel und Gewerbe und arbeitete an der Loslösung von Großbritanniens wirtschaftlicher Hegemonie sowie an der Abschaffung der

Sklaverei. In der Wahl der Mittel zeigte er sich allerdings wenig zimperlich. Leidenschaftlich bekämpfte er Jesuiten und Kleinadel, die mit ihren Privilegien seinen Reformbestrebungen im Wege standen. Hervorragend waren seine Verdienste um den Wiederaufbau von Lissabon nach dem Erdbeben 1755. Nach einem damals hochmodernen städtebaulichen Modell, das seinem weltanschaulichen Konzept entsprach, baute er die **Lissabonner Unterstadt** wieder auf. In der Algarve ließ er in gleicher Weise in nur fünf Monaten die Stadt Vila Real de Santo António auf schachbrettartigem Grundriss neu bauen – anstelle eines durch eine Flutkatastrophe zerstörten Ortes. Nach dem Tod von José I. fiel der Marquês in Ungnade und wurde in den Ort Pombal verbannt.

## Der »Ersehnte«: Dom Sebastião

um 1554–1578
König

Weniger die reale Person als vielmehr ein Mythos hat dem portugiesischen König Bedeutung verliehen. Dom Sebastiãos Vater verunglückte kurz vor seiner Geburt. Dadurch wurde er mit dem Tod seines Großvaters João III. 1557, also mit drei Jahren, Thronfolger. Bis

Beschreibt das Leben in abgelegenen Algarvedörfern: Lídia Jorge.

zu seinem 14. Lebensjahr übernahm ein Bruder Joãos III. die Regentschaft, dann kam der junge Dom Sebastião, der schon seit seiner Geburt den Beinamen »der Ersehnte« trug, an die Regierung. Er wird als fanatisch religiös beschrieben und eines seiner Ziele war es, Nordafrika unter christliche Herrschaft zu bringen. 1578 startete er von Lagos aus, um seine Mission zu erfüllen. Bei Alcácer Quibir kam es zu einer **verheerenden Schlacht**, bei der 8000 Soldaten umkamen. Dass auch der junge König fiel, wollte in Portugal niemand wahrhaben, man hoffte noch lange auf seine Rückkehr. Seitdem ist Sebastião zur Gestalt des Retters hochstilisiert worden, auf den man in schlechten Zeiten wartet – sein Auftauchen soll alles zum Guten wenden.

## Algarve-Guerillero: José Joaquim de Sousa Reis

gest. 1838
Kämpfer

Als Anführer einer algarvischen Guerillatruppe ging José Joaquim de Sousa Reis unter dem Namen **Remexido** (Aufrührer) in die portugiesische Geschichte ein. Er stammte aus Estômbar und lebte lange in São Bartolomeu de Messines. Zu Regierungszeiten des absolutistischen Miguel war er Kommandeur einer militärischen Einheit. 1833 besetzten liberale Truppen Teile der Algarve, in den sich anschließenden Bürgerkriegen führte der Remexido die westalgarvischen Streitkräfte an. Der Bürgerkrieg wurde 1834 beendet, die Auseinandersetzungen gingen aber unterschwellig weiter. 1836 wurde der Remexido wieder aktiv. Mit einer kleinen bewaffneten Gruppe fiel er in die Dörfer ein und ging gegen Liberale vor. In einer Infanteriekaserne veranstaltete er ein Blutbad, etliche Soldaten wurden ermordet. Die **Guerillatruppe** hielt sich im unzugänglichen Bergland auf und konnte selbst durch Spezialeinheiten nicht außer Gefecht gesetzt werden. Letztlich wurde der Remexido 1838 östlich von São Marcos da Serra aufgespürt. In Faro wurde er zum Tode verurteilt und im August 1838 standrechtlich erschossen.

## Geteilter Heiliger: São Vicente

gest. 304
christlicher
Märtyrer

Nach São Vicente ist das südwestlichste Kap Portugals benannt. In Saragossa war der Heilige als Diakon enger Mitarbeiter des Bischofs Valerius. Im Jahr 304 vollstreckte man ein Todesurteil gegen ihn, angeblich wurde er auf ein glühendes Gitter gelegt. Begraben wurde er in Valencia. Rund 100 Jahre später begann ein Kult um den Heiliggesprochenen. Nach portugiesischer Überlieferung wurde im 8. Jh. ein **führerloses Boot mit zwei Krähen und dem Leichnam** des heiligen Vicente am Cabo de São Vicente angetrieben. Realistischer scheint die Version, nach der Christen bei der Invasion der Araber aus Valencia flohen und den Leichnam des Heiligen mitnahmen. Sie landeten an dem Kap, wo sie offenbar eine Kapelle zu seinen Ehren bauten. In arabischen Schriften wird eine »Krähenkirche« erwähnt, das Kap selbst als »Krähenkap« bezeichnet. Nachdem Lissabon aus arabischer Hand erobert worden war, wurden die Gebeine des heiligen Vicente dorthin gebracht. São Vicente wird als **Heiliger der Seefahrer und der Winzer** verehrt und er ist der Stadtheilige von Lissabon. Allerdings muss Portugal den Heiligen mit Spanien teilen, denn auch dort wird er verehrt und auch dort – in Ávila – gibt es ein Grab in einer ihm geweihten Kirche.

## Der Erfinder des Reiseführers: Karl Baedeker

1801–1859
Verleger

Als Buchhändler kam Karl Baedeker viel herum und überall ärgerte er sich über die »Lohnbedienten«, die die Neuankömmlinge gegen Trinkgeld in den erstbesten Gasthof schleppten. Nur: Wie sollte man sonst wissen, wo man übernachten könnte und was es anzuschauen gäbe? In seiner Buchhandlung hatte er zwar Fahrpläne, Reiseberichte und gelehrte Abhandlungen über Kunstsammlungen. Aber wollte man das mit sich herumschleppen? Wie wäre es denn, wenn man all das zusammenfasste?

Gedacht, getan: Zwar hatte er sein erstes Reisebuch, die 1832 erschienene »Rheinreise«, noch nicht einmal selbst geschrieben. Aber er entwickelte es von Auflage zu Auflage weiter. Mit der Einteilung in »Allgemein Wissenswertes«, »Praktisches« und »Beschreibung der Merk-(Sehens-)würdigkeiten« fand er die klassische Gliederung des Reiseführers, die bis heute ihre Gültigkeit hat. Bald waren immer mehr Menschen unterwegs mit seinen **»Handbüchlein für Reisende, die sich selbst leicht und schnell zurechtfinden wollen«**. Die Reisenden hatten sich befreit, und sie verdanken es bis heute Karl Baedeker.

Die Algarve beschreibt er erstmals in der 1897 erschienenen 1. Auflage von »Baedeker's Spanien und Portugal«:

> »
> Die Häuser sind meist leicht gebaut, die Zimmer selten heizbar. Die Verpflegung ist aber meist recht gut und die Reinlichkeit befriedigend. In kleineren Häusern sind die Betten manchmal recht hart.
> «

*Baedeker's Spanien und Portugal, 3. Auflage 1906*

# E
# ERLEBEN & GENIESSEN

*Überraschend, stimulierend, bereichernd*

Mit unseren Ideen erleben und genießen Sie die Algarve.

Algarvische Cataplana: Dieser Eintopf aus Meeresfrüchten ist im Kupfergefäß gegart. ▶

# BEWEGEN UND ENTSPANNEN

*Alle, die einmal im Süden Portugals waren, werden es bestätigen: Die Strände der Algarve gehören zu den schönsten Europas – in verschiedenen Rankings zählt mancher Algarvestrand sogar zu den besten weltweit. Und Kenner wissen, dass es sich mit den Golfplätzen ähnlich verhält: Der Südwesten Europas gilt als eine der Top-Golfdestinationen. Und was meinen Surfer, Radler und Wanderer?*

## Badestrände

Die Algarve ist für ihre unglaublich schönen Strände bekannt, einige mit wahrhaft malerischen Felsen haben geradezu Berühmtheit erlangt. Manche Strände sind das Nonplusultra für **Surfer**, andere für **Familien** mit kleinen Kindern. Wieder andere können als Traumstrände für **Ruhesuchende** inmitten großartiger Natur gelten – denn es gibt auch sehr schöne leere Strände in der Algarve.

An mehr als 80 Algarvestränden weht in der Saison die **Blaue Flagge**, die gute Wasserqualität, Sicherheit und Sauberkeit am Strand verspricht und jeweils für ein Jahr vergeben wird. Umweltbewusstsein wird großgeschrieben. Wie lange es dauert, bis achtlos weggeworfene Materialien komplett verrottet sind, kann man mancherorts kleinen Informationstafeln entnehmen: Zigarettenfilter brauchen fünf Jahre, eine Plastikflasche 100 bis 500 Jahre. Wer das weiß, trägt seinen Müll bis sonstwohin. An manchen Stränden können Raucher sogar Strandaschenbecher ausleihen – fabrikneue mit Deckel oder alte bemalte Joghurtgläser.

Für Sicherheit sorgen Rettungsschwimmer an **bewachten Stränden**, an denen eine grüne, gelbe oder rote Flagge weht. Bei »Grün« ist Baden ohne Probleme möglich, bei »Gelb« ist Baden gefährlich, bei »Rot« verboten. Der Atlantik hat es in sich, vor allem sogenannte **Rip-Strömungen** können lebensgefährlich werden. Die unsichtbaren Strömungen ziehen einen aufs Meer hinaus und man sollte nicht gegen sie anschwimmen. Besser ist es, quer zum Ufer zu schwimmen oder sich treiben zu lassen und erst dann Richtung Land zu schwimmen, wenn die Strömung vorbei ist.

Die Algarve hat ganz unterschiedliche **Küstenlandschaften**: die Costa Vicentina im Westen mit weitgehend unberührten und vielfach menschenleeren Stränden, die Felsalgarve mit wunderbaren Sandbuchten und die Sandalgarve im Osten mit ihren endlos langen, flachen Stränden.

## Costa Vicentina

An der Westküste erstreckt sich von Odeceixe bis zum Cabo de São Vicente die Costa Vicentina, ein unter Landschaftsschutz gestellter Küstenabschnitt, an dem das Klima rau und windig ist und die Wassertemperaturen drei bis vier Grad niedriger liegen als weiter östlich an der Algarveküste. Wer das Klima und eine **wilde Natur** mag, ist an diesen weiten, leeren Stränden inmitten einer **beeindruckenden Landschaft** richtig. Die starke Brandung ist nicht zu unterschätzen: **Surfer** lieben sie, mit Kindern muss man genau wissen, welche Strände geeignet sind, oder an Strände weiter östlich gehen. Bei den Reisezielen von A bis Z ist dieser Küstenabschnitt beschrieben (▶Costa Vicentina).

## Felsalgarve

An der beliebten Felsalgarve überwiegen kleine Buchten, die in der Hauptsaison oft mehr als gut besucht sind, die Infrastruktur ist gut, fast überall findet man Strandlokale, oft auch Wassersportmöglichkeiten. Der raue Einfluss des Atlantiks schwächt sich nach Osten hin ab. **Zwischen eindrucksvollen Felsen** gibt es schöne Badestrände mit klarem Wasser, feinem Sand und der Möglichkeit, auch mal ein schatti-

Die traumhaft schönen Strände machten die Algarve berühmt.

ges Plätzchen zu finden. Man sollte sein Strandlaken allerdings nicht zu nah an Felswänden ausbreiten – es kann passieren, dass Felsstücke abbrechen. An allen Stränden, die von Felsen umgeben sind, wird darüber informiert, welche Bereiche gefährdet sind, und diese Information sollte man ernst nehmen.

Sagres

Bei **Beliche** erstreckt sich ein 500 m langer Strand, die Lage zwischen steilen Felswänden ist atemberaubend (Zugang vom Parkplatz an der Straße zwischen Sagres und dem Cabo de São Vicente). Bei **Martinhal** gibt es einen 750 m langen schönen Sandstrand mit Dünen, der für Kinder und Windsurfanfänger geeignet ist, da er durch den Hafen geschützt ist. Hier gibt es eine größere Hotel- und Apartmentanlage, dicht gedrängt liegt man hier trotzdem nicht. **Zavial**: ein 200 m langer feinsandiger Strand ohne Felsen; hier ist wenig Betrieb.

Salema

Der Ort liegt direkt an einem 750 m langen Sandstrand, der auf beiden Seiten von einer ansteigenden Küste begrenzt wird. Im Küstenabschnitt westlich und östlich von Salema gibt es schöne kleinere Sand-, Kies- und Felsbuchten.

An der Westküste der Algarve: Platz genug für entspannte Strandtage

Burgau

Die Feriengäste in Burgau müssen sich mit einem relativ kleinen Strand von 300 m Länge direkt unten am Ort begnügen.

Luz

In der Saison muss man sich an der 200 m langen, von Felsen durchsetzten Praia da Luz, die auch für Kinder gut geeignet ist, auf viel Trubel einstellen. Verschiedene Wassersportmöglichkeiten, auch Tauchen und mehrere Restaurants gehören zum Strandleben.

Lagos

Östlich der Marina von Lagos erstreckt sich die **Meia Praia**, einer der längsten Strände dieses Küstenabschnitts mit guten Windsurfmöglichkeiten, ideal auch für Strandwanderer. In der Saison fährt ein kleines Boot von Lagos über den Hafenkanal zur Meia Praia.
Südlich bzw. südwestlich der Stadt gibt es nur kleinere Strandabschnitte, oft sind das sehr malerische Buchten inmitten hoher Felsen. Die **Praia de Dona Ana**, südlich von Lagos, ist eine der »Postkartenbuchten« der Algarve und im Sommer sehr voll. Die weitläufige, flach abfallende **Praia do Porto de Mós** gehört wie auch die Praia Canavial zu den Lieblingsstränden der Einheimischen. Die Praia do Pinha, Praia da Batata und die Praia dos Estudantes sind kleinere Strände direkt südlich der City.

Alvor

Die **Praia de Alvor** und die **Praia dos Três Irmãos** sind die Fortsetzung der Meia Praia jenseits der Mündung der Ria de Alvor – ein weitläufiger breiter Sandstrand, an den sich nach Osten hin bei Prainha einige hübsche Felsbuchten anschließen. Die Gastronomie ist vielfältig und es gibt diverse Sportmöglichkeiten.

Praia da Rocha

Praia da Rocha ist während der Hauptsaison sehr voll und nichts für Naturliebhaber. Der Ort wurde direkt an diesen breiten Sandstrand mit seinen charakteristischen Felsblöcken gebaut, oberhalb des Strandes verläuft eine Straße mit hohen Apartmentblöcken und es gibt zahlreiche Restaurants an der bekannten Strandmeile.

Ferragudo

Die **Praia Grande** ist ein gepflegter Strand an der Mündung des Rio Arade, von dem aus man zu Fuß mehrere kleinere Felsbuchten erreicht. Die ansonsten meist hervorragende Wasserqualität an der Algarve lässt hier an der Flussmündung allerdings zu wünschen übrig. Störend ist auch die Skyline des gegenüberliegenden Praia da Rocha. Trotzdem herrscht reger Wassersport- und Badebetrieb. Weiter südlich gibt es zwei Badebuchten, die bereits am offenen Meer liegen.

Carvoeiro

Carvoeiro hat sich um eine kleine Strandbucht entwickelt, die im Sommer hoffnungslos überfüllt ist. Weiter östlich reihen sich mehrere von hohen Felsen eingefasste Badebuchten aneinander. Zu den schönsten gehört die auch bei Familien beliebte **Praia da Marinha**.

Armação de Pêra

Am Ort selbst erstreckt sich ein sehr breiter Sandstrand. Selbst in der Hauptsaison ist der Strandabschnitt nicht allzu voll – ein ziemlicher Wermutstropfen ist aber die unansehnliche Hochhausfront von Armação de Pêra. Von hier zieht sich die schöne **Praia da Galé** 6 km lang in Richtung Albufeira.

Albufeira

Westlich von Albufeira gibt es sehr hübsche kleinere Buchten wie die Praia de São Rafael, die Praia da Coelha und die Praia do Castelo. Direkt vor dem Ortszentrum von Albufeira liegt ein schöner Strand, der in der Hauptsaison überfüllt ist. Etwas leerer ist es meist weiter östlich bei Oura, dann folgen schöne, aber auch touristische Strände wie die **Praia de Santa Eulália** oder der Strand von **Olhos de Água**.

Praia da Falésia

Die Praia da Falésia ist der längste Sandstrand in dieser Gegend, er zieht sich bis Vilamoura und ist berühmt wegen seiner charakteristischen roten Felsen. Gut geeignet ist der Falésia-Strand für Kinder und auch Windsurfer und Wellenreiter dürften ihren Spaß haben. Der komplett flache Strandabschnitt kurz vor Vilamoura heißt **Praia da Rocha Baixinha**, hier gibt es mehrere Strandlokale.

Quarteira

Der gute Sandstrand direkt am Ort ist auch für Kinder geeignet, Quarteira selbst besteht aber aus Apartmenthochhäusern und ist sehr touristisch.

Vale do Lobo

Dies ist ein flacher, feinsandiger Strand vor einer Steilküste, es gibt verschiedene Sportmöglichkeiten. Der Strand wurde in einem aufwendigen und kostenintensiven Verfahren mit Sand aufgeschüttet und um 5 m erhöht.

Quinta do Lago

Ein Traumstrand, der als »Prominentenstrand« gilt. Zwischen dem Dünenstrand und dem eigentlichen Festland erstreckt sich eine schmale Lagune, zum Strand geht es auf einer langen Holzbrücke über das flache Wasser. Landeinwärts schließt sich ein Pinienwald an. Quinta do Lago eignet sich auch zum Windsurfen.

## Sandalgarve

Östlich von Quinta do Lago gibt es keine Felsen mehr. Zur flachen Lagunenlandschaft der Ria Formosa gehören die **Dünenstreifen und Sandinseln**, die das Wattensystem zum offenen Meer hin begrenzen. Auf diesen Inseln findet man kilometerlange familienfreundliche Strände. An die Lagune schließt sich östlich eine Küste mit weiten Sandstränden an, etwa ab dem Ort Manta Rota muss man zum Baden also nicht auf eine Insel fahren.

Auf den Laguneninseln vor Faro erstrecken sich herrliche Sandstrände. Die **Ilha Deserta** ist per Schiff von Faro aus zu erreichen. Dort gibt es nur ein Restaurant. Zur **Praia de Faro** in der Nähe des Flughafens kommt man mit dem Auto, per Bus oder ebenfalls mit dem Boot ab Faro. An Sommerwochenenden ist vor allem dieser Strand ziemlich voll, auch weil es viele Wochenendhäuser gibt.

Faro

Von Olhão aus bestehen regelmäßige Bootsverbindungen zu den vorgelagerten Inseln **Culatra** und **Armona**; lange, flache Sandstrände mit Dünen prägen die Insel – ideal für Kinder.

Olhão

Auch von Fuzeta fahren Boote nach Armona. Direkt bei Fuzeta gibt es einen beliebten kleinen Lagunenstrand.

Fuzeta

Vor Tavira liegt die **Ilha de Tavira** mit kilometerlangem Sandstrand, Dünen und einem kleinen Wald. Der Strand ist ideal für Kinder. Man erreicht die Ilha de Tavira von Tavira bzw. von Quatro Águas aus per Boot. Westlich von Tavira führt bei Santa Luzia (Pedras d' El Rei) eine Fußgängerbrücke auf die Insel, von dort fährt eine kleine Bahn zur **Praia do Barril**, an der es mehrere Lokale und Duschen gibt.

Tavira

Zu dem schönen, langen und leeren Sandstrand auf der vorgelagerten Insel kommt man von Cabanas aus mit kleinen Booten.

Cabanas/ Cacela

Westlich und östlich von Monte Gordo erstreckt sich ein kilometerlanger heller Sandstrand mit Dünen; der Ort selbst ist recht touristisch und von Hochhäusern geprägt. Ein schöner und beliebter Strand westlich von Monte Gordo ist die **Praia Verde**.

Monte Gordo

## Wassersport

Zum Tauchen bietet sich der felsige Südwesten der Algarveküste an, hier gibt es eine sehr gute Infrastruktur. In einer Tiefe zwischen 5 und 30 m befinden sich gute, teilweise noch **relativ unberührte Tauchgründe**, auch Wracktauchen ist möglich. Wer Tauchkurse belegen oder eine Ausrüstung mieten will, sollte sich an eine der zahlreichen Tauchstationen wenden; bewährt ist z. B. das Fünf-Sterne-PADI-Zentrum Indigo Divers in Albufeira, auch im Hafen von Sagres und in Lagos findet man Tauchzentren. Etwa 5 km vor der Küste in Höhe Alvor wurde **Europas größter Unterwasserpark »Ocean Revival«** mit vier Schiffen zum Wracktauchen angelegt (www.oceanrevival.org).

Tauchen

Die Wellen an Portugals Westküste sind unter Surfern berühmt; sie gehören zu den besten Europas und Portugal ist eines der wichtigsten Surfreviere des Kontinents. In Nazaré an der Küste nördlich von Lissa-

Perfekte Wellen für Surfer

# ABTAUCHEN UND SONNE TANKEN

BAEDEKER WISSEN

*Jedes Jahr am 1. Juni beginnt an den 106 offiziellen Stränden der Algarve die amtliche Badesaison. Dann sind die Badezonen bewacht, Sonnenliegen und -schirme werden vermietet und alle Strandlokale geöffnet. Die neun Strände, die hier vorgestellt werden, sind nur eine kleine attraktive Auswahl, bei 200 km Küste lassen sich natürlich auch andere Strandschönheiten finden. Zum Tauchen eignet sich die westliche Felsalgarve am besten.*

▶ **Strände** ⌖ Lage ⓘ Besonderheiten

| **1 Praia do Amado** | **2 Praia do Castelejo** | **3 Meia Praia** |
|---|---|---|
| ⌖ Ca. 2 km südlich von Carrapateira | ⌖ Ca. 4 km nordwestlich von Vila do Bispo | ⌖ Östlich von Lagos |
| ⓘ Hier haben sich zwei Surfschulen angesiedelt, die auch Surfbretter und -anzüge vermieten. | ⓘ Naturparadies – außer einem netten Lokal am Strandzugang gibt es hier nur Sand, Felsen, Wind und ordentlich Brandung. | ⓘ Am langen Hausstrand von Lagos ist genug Platz für Sonnenhungrige und Badende. |
| **4 Praia da Marinha** | **5 Praia de Santa Eulália** | **6 Praia dos Olhos de Água** |
| ⌖ Ca. 6 km östlich von Carvoeiro | ⌖ In Santa Eulália, 2-3 km östlich von Albufeira | ⌖ In Olhos de Água, 4 km östlich von Albufeira |
| ⓘ 500 m lange und 20 bis 50 m breite Sandbucht, die von hohen Felsen umzogen ist. Strandzugang über eine lange Treppe. | ⓘ Beliebte Badebucht mit Hochbetrieb im Sommer. Für Abwechslung sorgen Tretboote, Bananen und Jetski. | ⓘ Trubeliger netter Ortsstrand mit einem einfachen Lokal an der Uferpromenade und zwei Strandrestaurants |
| **7 Praia da Falésia** | **8 Praia da Rocha Baixinha** | **9 Praia do Barril** |
| ⌖ Zwischen Vilamoura und Albufeira | ⌖ Am westlichen Ortsrand von Vilamoura | ⌖ Ilha de Tavira (Schiff ab Tavira oder Fußgängerbrücke ab Pedras d'El Rei) |
| ⓘ Traumhaft schön: einer der bekanntesten Algarve-Strände mit einer kilometerlangen Felswand aus rotem und weißem Sandstein | ⓘ Hier gibt es mehrere moderne Lokalitäten, darunter die trendige Strandbar NoSoloÁgua. | ⓘ Endloser Sandstrand auf der Ilha de Tavira, der sehr gut für Familien geeignet ist, weil die Brandung hier nicht so stark ist |

= Baden uneingeschränkt möglich

= Baden gefährlich

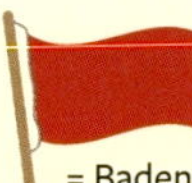
= Baden verboten

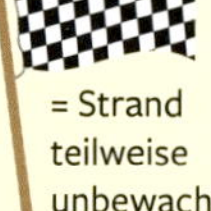
= Strand teilweise unbewacht

Ⓧ Strände
Ⓧ Tauchreviere

ALENTEJO
SPANIEN
ALGARVE
Lagos
Albufeira
Villa do Bispo
Faro

★ ca. 200 Küstenkilometer

**Tauchen an der Algarve**
Fast das ganze Jahr über kann man an der Küste tauchen. An Hunderten von Höhlen, Steilwänden und Wracks bietet sich eine immense Vielfalt von Tauchgängen.

**3 Tauchreviere** ⓘ Besonderheiten ⬇ Maximale Tiefe

| ① Sagres | ② Lagos | ③ Carvoeiro |
|---|---|---|
| ⓘ Am südwestlichen Ende Europas finden Taucher eine atemberaubende Artenvielfalt. Getaucht wird an kleinen Felseninseln und an der fantastischen Steilküste. | ⓘ Südlich und westlich von Lagos erstreckt sich eine zerklüftete Felslandschaft mit Riffs, Höhlen, Canyons und einer faszinierenden Unterwasserwelt. | ⓘ Große Grotten und Unterwasserhöhlen, reich an schöner Fauna und Flora. In den Strandbuchten bei Carvoeiro ist auch ergiebiges Schnorcheln möglich. |
| ⬇ 25 m | ⬇ 25 m | ⬇ 8–30 m |

Lauter Lieblings-Spots finden Surfer an der Westküste.

bon werden immer wieder neue Weltrekorde ersurft. Anfänger können in **Surfcamps** lernen, wie sie die perfekte Welle nehmen. Die großen Strände an der Costa Vicentina sind alle geeignet: die Praia da Amoreira, die Praia da Bordeira oder die Praia do Amado. An der Praia do Amado bei Carrapateira gibt es mehrere Schulen.

Wind- und Kitesurfen

In vielen geschützten Algarvebuchten sind die Bedingungen für Anfänger im Windsurfen ideal. An zahlreichen Stränden an der Algarve kann man Kurse für Wind- und Kitesurfing belegen oder Bretter mieten. Gute Möglichkeiten zum Windsurfen hat man an der mittleren und westlichen Algarveküste zwischen Quinta do Lago und Sagres.

Segeln

Der am besten ausgestattete Jachthafen der Algarve ist **Vilamoura**, er gilt als einer der besten in ganz Portugal. Große, moderne Jachthäfen gibt es außerdem in Albufeira und Portimão. In vielen Orten der Algarve vermieten Segelklubs Boote und bieten Kurse für Anfänger und Fortgeschrittene an. Wer an der Algarve gerne segeln möchte, findet Möglichkeiten in Albufeira, Armação de Pêra, Alvor, Lagos, Monte Gordo, Portimão, Praia da Oura, Praia da Rocha, Quinta do Lago, Olhão, Tavira, Vale do Lobo, Vilamoura und an der Praia da Falésia. Eine Übersicht über die portugiesischen Marinas findet man auf der Website www.marinas.com.

Angeln und Sportfischen

Angeln und Sportfischen ist eine beliebte Freizeitbeschäftigung der Algarvios. Das Hochseefischen ist – sofern es nicht professionell betrieben wird – lizenz- und gebührenfrei. In Sagres, Vilamoura, Portimão und Lagos kann man Touren buchen oder auch Boote zum Hochseefischen chartern. Auch von der Küste aus kann man mit langen Angelruten fischen. Sowohl an der Küste als auch in Bächen und Seen ist Angeln genehmigungspflichtig.

## Golf

Hochburg des Golfsports

Seit 1890 spielt man in Portugal Golf, damals wurde – als zweiter Platz in Europa – der Oporto Golf Club gegründet. In der Algarve wurde mit Penina der erste größere Platz in den 1960er-Jahren gebaut – entworfen von der britischen Golflegende Sir Henry Cotton. Mittlerweile gibt es in der Algarve fast 40 Golfplätze mit den unterschiedlichsten Schwierigkeitsgraden, davon zählen mehrere **zu den besten der Welt**. Und es entstehen immer noch weitere.
Alles rund um den Golfurlaub inklusive Hotels etc. findet man unter www.portugalgolf.de und www.portugalgolf.pt. Dort sind auch fast alle Golfplätze der Algarve mit genaueren Informationen aufgelistet.

## Das stille Hinterland: Wandern, Radfahren, Birdwatching

Wandern

In der Algarve zu wandern wird immer beliebter. Einige Strecken an der Küste, das gesamte Hinterland und insbesondere die Serra de Monchique eignen sich gut. In jüngerer Zeit wurden vermehrt Wanderwege angelegt, die meist gut markiert sind. Die Tourismusregion Algarve verkauft einen Wanderführer (auch auf Deutsch), der in verschiedenen Tourismusinformationen erhältlich ist. Vor Ort werden geführte Wanderungen angeboten und auch einige Reiseveranstalter wie Wikinger Reisen bieten Wanderferien an, bei denen man schöne, oft unbekannte Regionen der Algarve kennenlernt.
Sehr eindrucksvoll sind **Küstenwanderungen** zwischen Carvoeiro und der Praia da Marinha, wo ein markierter Weg oben auf der Steilküste entlangführt. Ähnlich schön ist eine kurze Wanderung südlich von Lagos auf der Steilküste in Richtung Ponta de Piedade.
Lohnend sind auch **Lagunenwanderungen** oder -spaziergänge, schöne Wege führen z. B. bei Quinta do Lago oder östlich von Tavira bei Cabanas direkt am Lagunenwasser der Ria Formosa entlang. In der Ria de Alvor und ebenso in der Lagoa dos Salgados bei Armação de Pêra kann man gut kleine Wanderungen unternehmen.
In der **Ostalgarve** sind Rundwanderwege ausgearbeitet worden, die durch die Regionen Alcoutim, Castro Marim und Vila Real de Santo

António führen und auf denen man spezielle Informationen zu Flora, Fauna, Bewässerungssystemen oder traditioneller Architektur erhält (https://baixoguadiana.com/de/percursos).

Weithin bekannt ist die **Via Algarviana**, ein interessanter, ca. 240 km langer Wanderweg, der im Hinterland der Algarve in Ost-West-Richtung von Alcoutim am Guadiana bis zum Cabo de São Vicente durch sehr abgelegene Regionen und kleine Dörfer führt: Alte Transport- und Hirtenwege wurden markiert und zu einer fortlaufenden Strecke zusammengeführt. Man kann einzelne Abschnitte von etwa 30 km wandern. Auf der Website www.viaalgarviana.org werden auch kürzere Wanderwege rund um die Via Algarviana beschrieben.

Im Westen der Algarve kann man auf der gut markierten **Rota Vicentina** schöne Wanderungen auf alten Fischerpfaden und Transportwegen machen (►Costa Vicentina). Die Rota Vicentina führt nach Norden weiter durch den Alentejo.

Durchs grüne Hinterland: Wandern in der Serra de Monchique

Radfahren

Radsport ist in Portugal seit einiger Zeit im Trend. Viele Portugiesen radeln in voller Montur mit **Rennrädern** auf Landstraßen oder mit **BTT** über Schotterpisten und Sandwege durch die Landschaft. Auch viele Radprofis schätzen die guten Bedingungen in der Algarve und bereiten sich hier auf die Saison vor. Mehrere internationale Rennen werden im Süden Portugals ausgetragen.

Man kann in der Algarve einfache oder auch anspruchsvollere Touren unternehmen: Im küstennahen Hinterland ist es flach oder sanft hügelig, weiter landeinwärts wird es bergig. Für Radtouren bzw. regelrechte Radwanderungen eignen sich vor allem die kleineren Straßen im Hinterland; die großen Straßen sind sehr stark befahren, es gibt generell keine Radwege, hin und wieder jedoch breitere Streifen für langsame Fahrzeuge. Mit Mountainbikes kann man viele kleinere Touren an der Küste oder auf Pisten und Landwegen im Hinterland machen.

Der Radweg **Ecovia do Litoral** verläuft von Vila Real de Santo António ganz im Osten parallel zur Küste bis zum Cabo de São Vicente, dem Südwestpunkt der Algarve. Er ist bisher aber nicht durchgehend markiert. Infos unter www.ecoviadolitoralalgarve.com.

Per Rad lässt sich auch die **Serra de Monchique** sehr angenehm erleben: Man kann sich im Minibus auf den Fóia-Gipfel bringen lassen und dann mit dem Rad hinunterfahren; angeboten werden solche und andere Touren von Outdoor-Tours.com in Mexilhoeira Grande (www.outdoor-tours.com). Zum Mountainbiking ist die markierte **Via Algarviana** im Hinterland der Algarve (s. o.) gut geeignet.

In vielen größeren Orten werden Fahrräder vermietet und teilweise auch Touren organisiert.

Reiten

Wer Reiterferien machen möchte, hat in der Algarve diverse Möglichkeiten. Es gibt etwa 20 Reitställe, die meisten erteilen Unterricht, man kann aber auch nur einige Reitstunden nehmen.

Vogelbeobachtung

Bei portugiesischen Naturliebhabern ist Birdwatching in aller Munde. In der Algarve bieten sich insbesondere die Lagunengebiete an, manchmal sind dort kleine Vogelbeobachtungsposten aufgebaut. Auch die Felsküste, vor allem die Westküste, ist eine ergiebige Region – jedes Jahr im Herbst treffen sich Vogelliebhaber in Sagres zum **Birdwatchingfestival**, das von der Naturschutzorganisation Almargem veranstaltet wird.

## Sprachferien

Im Land lernen

Einige Reiseveranstalter organisieren spezielle Sprachreisen nach Portugal. In der Algarve bieten verschiedene Institute Portugiesischkurse für Anfänger und Fortgeschrittene an, die meist zwei bis vier Wochen dauern. Manche Kurse beinhalten ein Beiprogramm, andere wenden sich insbesondere an Geschäftsleute. Man kann z. B. in Faro (www.learnportugueseinportugal.com), in Lagos (www.centrodelinguas.com) oder in Portimão (www.clcc.pt) Portugiesisch lernen.

## Zuschauersport

Für Motorsportfreunde: der **Autódromo Internacional do Algarve** mit einer 4,7 km langen Rennstrecke liegt im Hinterland von Portimão.

## ADRESSEN FÜR SPORTURLAUBER

### SURFEN / WINDSURFEN / KITESURFEN / STAND-UP-PADDLING

#### EOLIS - ESCOLA DE KITESURF E WINDSURF

Cabanas de Tavira
Av. Ria Formosa 38 (Centro Comercial, Shop 34)
Tel. 962 33 72 85
www.kitesurfeolis.com

#### ALGARVE WATERSPORT

Lagos, Estrada da Albardeira
Tel. 912 61 14 69, 960 46 08 00
www.algarvewatersport.com

#### SURFCAMP ALGARVE

Surfkurse an der Westküste bei Sagres und Carrapateira
Carrapateira, Travessa da Paz 1
Sagres, Casa Azul, Praça da República
https://surfcamp-algarve.com
What'sApp:
Tel. 927 83 15 68

### TAUCHEN

#### BLUE OCEAN DIVERS

Lagos
c/o Luz Bay Club
Beco Luz Bay Club
Tel. 964 66 56 67
https://blue-ocean-divers.eu

#### DIVERS CAPE

Sagres, Porto da Baleeira
Tel. 965 55 90 73
www.facebook.com/diverscapesagres

#### INDIGO DIVERS

Albufeira, Areias de São João
Rua do Mercado
Lote M Loja A
Tel. 913 99 99 13
www.indigo-divers.pt

### WANDERN

#### UWE SCHEMIONEK

Geführte Wanderungen in der Serra de Monchique mit vielen Informationen zum Leben und zur Natur in den Algarvebergen.
https://wandern-mit-uwe.de
Tel. 966 52 48 22

### REITEN

#### CENTRO HÍPICO DE TAVIRA

Rua General José de Chelmicki
Tavira
Tel. 963 12 65 97
www.centrohipicotavira.com

#### TIFFANY'S RIDING CENTER

Almádena, Luz
Tel. 919 23 19 75
https://teamtiffanys.com

# ESSEN UND TRINKEN

*Wer sich vor Meeresfrüchten fürchtet, bringt sich um einen ganz großen Genuss! In der südwestlichsten Region Europas steht alles, was frisch aus dem Atlantik kommt, als Erstes oben auf der Speisekarte.*

Kochkünste

Die Algarve ist ein portugiesischer Sonderfall: Die typischen einfachen Lokale, in denen man so gut und solide isst, gibt es im Südwesten des Landes ebenso wie hervorragende Feinschmeckeradressen mit aufwendiger Sterneküche, also eine eher urbane Restaurantkultur. Immerhin sitzen hier unten an der Algarveküste zwei **Zwei-Sterne-Restaurants**, die die Tester für den Michelin-Führer ausgewählt haben: Die Küche des »The Ocean« im Vila Vita Parc in Lagoa und die des »Vila Joya« in Albufeira wurden schon mehrfach ausgezeichnet. Jeweils einen der begehrten Sterne erkochten sich für 2024 zum wiederholten Mal die Restaurants »Vista« im Hotel Bela Vista in Praia da Rocha, »Bon Bon« in Carvoeoiro und »Gusto by Heinz Beck« in Almancil, und neu im Gourmet-Sternenhimmel sind »A Ver Tavira« in Tavira und »Al Sud« in Lagos – sie alle bereiten schmackhafte Gourmetgerichte, oft wird dabei heimische Küche mit Internationalem kombiniert.

Bodenständig

Nichts aber gegen die guten einfachen Gerichte der Algarveküche! Um Bodenständiges zu probieren, sucht man sich am besten ein ganz **schlichtes Lokal**, in dem fahles Neonlicht von der Decke fällt und irgendwo im Raum möglichst noch ein Handwaschbecken zu finden ist. In solchen Restaurants wird das Essen in der Regel sehr frisch und gut bekömmlich zubereitet. Wohlschmeckende, einfache Gerichte gibt es auch in den kleinen **»tascas«** – man merkt meist schon beim Reinkommen, ob man richtig gelandet ist: Ein guter, würziger Duft schlägt einem entgegen.

Fisch, Meeresfrüchte und anderes

An Europas südwestlichster Küste spielen frischer Fisch und Meeresfrüchte die Hauptrolle. Seekuckuck, Adlerfisch oder Geißbrasse heißen die Fische, die hier gefangen werden und auf den Tisch kommen. Oder natürlich Dorade, Seezunge und Thunfisch. Die köstlichsten **Rezepte** sind uralt und stammen aus Fischerfamilien. Mit ihnen wurden viele bewährte und traditionelle Zubereitungsmethoden weitergegeben. Wer gern Gemüse und Salat isst, hat in portugiesischen Lokalen häufig das Nachsehen: Salate sollte man sich zum Essen extra dazubestellen. Saucen kennt die traditionelle portugiesische Küche so gut wie gar nicht, zu Fisch bekommt man manchmal nur Kartoffeln mit zerlassener Butter serviert – unverfälschter geht es nicht.

Krustentiere

Krustentiere sind natürlich sehr wichtig, gern werden sie über Holzkohle gegrillt oder eben gekocht. Und nur Mut: Auch wer sich nicht auskennt und Angst hat, er könne sich beim Öffnen von Schalen und Krusten ungeschickt anstellen, sollte ans Werk gehen und sich ruhig den einen oder anderen Kniff beim Tischnachbarn abgucken oder erklären lassen.

Fleisch

Je weiter man ins Hinterland kommt, umso weniger wird die Gastronomie vom Meer bestimmt. Im Barrocal und in der Serra steht **Fleisch** auf der Speisekarte: Schwein, Kalb, Lamm, Hase oder Rebhuhn. Und Gemüse und Früchte aus eigenem Anbau kommen hier auf den Teller, zum Beispiel in den für die Serra typischen »cozidos«, Eintöpfen aus Fleisch, Kohl und Karotten, die mit Olivenöl, Oregano, Rosmarin und Koriander zubereitet werden.

## Morgens, mittags, abends

Von Frühstück bis Abendessen

Im portugiesischen Alltag ist das **Frühstück** (pequeno almoço) vergleichsweise unwichtig. Viele Portugiesen frühstücken auf dem Weg zur Arbeit in einer einfachen Bar – oft reicht ein schneller **kleiner »café«**. In Hotels und Pensionen bekommt man normalerweise ein Frühstück, das an mitteleuropäische Maßstäbe angepasst ist. In größeren Hotels gibt es meistens ein Frühstücksbüfett, in Pensionen Kaffee oder Tee und Brötchen mit Marmelade oder Käse und Aufschnitt. Wer sein Frühstück in einer Pastelaria einnehmen möchte, kann belegte Brote oder Brötchen (sanduíche) mit Käse (com queijo) oder gekochtem Schinken (com fiambre), einen Buttertoast (torrada) oder einen mit Schinken und Käse belegten Toast (tosta mista) bestellen.

**Mittag- und Abendessen** bestehen normalerweise aus Vorspeise, Hauptgang und Nachspeise. Als **Vorspeise** (entrada) wird meist eine der hervorragenden portugiesischen Suppen serviert. Der **Hauptgang** besteht aus einem Fisch- oder einem Fleischgericht mit Pommes frites, Kartoffeln oder Reis und unter Umständen etwas Gemüse und Salat. Und zum **Nachtisch** (sobremesa) wird eine der köstlichen, in vielen Fällen hausgemachten Süßspeisen (doces), Eis oder Obst angeboten.

Vor der Vorspeise

Vorneweg gibt es oft **Brot und Butter,** manchmal dazu **Käse oder Oliven**. Es kommt aber auch vor, dass kleine Mengen Meeresfrüchte vorab auf den Tisch gestellt werden. Bei all diesen unaufgefordert gereichten Kleinigkeiten muss man unbedingt wissen, dass das, was verzehrt wird, auch bezahlt werden muss, was beispielsweise bei Meeresfrüchten die Rechnung nicht unbeträchtlich ansteigen lassen kann.

»Bom Apetite!« – ein gutes Fischgericht am Wasser oder Deftiges aus der Serra in den Bergen

**Restaurants** Essen gehen spielt in Portugal eine große Rolle. Zum Mittagessen gehen viele Portugiesen in ein Stammlokal in der Nähe des Arbeitsplatzes, zum Abendessen verabredet man sich gern mit **Freunden oder Bekannten** in einem Restaurant. Familienfeste und Geburtstage werden häufig außer Haus begangen. Nicht selten gerät man in ein winziges Lokal, in dem ein Jubilar ausgelassen gefeiert wird. An der Algarveküste findet man zahlreiche recht touristische Restaurants, was immerhin den Vorteil hat, dass man meist eine Speisekarte auf **Englisch und Deutsch** bekommt.

**Essenszeiten** Mittagessen gibt es normalerweise zwischen 12.30 und 14 Uhr, Abendessen zwischen 20 und 22 Uhr. Einige Restaurants haben durchgängig von 12 bis 23 Uhr geöffnet und servieren in dieser Zeit auch Essen. Andere sind nur abends geöffnet, sie gehören meist der gehobenen Kategorie an. Hier sollte man einen Tisch vorbestellen.

## Portugiesische Besonderheiten

**Suppen** Quasi ein Muss sind die leckeren, leichten und unverfälschten portugiesischen Suppen als Vorspeise (entrada). Eine Art portugiesische Nationalsuppe ist die grüne »caldo verde« auf Kohl-Kartoffelbasis mit einer Scheibe Chouriço (▶ S. 257). Einfach und schmackhaft ist immer auch eine »sopa de legumes«, eine Gemüsesuppe. »Cozido à Portuguesa« ist ein deftiges Gericht mit verschiedenen Fleischsorten. Überall an der Küste wird »caldeirada« (▶ S. 257), eine reichhaltige, ragoutähnliche Fischsuppe, gekocht.

**Fleisch und Muscheln** Eine der rühmlichen Kreationen der portugiesischen Küche ist **»carne de porco à Alentejana«**, ein Schweinefleischgericht mit Muscheln, das in der Nachbarregion, dem Alentejo, kreiert wurde, aber auch in der Algarve oft serviert wird.

**Fischgerichte** Eines der portugiesischen Nationalgerichte ist **»bacalhau«** (Stockfisch). Zubereitet wird er in unzähligen Variationen, die gängigste ist sicher »bacalhau à Brás«, bei der Stockfischstücke mit Ei, Zwiebeln und Petersilie gemischt werden. »Bacalhau com todos« ist Stockfisch mit allerlei Gemüse, für »bacalhau dourada« wird der Fisch mit Tomaten, Petersilie, Knoblauch und Wein zubereitet. Ein anderes Nationalgericht sind **Sardinen**. Mittags und abends sieht man auf dem Land oft einen Grill vor der Haustür stehen, auf dem »sardinhas assadas« (gegrillte Sardinen) zubereitet werden.

**Desserts und Kuchen** Auf der Dessertkarte oder in den Kühlvitrinen der Restaurants findet man immer wieder Standardspeisen: Eine Spezialität aus Mittelportugal ist ein **»doce de ovos«**, eine süße Eierspeise. Ausgezeichneten

»bolo de ovos e amêndoa« (Marzipankuchen) bereitet man in der Algarve zu. Liebhaber von Süßspeisen können auch »leite creme«, eine leicht karamellisierte Masse aus Zucker, Ei und Milch, oder »arroz doce«, einen mit Zimt bestäubten, immer hausgemachten Milchreis, probieren. Häufig angeboten werden **»pudim flan«**, eine Karamell-Pudding-Variante, und »pudim Molotov« – im Wesentlichen eine Masse aus Eischaum, die im Nu auf der Zunge zergeht.

## Getränke

Erfrischend

Neben den internationalen Getränken wie Cola und Tonicwasser (água tónica) bekommt man Mineralwasser (água mineral) mit Kohlensäure (com gás) und als »stilles Wasser« (sem gás). Außerdem gibt es gute Säfte (sumo), die allerdings selten frisch gepresst sind. Nur Orangensaft bekommt man fast immer frisch: »Sumo de laranja natural«.
**Bier** (cerveja) ist in Portugal ein sehr beliebtes Getränk. Am häufigsten wird das bei Lissabon gebraute »Sagres« getrunken. »Superbock« ist etwas süßlicher. Bestellt man »cerveja«, bekommt man Flaschenbier, »imperial« ist ein kleines Bier vom Fass, »caneca« ein großes.

Wein

Zum Essen trinkt man normalerweise einen Tischwein (vinho da mesa) oder einen Hauswein (vinho da casa). Ein »vinho tinto« ist ein Rotwein, »vinho branco« ein Weißwein. Bevorzugte Weine sind die Dão-Weine, die **Weine vom Douro**, aus dem Ribatejo und aus der Region Colares nordwestlich von Lissabon. Auch **Alentejo-Weine** werden gern getrunken. »Vinho Verde« ist ein leicht moussierender, junger Wein, der aus Nordportugal kommt und etwa 20 % der portugiesischen Weinproduktion einnimmt. Seinen Namen hat der erfrischende »grüne Wein« aufgrund der Herstellungsmethode erhalten. Die Trauben werden sehr früh geerntet und nur kurz vergoren.
Die **Weine der Algarve** wurden lange nicht zu den guten Weinen Portugals gezählt und eher als Tischweine getrunken. In jüngster Zeit hat sich die Qualität aber deutlich verbessert dank kleiner Weinbauern, die ihre Produktion komplett umgestellt haben. In der offiziellen Landkarte der Weinanbauregionen Portugals hat die Algarve vier Regionen: In »Lagoa« wächst auf ca. 2000 ha rund die Hälfte der Algarvereben. »Tavira« ist das südöstlichste Weinanbaugebiet Portugals, es erstreckt sich auf ca. 1500 ha bis an die spanische Grenze. Die beiden kleinsten Anbaugebiete der Algarve sind »Lagos«, das südwestlichste Weinbaugebiet Europas, und »Portimão«, das Anbaugebiet rund um die zentrale Fischereihafenstadt. Die Rebsorten, aus denen die Algarveweine gekeltert werden, sind vor allem »Negra Mole« und »Periquita« oder »Trincadeira« für Rotweine und »Crato Branco« für Weißweine.

# TYPISCHE GERICHTE

**Cataplana:** Cataplana heißt sowohl das Gericht als auch der Topf, in dem es zubereitet wird, eine Art Schnellkochtopf, der arabischen Ursprungs ist und aus zwei abgerundeten Kupfer- oder Eisenschalen besteht, die beim Kochen fest verschlossen sind. Das große Plus ist die schonende Zubereitung von Fisch, Meeresfrüchten und Fleisch, die im eigenen Saft garen. Eine beliebte Cataplana wird mit Schweinefleisch und Muscheln hergestellt – eine ungewöhnliche Kombination, die aber hervorragend passt! Ob die Muscheln offen sind, weiß man, wenn man einen Löffelstiel gegen die Cataplana schlägt: Ist der Ton tief und dunkel, dann sind sie noch geschlossen, ist er hell, ist alles fertig gegart.

**Frango piri-piri:** Hähnchen (frango) wird in kleine Stücke geschnitten und in heißem Öl in der Pfanne goldbraun gebraten, anschließend mit Salat und Brot gegessen. Der Clou ist die scharfe Piri-piri-Soße, mit der die Hähnchenstücke vor dem Braten übergossen und etwa zwei Stunden mariniert werden. Piri-piri kommt aus Afrika. Die Portugiesen haben die scharfe Schote in ihren Kolonien kennengelernt und, als sie nach der Revolution zurückkamen, in Portugal bekannt gemacht. Die kleinen paprikaähnlichen roten Schoten sind zum Beispiel in Kenia als Pilli-pilli bekannt.

**Chouriço:** Der beliebten geräucherten Wurst aus Schweinefleisch, Grieben und Knoblauch wird in der Algarve besonders viel Paprika zugesetzt. Eine Scheibe der würzigen Chouriço kommt z. B. immer in die Caldo Verde, Portugals typische Kohl-Kartoffelsuppe. Gern wird die Chouriço auch auf einem kleinen Keramikgeschirr gegrillt, ein braun glasierter Tischgrill, den man auch in vielen Souvenirläden findet. In der Algarve gießt man hochprozentigen Medronho in die Grillpfanne, zündet ihn an und lässt das Ganze ein paar Minuten brennen. Das ergibt einen vorzüglichen Geschmack!

**Caldeirada:** Es gibt sie überall an Portugals Küsten, immer kommen Fische der jeweiligen Region in den Topf: Caldeirada ist eine Art »Fischragout«, etwas ähnlich der französischen Bouillabaisse. Die Caldeirada der Algarve ist eine Komposition aus mindestens drei oder vier verschiedenen Fischsorten, Barsch (robalo), Seezunge (linguado) oder Brasse (sargo) fehlen fast nie. Die Fische, die man in den Markthallen frisch und oft schon vorbereitet kaufen kann, werden mit Kartoffeln, Tomaten, Zwiebeln, Paprika, Knoblauch und Weißwein gekocht.

**Pasteis de Bacalhau:** Zubereitungen aus Bacalhau, Stockfisch, sind aus den Speisekarten in Portugal nicht wegzudenken, sind aber nicht jedermanns Sache. Sprichwörtlich gibt es 365 Rezepte, und was immer auf großen Anklang stößt, sind die frittierten Stockfischbällchen, die aus Kartoffelbrei, Zwiebeln, Stockfischstückchen und Petersilie bestehen. Sie werden als »Petiscos« in vielen Tascas und Cafés angeboten. Wenn sie frisch sind, ein Hochgenuss! Man isst sie zwischendurch als Snack oder zum Aperitif ganz einfach aus der Hand.

**Portwein** Portugals berühmtester Wein ist der Portwein. Der Name leitet sich von der nordportugiesischen Stadt **Porto** ab, in der die Portweinfirmen sitzen. Das Anbaugebiet liegt weiter östlich an den Hängen des Douro. Die Reben wachsen auf schieferhaltigen Böden, die den Trauben einen ganz eigenen Geschmack verleihen. Nach der Weinlese wird eine Mischung aus teilvergorenem Rotwein und Branntwein mehrere Jahre in Holzfässern oder Flaschen gelagert. Süße Portweine werden gern als Dessertweine, trockene als Aperitif getrunken.

**Spirituosen** In der Algarve ist der hochprozentige **Medronho** verbreitet (▶ Baedeker Wissen, S. 146). Auch »bagaço«, ein Tresterschnaps, und »aguardente velha«, alter Weinbrand, sind beliebte Spirituosen. Anders als bei uns werden die Gläser meist randvoll gefüllt. Relativ süß ist der »ginjinha«, ein beliebter Kirschlikör.

**Kaffee** Kaffee wird als »café« oder **»bica«** serviert, also als kleiner, starker Kaffee, oder als **»galão«**, Milchkaffee im Glas. Wer »café com leite« bestellt, erhält einen Milchkaffee in der Tasse. »Meia de leite« bezeichnet einen Milchkaffee mit etwas weniger Milch – ebenfalls in der Tasse serviert. Aromatischer im Geschmack ist oft der frisch gebrühte Milchkaffee »meia de leite à máquina«.

# FEIERN

*Wenn es in den kleinen Algarveorten eine »festa« gibt, sind alle unterwegs: Jugendgruppen, Liebespaare, Eltern, Kinder und selbst die, die nicht mehr gut zu Fuß sind. Je kleiner der Ort, umso größer der Andrang, denn vor allem in den Dörfern gehören die Feste zu den Höhepunkten im Jahr.*

**Eine typische »festa«** Frauengrüppchen ziehen durch die Straßen und Gassen Richtung Festplatz, kleine Familien schlendern hin und die Jungen sind schon da und warten rumalbernd darauf, dass es losgeht. Man flaniert an den Buden vorbei und kauft ein paar »farturas«, goldbraune Spritzgebäckstangen, die frisch zubereitet und in Zucker und Zimt gewälzt werden. Wenn dann auf der schon Tage zuvor aufgebauten Bühne endlich die Musik startet, sind alle ganz dabei und an den Seiten wird getanzt, irgendwie, auf Schick und Show kommt es nicht an. Das Wichtigste ist gute Laune und der Wille, sich unterhalten zu lassen und alles, was nicht rundläuft, Krisen und Krankheiten, für ein paar Stunden zu ver-

Festa in Loulé: Gleich werden sie die Senhora da Piedade zur Wallfahrtskapelle hinauftragen, später wird man sie beim Volksfest feiern sehen.

# WAS FÜR EIN SEGEN!

BAEDEKER WISSEN

*Jahrhundertelang lebten fast alle Algarvios in den Küstendörfern vom Fischfang, einer Arbeit, die lange Zeit einträglich war, stets aber hart und vor allem im Winter oft auch gefährlich. Kein Wunder, dass es immer wieder Situationen gab, in denen Stoßgebete gen Himmel gesandt wurden und ein Schutzengel vonnöten war – oder Nossa Senhora, »Unsere Liebe Frau«, angerufen wurde.*

Viele Algarvios fuhren – und fahren immer noch – weit aufs Meer hinaus und sogar an die Küsten anderer Kontinente. Dass die eigenen Kräfte allein oft nicht ausreichen, um den Unbilden auf hoher See zu trotzen und bei jedem Wind und Wetter zu überleben, ist auf dem unendlich erscheinenden Wasser unter dem weiten Himmel nur allzu offensichtlich. Beistand erhoffen sich die portugiesischen Fischer von verschiedenen **Schutzheiligen** und von **Nossa Senhora**, »Unserer Lieben Frau«. Sie kann als Nossa Senhora das Dores (Unsere Liebe Frau der Schmerzen) oder als Nossa Senhora da Conceição (Unsere Liebe Frau der Unbefleckten Empfängnis) angerufen werden, in Olhão wird in schwierigen Situationen Nossa Senhora dos Aflitos (Unsere liebe Frau der Ängste) um Hilfe gebeten.

## Die Fischer feiern

Nossa Senhora begleitet jahrein, jahraus den Alltag und einmal im Jahr wird ihr zu Ehren ein Fest gegeben. An mehreren Orten an der Algarveküste, ja, in vielen Küstenorten und an Stränden in ganz Portugal werden **die Schutzheiligen der Fischer im Jahresverlauf groß gefeiert**, mitunter sogar mit Bootsprozessionen – und wer es irgendwie einrichten kann, sollte versuchen, solch ein Fest als Zaungast mitzuerleben. In Albufeira wird jedes Jahr Mitte August ein Fest für die Senhora da Orada veranstaltet, am Stadtstrand Praia dos Pescadores, dem »Strand der Fischer«. In Monte Gordo feiert man Anfang September die Senhora das Dores ebenfalls am Strand direkt am Ort.

## Senhora auf dem Wasser

Ein ganz besonderes Erlebnis ist aber das Fest in **Ferragudo**, das einen wahrhaft anrühren kann. In dem kleinen Fischerdorf an der Mündung des Rio Arade gegenüber von Portimão wird Mitte August **Nossa Senhora da Conceição** gefeiert, sie ist die Schutzpatronin des Dorfs und für das Wohlergehen der Fischer und ihrer Familien zuständig.
In der Kirche, die weithin sichtbar ganz oben über dem Dorfkern steht, wird ihre Figur verwahrt. Einmal im Jahr, an ihrem Festtag Mitte August, wird sie herausgeholt, auf einen über und über mit Blumen geschmückten tragbaren Untersatz verfrachtet und in einem **Prozessionszug** vorsichtig von der Kirche hinunter zum Flussufer getragen. Die Kirchenglocken läuten und die zerbrechliche Senhora in ihrem schlichten weißen Holzkleid, um das sie anmutig einen blauen, halb aufgeschlagenen Umhang geschlungen hat, wird sanft über allen Köpfen schaukelnd von mehreren Männern den Hang hinabgebracht. Eine Krone ziert ihr leicht geneigtes Haupt, die Hände hat sie zum ewigen Gebet zusammengelegt, ihr

Blick fällt demütig wie in eine weite Ferne. Begleitet wird die stille Senhora vom Gesang des Kirchenchors und der Musik der ortsansässigen Blaskapelle. Und natürlich vom Pfarrer. Und hinter ihr schwanken noch zwei weitere Ortsheilige über der kleinen Menge der Gemeindemitglieder. Unten hört man das Hörnertröten der Fischer, die in ihren schönen alten Holzbooten schon auf dem Wasser warten. Alle **Boote sind festlich geschmückt** – mit bunten Girlanden und Wimpeln, mit Palmwedeln, Blumengestecken und internationalen Flaggensignalen der Seefahrt, mit der portugiesischen Flagge – und auch die brasilianische ist hin und wieder zu sehen.

Am Flussufer angekommen bleibt Zeit für einen letzten Gesang zu Ehren der Senhora, in dem sie noch einmal inständig darum gebeten wird, die Fischer zu geleiten und zu behüten. Dann geht sie an Bord und die anderen hölzernen Heiligen ebenso. Vorsichtig werden sie in die Boote gesetzt und ein Freudenjubel bricht aus, die Hörner hupen, die Blaskapelle hievt sich ebenfalls auf ein wartendes Schiff und die **Bootsprozession** hinaus auf den Fluss kann starten. Der Pfarrer ist natürlich mit von der Partie, er sitzt in einem der vielen bunten Boote – wer anfängt zu zählen, hört spätestens bei Hundert auf, immer mehr reihen sich ein, auch neue Sportboote und Segeljachten sind dabei, auch sie tragen irgendeinen kleinen Schmuck und an den Flaggen erkennt man, dass es längst nicht nur Einheimische sind, die hier durch die Wellen in Richtung Mündung schippern. An der Mole, die die Flusseinfahrt markiert, drehen die Boote nach und nach um, nehmen wieder Kurs auf Ferragudo und beginnen, die Prozession in ein **heiteres Bootsfest** aufzulösen.

## Segnung der Boote

Aber noch steht das Wichtigste aus, bevor das Volksfest ganz und gar seinen ausgelassenen Lauf nehmen kann. Die Boote mit den Heiligenfiguren legen wieder an und die Figuren werden an Land bugsiert. Und dann **segnet der Pfarrer alle Fischerboote** und erbittet den Schutz der Nossa Senhora da Conceição. Dieser Segen muss nun

In Ferragudo erhalten auch die kleinen Holzboote einen Segen.

ein Jahr lang halten, bis der Schutz erneut erbeten wird – also offiziell vom Pfarrer erbeten, denn Stoßgebete wird Nossa Senhora bis dahin wohl öfter in Empfang nehmen. Und hoffentlich pfleglich behandeln!

gessen. Das Ganze ist so überzeugend und sympathisch, dass selbst Leute aus Lissabon, die hier Urlaub machen, erstaunt und voller Achtung sind vor so viel ungekünsteltem Dorfleben, das die überkandidelte Aufgeregtheit der großen Metropolen gar nicht nötig hat.

Dorf- und Stadtfeste

Wie in ganz Portugal werden auch in der Algarve vor allem die vielen **Heiligenfeste** ausgiebig gefeiert. Jeder Ort hat einen Schutzheiligen, dem im Jahresverlauf ein Fest gewidmet ist. Die Heiligenfeste werden nicht ausschließlich religiös begangen, sondern gleichen eher ausgelassenen Volksfesten. Meist beginnt das Fest mit einer ausgedehnten Messe zu Ehren des oder der Heiligen. Anschließend gibt es oftmals eine »romaria«, eine **Wallfahrt oder Prozession**, bei der das Heiligenbildnis – von einem langen Zug begleitet – durch den Ort getragen wird. Schließlich geht alles in ein jahrmarktähnliches Fest mit viel Musik und Folkloretanz über.
Gefeiert werden auch einige **traditionelle jahreszeitliche Bräuche**, wie das Fest zur Mandelblüte. Und außerdem wartet die Algarve mit beliebten **kulinarischen Festivals** auf, einem Meeresfrüchtefestival oder dem Festival da Sardinha, bei dem der Sardine die Ehre gegeben wird. Um diese gastronomischen Veranstaltungen rankt sich ein Begleitprogramm, bei dem teilweise namhafte Musikgruppen auftreten.

Aktuelle Hinweise

Neben solchen Festen gibt es vor allem im Lauf des Sommers Konzertreihen, Folklore-, Film- und Tanzfeste. Viele Veranstaltungen finden in Kulturzentren in den größeren Orten statt. Informationen erhält man in den Touristeninformationen vor Ort. Außerdem lohnt sich ein Blick z. B. auf die Website von Visitalgarve (https://eventos.visitalgarve.pt).

## VERANSTALTUNGSKALENDER

### GESETZLICHE FEIERTAGE

**1. Januar:** Neujahr
**Februar:** Faschingsdienstag
**März/April:** Karfreitag
**25. April:** Tag der Freiheit (Nationalfeiertag zur Erinnerung an die Nelkenrevolution am 25. April 1974)
**1. Mai:** Tag der Arbeit
**Mai/Juni:** Fronleichnam
**10. Juni:** Nationalfeiertag (Todestag des Nationaldichters Luís de Camões am 10. Juni 1580)
**13. Juni:** Feiertag in Lissabon (Tag des Santo António)
**24. Juni:** Feiertag in Porto (Tag des São João)
**15. August:** Mariä Himmelfahrt
**5. Oktober:** Tag der Republik
**1. November:** Allerheiligen
**1. Dezember:** Tag der Unabhängigkeit von Spanien (Dia da Restauração)
**8. Dezember:** Tag der Unbefleckten Empfängnis
**25. Dezember:** Weihnachten
Alle Städte in der Algarve haben zudem einen eigenen örtlichen Feiertag (Dia do Município).

Geschmückte Dorfgasse: Odeceixe in Feierlaune

## JANUAR

### FESTA DAS CHOURIÇAS

Beim Würstefest in Querença wird zu Ehren des São Luís, des Schutzpatrons der Tiere, eine Prozession durch das Bergdorf veranstaltet. Anschließend wird gefeiert: mit Tanz, Musik und natürlich »chouriços«, den leckeren portugiesischen Würsten.

## FEBRUAR/MÄRZ

### KARNEVAL

Überall im Land wird Karneval gefeiert – in der Algarve vor allem in Loulé, Moncarapacho und Lagos. Loulé ist für seinen Karnevalsumzug landesweit bekannt (drei Karnevalstage mit Umzügen: Samstag, Sonntag, Dienstag). Der Zug besteht aus zwanzig über und über mit Mandelblüten aus Papier geschmückten Wagen.

## MÄRZ/APRIL

### OSTERN

In einigen Orten gibt es Karfreitag und Ostersonntag Prozessionen.

### FESTA DAS TOCHAS FLORIDAS

Am Ostersonntag lohnt es sich, nach São Brás de Alportel zu fahren, wo Ostern mit einer Blumenfackelprozession gefeiert wird. Die Straßen sind mit Blumenteppichen geschmückt und die schönste Blumenfackel wird prämiert.

### JAHRESTAG DER NELKENREVOLUTION

Der Nationalfeiertag, der an die Nelkenrevolution am 25. April 1974 und damit an das Ende der jahrzehntelangen Diktatur erinnert, wird vielerorts mit Kundgebungen, Volksfesten und Musikveranstaltungen gefeiert.

## APRIL/MAI

### FESTA DA MÃE SOBERANA

Am zweiten Sonntag nach Ostern findet in Loulé eine bekannte »romaria« statt, eine Wallfahrt zur Kapelle Nossa Senhora da Piedade. Die Madonna wird den Prozessionsweg zu der Kapelle auf dem Berg hinaufgetragen. Anschließend gehen die religiösen Feierlichkeiten in ein schwungvolles, buntes Volksfest unten im Ort über.

## MAI

### MAIFEIERTAG

Ähnlich wie der 25. April wird der 1. Mai an vielen Orten mit Kundgebungen, Musik und Märkten gefeiert.

### FESTA DA ESPIGA

In dem Bergdorf Salir findet am Himmelfahrtstag, also 40 Tage nach Ostern, das Ährenfest statt – eines der ältesten Feste der Algarve und sehr typisch für das Hinterland mit Tanz, Folklore und reichlich Medronho. Der Ährenschmuck überall im Dorf ist ein Zeichen für das tägliche Brot, das auf diese Weise geehrt wird.

## APRIL – NOVEMBER

### SAND CITY – FIESA

Dafür kann sich sicher nicht jeder begeistern, aber beeindruckend bis verblüffend sind sie schon, die kunstvollen großen Sandskulpturen, die auf einem großen Areal an der N 125 bei Lagoa in den Sand gezaubert werden.

## JUNI

### FESTIVAL MED

Zwei Tage lang gibt es im Zentrum von Loulé Konzerte mit Weltmusik, dazu Kunsthandwerk, Straßentheater und Tanz aus verschiedenen Ländern.

**Verão em Tavira: Im Sommer finden fast jeden Abend Kulturveranstaltungen open air auf dem Hauptplatz am Fluss statt.**

### FESTAS DOS SANTOS POPULARES

In ganz Portugal werden im Juni die Volksheiligen gefeiert. Der Festtag des Santo António, Schutzpatron der Vergesslichen und der Liebenden und zugleich Schutzheiliger der Stadt Faro, wird am 12./13. Juni mit einer Prozession und einem Volksfest begangen. Andernorts und an anderen Tagen im Juni werden São João (23./24. Juni) und São Pedro (28./29. Juni) gefeiert.

## JULI/AUGUST

### VERÃO EM TAVIRA

Wer sich im Hochsommer in der Ostalgarve aufhält, sollte abends nach Tavira fahren: Auf der Praça da República am Fluss finden nahezu jeden Abend Veranstaltungen aller Art, Folkloremusik und -tänze, Tango oder Fado statt – ein schöner Open-Air-Kulturmix.

## AUGUST

### MEERESFRÜCHTEFESTIVAL

In Olhão wird das Festival dos Mariscos gefeiert, eines der größten Volksfeste an der Algarve und etwas für die Gaumen von Meeresfrüchtefans. Aber auch wer kein Meeresgetier mag, sollte sich auf den Weg machen, denn es gibt außerdem gute Livemusik auf den Bühnen am Ufer der Ria Formosa.

### SARDINENFESTIVAL

Am Flussufer von Portimão dreht sich acht Tage lang alles um die Sardine. In vielen Restaurants gibt es eine spezielle Festspeise, die aus sechs Sardinen mit Brot und Salat besteht, außerdem gibt es einen Sardinenkönig. König wird, wer möglichst viele Sardinen in möglichst kurzerZeit verspeist. Dazu gibt es jeden Abend Konzerte bekannter portugiesischer Rock-Pop-Musiker.

### DIAS MEDIEVAIS

Jedes Jahr im August steht Castro Marim Kopf: Das Mittelalterspektakel in der Burg ist weit über die Grenzen des Ortes bekannt. Zu später Stunde liefern sich die Lanzenreiter ein Gefecht und es gibt ein krönendes Feuerwerk.

### MITTELALTERFEST SILVES

In der Altstadt von Silves wird zehn Tage lang die Epoche wieder wach, in der die Stadt als Xelb Hauptstadt des maurischen Al-Gharb war. Straßenkünstler und Musiker ziehen durch die Gassen, überall sind Marktstände aufgebaut, an denen man leckere Kleinigkeiten bekommt.

### FATACIL

Eine der beliebten Veranstaltungen in der Sommersaison ist diese Messe, die in Lagoa veranstaltet wird. Keramik und anderes Kunsthandwerk werden verkauft, dazu bekommt man regionale Speisen und kleine Spezialitäten.

## SEPTEMBER

### FESTAS DE ALCOUTIM

Große Fete im schönen Alcoutim am Fluss: Musik, Sport, Spiele

## OKTOBER

### FEIRA DE SANTA IRIA

Der weit über die Stadtgrenzen hinaus bekannte Jahrmarkt findet in Faro statt.

## DEZEMBER

### WEIHNACHTSZEIT/SILVESTER

In der Vorweihnachtszeit werden verschiedene Konzerte veranstaltet. Das Weihnachtsfest selbst ist in Portugal das wichtigste Familienfest. Den Jahreswechsel feiert man hier im Süden weniger laut als in Deutschland.

# SHOPPEN

*Wer Strandlaken, Sonnenbrille oder Sonnencreme zu Hause vergessen hat, kann sich damit problemlos in allen Touristenorten eindecken. Und in den großen Einkaufszentren gibt es sowieso alles, was das internationale Herz begehrt. Ureigenes aus der Algarve aber finden Sie in speziellen kleinen Läden, am Straßenrand oder auf den Landmärkten.*

Regionales

**Flor de Sal**, die edle Salzblüte, die in den Salzgärten der Ostalgarve gewonnen wird, bekommt man – teils sogar in ausgesucht schönen Verpackungen – in kleinen Geschäften zu kaufen, die auch andere feine Produkte wie qualitativ hochwertiges **Olivenöl** oder die kultigen **Sardinenbüchsen** – ebenfalls in witziger und geschmackvoller Aufmachung – anbieten. Gute **Mandeln** oder Mandelprodukte kaufen Sie am besten auf einem der vielen Märkte oder an Ständen am Straßenrand.

Musik

Eine musikalische Erinnerung an den Algarveurlaub können Fadoaufnahmen auf CD sein. **Gute Fadoaufnahmen** erhält man z. B. bei FNAC im Algarveshopping bei Guia. Zu empfehlen sind ältere Einspielungen mit der portugiesischen Fadolegende Amália Rodrigues. Neuere Fadointerpretationen stammen von Mariza, Cristina Branco, Mafalda Arnauth, Ana Moura, Dulce Pontes, Mísia, Camané oder António Zambujo.

Kunsthandwerk

Azulejos, **handbemalte Fliesen**, sind ein hübsches, typisch portugiesisches Souvenir. Neue Azulejos sind heute überall in Andenkengeschäften oder auf Märkten zu erhalten. Schwieriger wird es, wenn man sich auf die Suche nach Azulejos begibt, die originalgetreu nach alten Mustern gearbeitet wurden. Sie sind am ehesten in Antiquitätenläden zu finden. In Portugal sieht man sehr häufig **Gebrauchskeramik**, die in den verschiedenen Gebieten des Landes in unterschiedlichen, regionstypischen Formen und Mustern hergestellt wird. Ein spezielles Keramiksouvenir der Algarve sind die Miniaturschornsteine, die den berühmten Algarvekaminen nachempfunden sind. Bekannt ist auch der **Hahn von Barcelos**, der aus dem Norden Portugals stammt, aber auch in der Algarve in vielen Andenkenläden in diversen Farben, Formen und Funktionen – vom Flaschenkorken bis zum Schlüsselanhänger – angeboten wird. In vielen Geschäften findet man **feine Produkte aus Kork**. Man staunt, was alles aus Kork hergestellt wird, Taschen, Rucksäcke, Schuhe, Krawatten – größten-

Ein Korb voller Köstlichkeiten – Flor de Sal, Sardinen, ein guter Wein

FLOR DE SAL
LIMÃO
Filetes de
F
FADO
PORTUGAL
COLHEITA
SELECIONADA
2007
FLOR DE SAL
NATURAL

teils sehr schön gemacht (▶Das ist die Algarve S. 12)! Aus Monchique stammen traditionelle **Scherenstühle**: schöne Holzklappstühle mit hohen Armlehnen.

Weine, Liköre und Härteres

Sehr gut sind mittlerweile einige **Algarveweine**, die außerhalb Portugals fast gar nicht auf dem Markt sind – bruchsicher verpackt sollte eigentlich eine Flasche mit nach Hause, selbst wenn es mit dem Flugzeug zurückgeht. Ein beliebtes Mitbringsel aus Portugal ist natürlich auch **Portwein**, der aus dem Douro-Gebiet in Nordportugal stammt und auch hier im Süden in allen Preisklassen und aus unterschiedlichen Jahrgängen angeboten wird. Der leicht moussierende **Vinho Verde** oder eine Flasche **Ginjinha**, ein Kirschlikör, eignen sich ebenfalls als alkoholische Souvenirs. Ein waschechtes Andenken an die Algarve ist der **Medronho**, ein hochprozentiger Schnaps, der aus den Früchten der hier wachsenden Erdbeerbäume produziert wird (▶Baedeker Wissen, S. 146).

Die besten Orte zum Shoppen

In den Zentren von Faro, Tavira, Lagos, Loulé oder Portimão gibt es ganz normale portugiesische Einzelhandelsgeschäfte, in denen es sich zu stöbern lohnt, weil das Angebot hier nicht komplett europäisch-gleichgeschaltet ist. Was aber in Sachen **Kleidung** auch bedeutet, dass Menschen mit großen Kleider- und Schuhgrößen nicht immer etwas finden.

Inspirierend ist das Angebot in den speziellen kleinen **Feinkostläden**, die sich vor allem an Touristen richten. Sie verkaufen regionale oder zumindest portugiesische Produkte, oft gut designt und als Mitbringsel von der Reise hervorragend geeignet. Auch in einigen Cafés und Restaurants auf dem Land und in mehreren Touristeninformationen hat man eine Auswahl an Algarveprodukten – und bevor alles zu spät ist, kann man sich auch noch im Flughafen hinter der Sicherheitskontrolle mit allen möglichen algarvischen Köstlichkeiten eindecken.

Landmärkte

Mit etwas Glück und Geduld entdeckt man einfache, qualitativ recht gute Kleidungsstücke zu niedrigen Preisen auf den Wochenmärkten oder Landmärkten, die in vielen Orten regelmäßig an einem bestimmten Wochentag stattfinden. Hier gibt es auch Produkte aus der Region, verschiedene Gebrauchsgegenstände und Haushaltsartikel – ein vollständig anderes Shoppingerlebnis, als man es von zu Hause kennt.

Shoppingcenter

Sämtliche internationale Ketten und Markenartikel sind in den großen Einkaufstempeln zu finden und präsentieren in ihren Stores Mode, Schuhe, Wohnaccessoires, Technik und Gastronomie ohne Ende. Südlich von Loulé werden Modefreaks im »Designer Outlet Algarve« fündig.

# GUTE ADRESSEN ZUM EINKAUFEN

## SHOPPINGCENTER

### ALGARVESHOPPING

An der N125 östlich von Guia
Öffnungszeiten: 10–23 Uhr
www.algarveshopping.pt

### AQUA PORTIMÃO

Portimão, Rua de São Pedro 72
Öffnungszeiten: 10–23 Uhr
https://aqua-portimao.klepierre.pt

### DESIGNER OUTLET ALGARVE

In der Zona Comercial südl. von Loulé zwischen A22 und IC4
Almancil, Avenida Algarve
Öffnungszeiten: Mo.–So. 10 bis 23 Uhr
www.designeroutletalgarve.com

### FORUM ALGARVE

Straße von Faro zum Flughafen
Öffnungszeiten: 10–23 Uhr
www.forumalgarve.net

## AUSWAHL AN LANDMÄRKTEN

### MONCHIQUE

Auf dem Largo do Mercado im Zentrum von Monchique wird es einmal im Monat trubelig. Im Angebot sind Lebensmittel und Haushaltswaren.
2. Fr. im Monat

### LOULÉ

Großer Landmarkt an der Straße nach Bouliqueime, auf dem man Obst und Gemüse, Keramik, Korbwaren, Holz- und Lederarbeiten bekommt.
jeden Samstag

### SÃO BRÁS DE ALPORTEL

Haushaltsartikel und Kleidung sowie Keramik und Holzschnitzereien können hier günstig erworben werden.
jeden Samstag

### OLHÃO

In den Markthallen und drum herum werden frisches Obst, Gemüse, Kräuter, Fisch und Fleisch verkauft, man kann jede Menge Trockenfrüchte und Pflanzen kaufen – das Angebot ist beeindruckend!
jeden Samstag

### PADERNE

Verkauft werden Obst und Gemüse, außerdem Haushaltswaren, Kleidung und Souvenirs.
1. Sa. im Monat

### CASTRO MARIM

An jedem 2. Samtag im Monat werden in Castro Marim Lebensmittel, Blumen und Agrarprodukte verkauft.
2. Sa. im Monat

### MONCARAPACHO

Zu dem Markt strömen die Leute aus der Umgebung und decken sich mit Haushaltsartikeln, Plastik- und Keramikschüsseln, Schnürsenkeln, Stiefeln und Kleidung ein. Landwirte kaufen hier auch Saatgut oder Tiere.
1. So. im Monat

### ESTÓI

Ländlicher Markt, auf dem fast alles zu erhalten ist: Haushaltswaren, Kleidung, Keramikartikel und sogar Tiere.
2. So. im Monat

### ODIÁXERE

Am Largo do Moinho wird ein großer Markt aufgebaut.
4. Mo. im Monat

### ALTE

Am Markttag einmal im Monat treffen sich die Leute aus Alte und den Dörfern der Umgebung auf dem Largo José Cavaco Vieira zum Einkaufen und zum Austausch von Neuigkeiten.
3. Do. im Monat

# ÜBERNACHTEN

*In Portugals südlichster Provinz gibt es ein immer breiteres Spektrum an Unterkünften: Man kann sich in großen Hotels, Ferienhäusern und Apartmentanlagen einmieten oder ein Bett in einem der meist guten Hostels nehmen. Und es sind viele kleine individuelle Urlaubsdomizile entstanden, modern und geschmackvoll, mit viel Liebe zum Detail und für das Wohlgefühl der Gäste.*

Bausünden und Boutiquehotels

Es gibt Algarveliebhaber, die jedes Jahr anreisen. Manche haben ihr Stammhotel, andere probieren immer mal eine neue Bleibe aus – es gibt einfach so viele schöne Möglichkeiten. Die Algarve ist zwar nicht besonders groß, aber zwischen Küste und Hinterland, zwischen West- und Ostalgarve liegen Welten!

**Große Hotelanlagen** sind im mittleren Abschnitt der Südküste entstanden und werden immer noch gebaut. Oft sind das sehr gute Adressen, oft liegen sie sehr schön, fast immer in Küstennähe – und oft fragt man sich, wie es in solchen Lagen Baugenehmigungen geben konnte. In den frühen Jahren des aufblühenden Tourismus sind große Hotels direkt oben auf die Steilküste gesetzt worden, was wohl mit dazu beigetragen hat, dass das poröse Gestein schneller erodiert, als das von Natur aus der Fall wäre. Portugal ist heute umweltbewusster und das Bauen von Großhotels in solchen Lagen ist selten, es gibt aber nach wie vor Hotelprojekte, die Umweltschutzverbände auf den Plan rufen.

Seit einiger Zeit setzt man in der Algarve insgesamt mehr auf **klein, schön, Design und Qualität**. Und da lässt sich Gutes finden, meist etwas im Hinterland, sodass man ein Auto oder Fahrrad braucht, um zu den Stränden zu fahren. Direkt am Meer sind kleinere und nette Unterkünfte oft ziemlich luxuriös und entsprechend muss man tiefer in die Tasche greifen. Das ist aber kein Muss, denn bei genauer Betrachtung ist auch hier und da etwas durchaus Bezahlbares an der Küste zu finden.

Zimmer und Suiten

Hotels gibt es in Hülle und Fülle, darunter **viele große und exklusive**. Sie werden in Portugal offiziell nach dem Sternchensystem eingeteilt, wobei es innerhalb einer Kategorie oft große qualitative Unterschiede gibt. Auf Luxusniveau in Hotels mit fünf Sternen kann man sich verlassen. Darunter rangiert so alles Mögliche, wobei vier Sterne auch eine recht zuverlässige Aussage sind, bei drei Sternen orientiert man sich am besten am Preis – dass man für ein weniger komfortables Hotel zu viel zahlt, kommt kaum vor. In den unteren Sterngefilden tummeln sich verschiedene Qualitäten. In letzter Zeit sind

Einfach gemütlich: in blütenweißer Bettwäsche unterm Dach schlafen

**teilweise gute kleine Pensionen** per Bezeichnung zu einfachen Hotels geworden; so lassen sie sich kaum von echten Ein-Stern-Hotel-Nieten unterscheiden. Wenn die Begriffe »Albergaria«, »Residencial« oder »Estalagem« irgendwo in der Hotelbeschreibung, manchmal auch im Namen, auftauchen, könnte das für altbewährte Qualität einer einst gehobenen Pension sprechen – eine **Residencial** war meist ein familiär geführter, kleinerer Hotel- oder Pensionsbetrieb, eine **Albergaria** eine Pension der höchsten Kategorie. **Estalagens** waren und sind immer empfehlenswerte Adressen und meist recht schön gelegene Häuser.

Ferienhäuser, Apartments

Ferienhäuser findet man ohne Probleme, meist werden größere, oft **villenähnliche Häuser mit Pool** und guter Ausstattung angeboten, die ihren Preis haben. Viele stehen in schöner, ruhiger Lage im Hinterland, an der Küste findet man jede Menge Ferienhäuser in der Gegend um Carvoeiro. Apartments werden oft in größeren Apartmentanlagen mit Pool verschiedener Kategorien vermietet. In Städten und kleineren Orten kann man sich auch in vielen privat angebotenen Wohnungen einmieten.

Nächtigen im alten Palast – in der Pousada in Estói ist's möglich.

Pousadas

Pousadas sind Hotels der gehobenen Kategorie, die in **historischen Gebäuden**, an geschichtsträchtigen Orten oder **in besonders schönen Lagen** eingerichtet sind. Früher waren sie staatlich geführt und man durfte nicht länger als drei Tage bleiben. Heute kann man Glück haben und mit Sondertarifen eine bezahlbare, luxuriöse Unterkunft buchen. Die Innengestaltung der Gebäude ist immer sehr geschmackvoll und ansprechend. In der Algarve gibt es vier Pousadas: in **Sagres** in schöner Lage über dem Meer, in **Tavira** in einem ehemaligen Kloster, in **Estói** bei Faro in einem Palast aus dem 18. Jahrhundert und in **Vila Real de Santo António** in einem alten Stadthaus am Hauptplatz.

Ländlich übernachten

In ganz Portugal und auch in der Algarve werden Unterkünfte des **»Turismo Rural«** angeboten, das sind oft Zimmer oder Apartments in Landhäusern. Etwas einfacher sind meist Übernachtungsmöglichkeiten des **»Agroturismo«**, bei dem man in Bauernhäusern oder in Nebengebäuden von landwirtschaftlichen Höfen wohnt. Wer am Straßenrand ein weißes Schild mit stilisiertem grünem Baum, manchmal auch mit dem Hinweis »Turismo Rural«, sieht und ihm folgt, landet in der Regel in recht schönen ländlichen und einfachen Unterkünften – oft mitten in der Landschaft.

Hostels

Seit einiger Zeit schießen in Portugal die Hostels wie Pilze aus dem Boden, und das sind für jüngere Leute oder Familien gute günstige Alternativen. Die Hostels sind **einfach, aber geschmackvoll eingerichtet**, es gibt Mehrbettzimmer, Gemeinschaftsbäder und eine Küche für alle, außerdem oft schön gemachte Lounges. Manche Hostels haben auch Doppelzimmer. Hier trifft man alles, von portugiesischen Familien bis zu Travellern aus aller Welt.

Privatzimmer

Die wohl günstigste Möglichkeit ist die Übernachtung in Privatzimmern (quartos), die an der Algarveküste in touristischen Orten manchmal noch angeboten werden. Die Zimmer sind gepflegt und einfach ausgestattet. Meistens ist ein Frühstück inbegriffen.

Preise

Je nach Saison **variieren** die Preise teilweise **erheblich**. Wer außerhalb der Hochsaison kommt, kann etwas Schönes und Bezahlbares finden. Preise für Einzelzimmer liegen sowohl in Pensionen als auch in Hotels etwa 30 % unter den Doppelzimmerpreisen. Oft haben Hotels gar keine Einzelzimmer, Einzelreisende zahlen dann etwa 80 % des Doppelzimmerpreises, im schlechtesten Fall sogar den Komplettpreis.

Jugendherbergen

In der Algarve gibt es sechs Jugendherbergen (Pousadas de Juventude) in **teilweise sehr schöner Lage**: in Faro, Lagos, Portimão und Tavira, in Alcoutim am Guadiana und in Arrifana an der Westküste. Man braucht für Übernachtungen einen internationalen Jugendherbergsausweis, den das Deutsche Jugendherbergswerk ausstellt.

# EINSCHLAFEN MIT MEERESRAUSCHEN

*Ein Hotel am Meer! Nun ist die Algarveküste schon 200 Kilometer lang, aber es ist gar nicht so einfach, etwas Schönes, vielleicht sogar Ausgefallenes an der Küste zu finden. Hier ein paar Ideen für jeden Geldbeutel.*

Nicht alle diese Unterkünfte in Wassernähe liegen am offenen Atlantik, auch die Lagune in der Ostalgarve bietet Ungewöhnliches.

## Luxuriös über dem Meer

Die Vivenda Miranda ist eine kleine exklusive Adresse. Wer die Zimmerpreise bezahlen kann und will, findet eine grandiose Ferienoase auf einem Felsen über dem Meer, auf dem sich einst ein britischer Adliger sein Domizil fern der heimatlichen Nebel errichtete. In dem Haus südwestlich von Lagos wohnt man in schönen Farben, schläft in toll designten Zimmern, frühstückt und diniert auf der Terrasse mit Meerblick oder im noblen Restaurant und spaziert durch einen atlantischen Garten.

VIVENDA MIRANDA €€€€
Porto de Mós, Rua das Violetas
Tel. 282 76 32 22
www.vivendamiranda.com

## Küstenfestung

So schläft man selten! Das intime kleine Hotel Forte São João da Barra ist in einer nicht allzu großen Festungsanlage aus dem 17. Jh. eingerichtet und liegt nicht am offenen Meer, sondern am Rand der Lagune bei Cabanas östlich von Tavira. In den zehn Zimmern haben schon namhafte Gäste, die wussten, was gut ist, genächtigt. Eine Hotelperle mitten im Nichts – mit einer Frühstücksterrasse, von der man aufs Wasser gucken kann, mit Bastionen, in denen man faulenzt oder ein paar Runden im Pool dreht, mit einem Sternenatlas zum Nachschlagen, was aktuell alles am weiten Himmelszelt zu sehen ist. Die Zimmer haben große Fenster zur Mauer hin – eine architektonisch gelungene Lösung. So vergisst man nicht, dass man eigentlich in einer Burg ist!

FORTE SÃO JOÃO DA BARRA €€/€€€
Cabanas, Tel. 960 37 54 19
www.fortesaojoaodabarra.com

## Ein Fischerdorf als Hotel

Noch einmal Ostalgarve und ganz in der Nähe von Tavira – ebenfalls am Rand der Lagune, inmitten von Salzgärten, an der Mündung des Rio Gilão und gegenüber der Ilha de Tavira: Das familienfreundliche Hotel Vila Galé Albacora ist eingerichtet in einer früheren Thunfischstation, in einem richtigen kleinen Dorf, in dem die Fischer mit ihren Familien lebten, in dem es eine Schule und eine Kapelle gab. Alles ist erhalten und in den einstigen Wohnhäuschen sind heute die Hotelzimmer eingerichtet. Die sind teilweise sehr gut, teilweise einfacher, das Ganze ist bezahlbar und es gibt ein Hotelschiff zur Insel.

VILA GALÉ ALBACORA €€/€€€
Quatro Águas
Tel. 281 38 08 00, www.vilagale.pt

## Blick aufs wilde Wasser

Ein Schwenk ganz nach Westen zum Hotel Memmo Baleeira in Sagres: Dieses Hotel ist ganz normal und sehr komfortabel, hat 144 Zimmer und liegt hoch über der Hafenbucht von Sagres. Hier fühlen sich Familien wohl, es gibt ein reichliches Freizeitangebot, Kid's Club, Spa-Bereich mit Pool, Sauna und Türkischem Bad. Die Einrichtung ist zurückhaltend-elegant, die Natur, die durch die großen Panoramafenster hereinschaut, soll nicht durch ein Zuviel an Accessoires übertönt werden.

HOTEL MEMMO BALEEIRA €€€
Baleeira
Tel. 282 62 42 12
www.memmobaleeira.com

## Einfach am Meer

Ein paar Straßen weiter wohnt man deutlich günstiger, aber mit ähnlich schönem Blick auf den Atlantik: Das Mareta View Boutique Bed and Breakfast ist einfacher und in jungem, hellem Design schön gestaltet. Die Lage ist optimal: in der Nähe des Dorfplatzes und doch direkt über der Küste.

MARETA VIEW €€
Beco D. Henrique
Tel. 282 62 00 00
www.maretaview.com

## Für Wellenreiter

Oder etwas ganz anderes? An der Westküste steht eine Jugendherberge hoch über dem Meer bei Arrifana. Die Gegend ist ziemlich karg und verlassen, aber wer genau das sucht und die Einfachheit dazu, kann hier eine gute Bleibe finden. Surfer müssen ihr Brett nur

Übernachten in einer Festung am Meer: Forte São João da Barra

hinunter zur Praia da Arrifana tragen. Kleine Gruppen oder Familien nehmen vielleicht ein Mehrbettzimmer, aber es gibt auch Doppelzimmer mit Bad – einfach und günstig und toll gelegen.

POUSADA DE JUVENTUDE ARRIFANA €
Urbanização Arrifamar, lote 43\44
Tel. 282 99 74 55
www.pousadasjuventude.pt

## Exklusives Strandhotel

Und noch einmal etwas Luxus westlich von Praia da Rocha. Die Casa Três Palmeiras steht auf den Felsen oberhalb der schönen Praia do Vau, man hört nur den Wind, die Wellen und das Schreien der Möwen. Ein kleiner Weg führt vom Hotel hinunter zum Strand. Will man den Tag mit Nichtstun in der Casa Três Palmeiras verbringen, hat man eine Terrasse mit Atlantikblick und Meerwasserpool. Die Zimmer sind gediegen und wohnlich.

CASA TRÊS PALMEIRAS €€€€
Praia do Alemão – Barranco das Canas
Tel. 282 40 12 75
www.casatrespalmeiras.com

**Camping** In Portugal gibt es öffentliche und private Campingplätze, die mit Sternen von eins bis vier kategorisiert sind. In der Algarve ist alles zu finden: von idyllisch gelegenen Plätzen im Grünen bis hin zu völlig überfüllten Campinganlagen ohne viel Atmosphäre; Informationen gibt es auf www.camping.info. Für die Dauer des Aufenthalts muss man entweder Personalausweis bzw. Reisepass oder eine Campingcard abgeben; Letztere bekommt man beim ADAC oder bei anderen Automobilklubs. Auf einigen Plätzen erhält man mit der Campingcard Rabatte. Sofern nicht anders aufgeführt, sind alle Campingplätze ganzjährig geöffnet. Das Übernachten auf Straßen, Rastplätzen, in Parkanlagen oder auf freiem Gelände ist in Portugal generell nicht erlaubt.

Ein altes Fischerdorf wurde Hotel: Vila Galé Albacora.

## WICHTIGE ADRESSEN ZUM ÜBERNACHTEN

### POUSADAS
POUSADAS DE PORTUGAL
Tel. +351 210 15 81 00
www.pousadas.pt

### CAMPING
FEDERAÇÃO DE CAMPISMO E MONTANHISMO DE PORTUGAL
Avenida Coronel Eduardo
Galhardo, 24 D
1199-007 Lisboa
Tel. +351 218 12 68 90
www.fcmportugal.com

### HOSTELS
www.hostelbookers.com

### JUGENDHERBERGEN

POUSADAS DE JUVENTUDE
Tel. +351 217 23 21 00
www.pousadasjuventude.pt

DEUTSCHES JUGENDHERBERGSWERK
DJH-Service Center
Leonardo-da-Vinci-Weg 1
D-32760 Detmold
Tel. 05231 7 40 1-220
www.jugendherberge.de

# P

# PRAKTISCHE INFOS

*Wichtig, hilfreich präzise*

Unsere Praktischen Infos helfen in allen Situationen in der Algarve weiter.

Die Algarve im Spiegel der Sonnenbrille ►

Sunglasses
UV PROTECTION
UV400

# KURZ & BÜNDIG

## ELEKTRIZITÄT
220 Volt/50 Hz; Adapter nicht nötig.

## GELD

### WÄHRUNG
Portugal gehört zur Eurozone; Wechselkurs für Schweizer Franken: 1 € = 0,98 SFr / 1 SFr = 1,02 €

### BANKEN & GELDAUTOMATEN
Schalterstunden: Mo.–Fr. ca. 8.30 bis 15 Uhr. Limit für Auszahlungen an Geldautomaten **(Multibanco)** mit Bankkarte: täglich zweimal 200 €.

### SPERRNOTRUF
Unter der Nummer kann man Bank-, Kredit- und Krankenkassenkarten sowie Handys sperren lassen.
Tel. 116 116 (aus dem Ausland mit Vorwahl +49)
www.sperr-notruf.de

## NOTRUFE

### ALLGEMEINER NOTRUF
Landesweit: Polizei, Feuerwehr, Ambulanz
Tel. 112 (gebührenfrei)

### POLIZEI
PSP · Polícia de Segurança Pública
Tel. 289 89 98 99

### PANNENDIENST
Tel. 289 40 13 00
(Algarveautobahn A22)
Siehe auch ►Verkehr

### ADAC-NOTRUF IM AUSLAND
Tel. 00 49 89 22 22 22

### DRK-FLUGDIENST
Tel. 00 49 211 91 74 99 39
www.drkflugdienst.de

## TELEFONIEREN

### VORWAHL NACH PORTUGAL
Tel. 00 351
Aus Deutschland, Österreich und der Schweiz. Im Anschluss an die Ländervorwahl folgt die landesweit neunstellige Rufnummer.

### VORWAHL VON PORTUGAL
Nach Deutschland:
Tel. 00 49
Nach Österreich:
Tel. 00 43
In die Schweiz:
Tel. 00 41
Die Null der jeweiligen Ortsvorwahl entfällt.

### TELEFONIEREN INNERHALB PORTUGALS (MOBIL)
Bei Telefonaten mit Teilnehmern in Portugal: Ländervorwahl Tel. 00 351

## WAS KOSTET WIE VIEL?
Doppelzimmer: ab 55 €
Einfache Mahlzeit: ab 8 €
Espresso: ab 0,60 €
Glas Bier: ab 1,50 €
Zugticket Faro – Lagos: 7,95 €
Maut Faro – Lagos: ca. 2,70 €

## ZEIT

### WESTEUROPÄISCHE ZEIT
(WEZ = MEZ minus 1 Stunde)

### SOMMERZEIT
Ende März bis Ende Oktober

# ANREISE · REISEPLANUNG

Mit dem Flugzeug

Der internationale Flughafen der Algarve ist der **Aeroporto de Faro**. Das ganze Jahr über werden von zahlreichen Flughäfen aus Deutschland, Österreich und der Schweiz Flüge, auch von Billigairlines, nach Faro angeboten. Die Flugstrecke von Frankfurt/Main nach Faro beträgt knapp 2000 km, die Flugzeit liegt bei ca. drei Stunden.

Mit dem Auto

Mit dem Auto muss man z. B. von Frankfurt/Main nach Faro mit ungefähr 2500 km Fahrstrecke rechnen. Neben den Benzinkosten müssen erhebliche **Autobahngebühren** einkalkuliert werden (Mautsystem in Portugal ►Verkehr).

Mit dem Zug

Es gibt derzeit und wohl auch in absehbarer Zeit keine akzeptable Bahnverbindung aus Deutschland, Österreich und der Schweiz in die Algarve. Man kann nur mit Zwischenstops über mehrere Tag anreisen, was möglicherweise für Interrail-Reisende interessant sein könnte.

Mit dem Bus

Flixbus fährt von Deutschland, Österreich und der Schweiz nach Portugal. Es gibt keine Direktverbindungen. Auf der Strecke nach Faro muss man zumindest in Lissabon umsteigen. Die Fahrt von Frankfurt/Main nach Faro dauert mindestens 37 Stunden, ein Ticket für eine einfache Fahrt kostet ab etwa 118 Euro. Von Spanien aus fährt die spanische Busgesellschaft ALSA in die Algarve.

## INFORMATIONEN

### FLUGHAFEN

**AEROPORTO DE FARO**
Ca. 6 km vom Zentrum Faro entfernt. Próximo-Busse (Linie 16, selten die Linie 14, www.proximo.pt) fahren nach Faro. Der Aerobus 56 fährt im Sommer über Albufeira, Lagos und Portimão nach Lagos (www.vamusalgarve.pt). Eine Taxifahrt ins Zentrum dauert 15 Min. und kostet ca. 12 €.
www.aeroportofaro.pt

### FERNBUSSE

**BUSBAHNHOF FARO**
Avenida da República
Tel. 289 89 97 60

**FLIXBUS**
www.flixbus.de

**ALSA**
www.alsa.com

## Ein- und Ausreisebestimmungen

**Reisedokumente** Zur Einreise nach Portugal genügt für Reisende aus Deutschland, Österreich und der Schweiz der **Personalausweis**. Kinder brauchen einen eigenen Ausweis. Wer mit dem eigenen Pkw kommt, muss Führerschein und Kfz-Schein des Heimatlandes dabeihaben. Bei Schadensfällen wird die Internationale Grüne Versicherungskarte verlangt. Ist der Fahrer nicht gleichzeitig auch der Fahrzeughalter, so muss er eine beglaubigte Vollmacht des Fahrzeugeigentümers vorweisen können.

**Haustiere** Haustiere müssen mit implantiertem Mikrochip reisen und man benötigt einen EU-Kleintierausweis samt Nachweis der Tollwutimpfung. Diese muss mindestens 30 Tage, maximal zwölf Monate vor der Einreise erfolgt sein. Maulkorb und Leine muss man dabeihaben, außerdem das Hundeverbot insbesondere an Stränden beachten.

**Zollbestimmungen** Innerhalb der EU ist der Warenverkehr für private Zwecke weitgehend zollfrei, es gelten aber **Höchstmengen** (z. B. für Reisende über 17 Jahren 800 Zigaretten, 10 l Spirituosen). Für Reisende aus Nicht-EU-Ländern wie der **Schweiz** gelten folgende Freigrenzen: 200 Zigaretten oder 100 Zigarillos oder 50 Zigarren oder 250 g Tabak, 2 l Wein oder andere Getränke bis 22 % Alkoholgehalt oder 1 l Spirituosen mit mehr als 22 % Alkoholgehalt. Zollfrei sind außerdem Geschenke bis zu einem Wert von 430 € (300 € bei Einreise auf dem Landweg).

### ANKOMMEN

Tiefer, immer tiefer geht der Flieger, parallel zur Küste, die Algarve von oben. Dann die Dächer von Faro, ein Stück Strand, Landebahn, aufgesetzt. Das Flugzeug rollt aus, bleibt stehen, Gepäckfächer werden aufgerissen, die Tür geöffnet. Der erste Schritt auf die Gangway und ein kurzes Innehalten. Die Sonne ist heller als daheim, die Luft samtig und der unverwechselbare Meergeruch der nahen Lagune weht einem um die Nase. Herrlich! Endlich in der Algarve!

# AUSKUNFT

## AUSKUNFT IN DEUTSCHLAND, ÖSTERREICH UND DER SCHWEIZ

### TURISMO DE PORTUGAL – PORTUGIESISCHES FREMDENVERKEHRSAMT

Der Berliner Standort des portugiesischen Fremdenverkehrsamts ist auch für Interessierte aus Österreich und der Schweiz zuständig, die eine Reise in die Algarve planen oder sich über Portugal informieren möchten.
Zimmerstr. 56, D-10117 Berlin
Tel. 00 49 (0)30 2 54 10 60
edt.berlin@turismodeportugal.pt
www.visitportugal.com

## IN DER ALGARVE

### ASSOCIAÇÃO TURISMO DO ALGARVE

https://visitalgarve.pt

### »TURISMO«

In allen größeren und in einigen kleineren Orten gibt es Touristeninformationen (turismos), die Auskünfte über den Ort und die Region erteilen und mitunter auch bei der Unterkunftssuche behilflich sind. Die Öffnungszeiten der »turismos« sind nicht einheitlich; Informationsstellen in kleineren Orten sind meist sonntags und montags geschlossen, in größeren Orten sind sie jeden Tag besetzt. Kernzeiten sind 10–13 und 15–17 Uhr, größere Stellen haben abends und in der Saison auch länger geöffnet.

## BOTSCHAFTEN UND KONSULATE

### DEUTSCHES HONORARKONSULAT

Rua António Crisógno dos Santos 29, Bl. 3, Esc. I,
P-8600-678 Lagos
Tel. 282 79 96 68
lagos@hk-diplo.de
https:// lissabon.diplo.de

### ÖSTERREICHISCHE BOTSCHAFT

Avenida Infante Santo 43, 4°
P-1399-046 Lisboa
Tel. 213 94 39 00
www.bmeia.gv.at

### SCHWEIZERISCHE BOTSCHAFT

Travessa do Jardim 17
P-1350-185 Lisboa
Tel. 213 94 40 90
www.eda.admin.ch/lisbon

## WEBSITES

### HTTPS://VISITALGARVE.PT

Offizielle Website der Região de Turismo do Algarve. Hier kann man sich auch über aktuelle Veranstaltungen informieren.

### WWW.ALGARVE-INDIVIDUELL.DE

Hier finden Sie Ferienhäuser und -apartments.

### WWW.ENTDECKEN-SIE-ALGARVE.COM

Die Website des lesenswerten deutschsprachigen Algarve-Magazins »Entdecken Sie Algarve« mit immer interessanten, aktuellen Kurzartikeln und Informationen zur Region und zu Entwicklungen im Land

### WWW.ALGARVE-ENTDECKER.COM

Sehr gut gemachter Algarve-Blog mit den aktuellsten Algarve-Infos und -Neuigkeiten. Informativ für alle, die sich für das Geschehen in der Urlaubsregion interessieren.

WWW.ALGARVE-PUR.DE
Schön zum Stöbern und zur Vorbereitung der Algarvereise. Die Seite gibt viele aktuelle Informationen zur Algarve und über alles, was die Algravios beschäftigt. Dazu praktische Tipps für den Urlaub.

WWW.VAMUSALGARVE.PT
Die Website der Algarve-Busse und Weiterleitung zu einigen Stadtbussen

WWW.CP.PT
Offizielle Website der portugiesischen Bahn.

# MIT BEHINDERUNG IN DER ALGARVE

Barrierefreiheit

Flughäfen, moderne Hotels und die wichtigsten Museen und Sehenswürdigkeiten sind meist so ausgestattet, dass man sich mit körperlichen Behinderungen relativ komfortabel bewegen kann. Auf https://visitalgarve.pt werden unter **»Die Algarve – barrierefreie Algarve«** Links und ein paar Informationen zur Ankunft am Flughafen, zu Unterkünften, öffentlichen Verkehrsmitteln und speziellen Stadtbesichtigungstouren gegeben. Es gibt **über 40 Strände** (»zugänglich«) mit Zugangsrampen, Handläufen, Sanitäranlagen und Behindertenparkplätzen, teilweise auch Zugangshilfen ins Wasser: u. a. Meia Praia, Porto de Mós, Luz, Alvor, Quarteira, Monte Gordo und Manta Rota (https://visitalgarve.pt – Was suchen Sie? – Strände).

# ETIKETTE

Freundlich und gelassen

Die höfliche Freundlichkeit der Portugiesen ist geradezu sprichwörtlich. Überall dort, wo Touristen in Scharen einfallen, merkt man aber auch, dass diese Freundlichkeit offenbar arg strapaziert wird. In Touristeninformationen oder in von Touristen frequentierten Restaurants muss man nicht unbedingt mit einem herzlichen Empfang rechnen, anders ist es aber in abgelegenen Dörfern oder Stadtvierteln oder in alten Läden, in denen einem oft eine bewundernswerte Gelassenheit und Liebenswürdigkeit entgegenschlägt.

Begrüßung

Wer sich privat mit Portugiesen trifft, sollte nicht überrascht sein, auch als noch halbwegs Fremder in das Begrüßungszeremoniell einbezogen zu werden, das meistens aus zwei Wangenküsschen besteht – Hände werden nur bei förmlichen Zusammentreffen geschüttelt. Dasselbe gilt fürs Verabschieden: Hat man einen schönen Abend miteinander verbracht, gibt es auch zum Abschied zwei Küsschen.

Immer die Ruhe bewahren

**Geduld** haben viele Portugiesen und Geduld wird auch von Ausländern erwartet. Oft ergeben sich Situationen, in denen man erstens länger warten muss, als man sich erklären kann, und in denen man zweitens völlig darüber im Unklaren ist, was die aktuelle Verzögerung hervorgerufen haben könnte oder was eigentlich überhaupt gerade passiert. Wer ungeduldig aufbraust oder auf Erklärungen pocht, wird selten erfolgreich sein. Besser ist es, sich ein wenig Gelassenheit zuzulegen. In der Regel löst sich auch die unübersichtlichste Situation irgendwie einmal auf und außerdem ist jede Warterei irgendwann einmal vorbei.

Trinkgeld

In den Rechnungen von **Hotels und Restaurants** ist die Bedienung inbegriffen. Im Restaurant ist ein zusätzliches Trinkgeld von etwa 10 % der Rechnung aber üblich; auch für einen schnellen Kaffee zwischendurch kann man ein Trinkgeld geben. Man lässt nach dem Bezahlen einfach einen kleinen Betrag auf dem Tisch oder auf der Untertasse liegen. Im Hotel freuen sich Hotelangestellte über einen zusätzlichen Betrag, desgleichen auch **Taxifahrer oder Touristenguides**.

# GELD

Euro

Portugal gehört zur Eurozone. Für Schweizer gilt: 1 € = 0,98 SFr / 1 SFr = 1,02 €.

Geldautomaten, Bargeld

In allen größeren Orten gibt es Geldautomaten (**multibanco**), an denen man mit Bankkarten und gängigen Kreditkarten in Verbindung mit der Geheimnummer Geld abheben kann. Viele kleinere Geschäfte und Restaurants geben nur ungern Wechselgeld auf 50-Euro-Scheine raus; kleine Scheine und Münzen dabeizuhaben, ist immer gut.

Kreditkarten

Banken, größere Hotels, Restaurants der gehobenen Kategorie, Autovermieter sowie einige Einzelhandelsgeschäfte akzeptieren die meisten internationalen Kreditkarten. Bei Autovermietern muss man meist eine Kreditkarte vorlegen, andernfalls muss eine Kaution hinterlegt werden. Bei Verlust kann man beim zentralen Kartensperrnotruf unter Tel. +49 11 61 16 Kredit- und Bankkarten, außerdem auch Handykarten sperren lassen.

# GESUNDHEIT

## Ärztliche Hilfe

Kranken-häuser

Die meisten Krankenhäuser (hospital, pl.: hospitais) haben einen 24-Stunden-Notfalldienst. In dringenden Fällen kann man direkt in die Notaufnahme (**urgência**) des nächsten Krankenhauses gehen. Außerdem hilft jede Hotelrezeption. In fast allen Krankenhäusern wird Englisch gesprochen. In vielen kleineren Ortschaften gibt es Gesundheitszentren (centro de saúde), die tagsüber geöffnet sind. Zudem haben sich in der Algarve viele **deutschsprachige Ärzte** und Zahnärzte niedergelassen, Auskünfte erteilen das Honorarkonsulat in Lagos und die Botschaften in Lissabon (▶Auskunft). Einige deutschsprachige Ärzte sind auch in dem Magazin »Entdecken Sie Algarve« bzw. auf www.entdecken-sie-algarve.com aufgelistet.

Kranken-versicherung

Die Versicherungskarte der eigenen Krankenkasse ist zugleich auch **Europäische Krankenversicherungskarte**. Damit ist eine Behandlung nach den in Portugal geltenden Bedingungen gewährleistet. Werden Kosten für Behandlungen erhoben, muss man diese erst einmal selbst bezahlen. Für eine Kostenerstattung durch die Krankenversicherung zu Hause sollte man sich eine detaillierte Rechnung ausstellen lassen. Generell empfiehlt sich der Abschluss einer **privaten Zusatzversicherung**, die auch die Kosten für einen Rücktransport übernimmt.

### ADRESSEN UND TELEFONNUMMERN

ÄRZTLICHE HILFE

NOTRUF
Tel. 112

KRANKENHÄUSER/NOTDIENSTE
Faro: Tel. 289 89 11 00
Lagos: Tel. 282 77 01 00
Portimão: Tel. 282 45 03 00
Tavira: Tel. 281 38 06 60
Carvoeiro: Tel. 962 61 85 88

## Apotheken

In Apotheken (farmácias) erhält man neben den in Portugal produzierten **Medikamenten** auch ausländische Präparate, die hier häufig preisgünstiger als im Herstellungsland selbst sind. Reguläre **Öff-**

**nungszeiten** der Apotheken sind Mo.–Fr. 9–13 und 15–19 Uhr, Sa. 9–13 Uhr. Anschriften der Apotheken, die **Nacht- und Sonntagsdienst** haben (farmácias de serviço), sind in Apotheken auf Aushängen aufgeführt. Auskunft über diensthabende Apotheken erhält man auch auf www.farmaciasdeservico.info und in Tageszeitungen.

# LESETIPPS

**A. Drouve** (Texte), **S. Lubenow** (Fotos): DuMont Bildatlas Algarve. DuMont Reiseverlag, Ostfildern 2021 — Bildatlas
Die Algarve in vielen Fotos, mit informativen Texten und aktuellen praktischen Tipps. Dazu ein Abstecher in den südlichen Alentejo.

**Jochen Krenz:** Algarve – Fische & Krustentiere. Editurismo — Algarve kulinarisch
Viele Rezepte und Informationen zu Fischen und Meeresfrüchten.

**Silke Schranz und Christian Wüstenberg:** Portugals Algarve auf eigene Faust, 2 x 60 Min., comfilm.de — DVD
Ein wunderbarer Reisefilm, der im Kino zu sehen war und als DVD erhältlich ist.

**Gil Ribeiro:** Lost in Fuseta. Ein Portugal-Krimi. Kiepenheuer & Witsch, Köln 2017 — Krimis
Der erste einer Reihe von Algarve-Krimis, die teilweise auch für das TV verfilmt wurden. Ein deutsch-portugiesisches Team ermittelt in einem Mordfall, in dem es um die private Wasserversorgung in der Algarve geht.

**Gil Ribeiro:** Lost in Fuseta. Dunkle Verbindungen. Kiepenheuer & Witsch, Köln 2024
Wieder ermittelt das bewährte deutsch-portugiesische Ostalgarve-Trio. Diesmal beginnt alles mit einer toten Frau, die in einem Golfteich liegt. Das ist aber nur ein Anfang ...

**Lídia Jorge:** Der Tag der Wunder. Suhrkamp, Frankfurt/M. 1996 — Romane
Ein Roman, der in einem Algarvedorf spielt, in das 1974 die Ereignisse der Nelkenrevolution plötzlich einbrechen.

**Lídia Jorge:** Die Decke des Soldaten. Suhrkamp, Frankfurt/M. 2000
In diesem Roman, der in einem Küstendorf in der Algarve und in Argentinien spielt, geht es u. a. um Familienstrukturen und den Verfall der patriarchalischen Gesellschaft auf dem Land.

Algarve kulinarisch

**Marianne Salentin-Träger, Rita Henss, Markus Bassler, Anja Jahn:** Algarve. Eine kulinarische Reise. Knesebeck, München 2021. Geschichten von Fischern und Muschelsammlern, Meeresfrüchten, Michelinsternen und Weinen, dazu Rezepte aus Portugals Süden.

**Ilídio Lacerda**: Geheimnisse der portugiesischen Küche II. Books on demand, Norderstedt 2011
Der Autor hatte ein eigenes Restaurant in Odeceixe und hat in diesem Buch einige seiner Gerichte preisgegeben.

Portugal allgemein

**Rioletta Sabo, Jorge Nuno Falcato**: Azulejos in Portugal. Hirmer Verlag, München 1998
Eine »Azulejo-Reise« durch Portugal.

**Curt Meyer-Clason**: Portugiesische Tagebücher (1969–1976). A 1 Verlag, München 1997
Aufzeichnungen des ehemaligen Direktors des Lissabonner Goethe-Instituts, in denen viel über die politische Situation und Kultur des Landes vor und kurz nach der Nelkenrevolution zu lesen ist.

# PREISE · VERGÜNSTIGUNGEN

Die Zeiten, in denen Portugal ein besonders günstiges Reiseland war, sind vorbei. In weiten Teilen des Landes ist es zwar nach wie vor möglich, relativ günstig zu übernachten und zu essen, aber in den Touristenzentren der Algarve ist das **Preisniveau** etwa mit dem in Deutschland zu vergleichen. Allerdings gibt es auch hier Möglichkeiten, den Urlaub recht preiswert zu gestalten. Es gibt günstige Pensionen und Apartments, die gepflegt sind, aber keinen Komfort bieten. Wirklich lohnend ist es, sich nach günstigen Restaurants umzusehen – viele einfache Lokale sind preiswert und gut. In Jugendherbergen und Hostels kann man meist gut und günstig übernachten. Öffentliche Verkehrsmittel sind nicht übermäßig teuer, dasselbe gilt für Taxifahrten. Die Gesellschaft Vamus Algarve, die die meisten Buslinien in der Algarve betreibt, bietet einen **Touristenpass** für drei oder sieben Tage an (▶Verkehr). Eintrittspreise bei Museen und sonstigen Sehenswürdigkeiten sind sehr günstig, dennoch gibt es bei einigen wichtigen auch **Kombitickets**. Auch für die Besichtigung einiger Kirchen muss man einen geringen Eintritt zahlen. Deutlich teurer ist der Eintritt bei Badeparks.

# REISEZEIT

Sonnenschein

Mit **3000 Stunden Sonnenschein** pro Jahr kann die Algarve werben, sie ist damit eine der wettersichersten Regionen der Erde und mit Abstand die Region Europas mit der längsten Sonnenscheindauer. Durch die nördlich vorgelagerten Gebirge ist die Küste von kühleren Einflüssen abgeschirmt und hat daher ein ähnliches Klima wie die nordafrikanische Küste. Zu der hohen Sonnenscheindauer kommt ein warmer und trockener mediterraner Einfluss, der Atlantik wirkt ausgleichend und sorgt auch im Winter für milde Temperaturen.

Temperaturen

Die wärmsten Monate sind Juni, Juli, August und September. In dieser Zeit steigen die Tagestemperaturen durchschnittlich bis 28 °C an. Da aber eigentlich **immer eine leichte Brise** vom Meer her weht, ist es fast nie unerträglich heiß. Juli bis September ist Hauptreisezeit, man muss mit ausgebuchten Hotels und vollen Stränden rechnen.
Im Winter wird es kaum einmal wirklich kalt, die Temperaturen fallen selten unter 10 °C – von Dezember bis März hat man mit Glück ein paar warme oder zumindest milde Tage. Die geringsten jährlichen Temperaturschwankungen der gesamten Iberischen Halbinsel hat mit 6,2 °C das Cabo de São Vicente.
Ein warmes Kleidungsstück im Reisegepäck ist unerlässlich – selbst im Sommer sind die **Abende mitunter windig und frisch**. Da es im Winter nie sehr kalt wird, sind die Innenräume häufig nicht mit Heizungen ausgestattet, sodass es in dieser Jahreszeit drinnen unangenehm kühl werden kann.
Die Temperaturen des Atlantiks liegen generell unter denen des Mittelmeers: Im Sommer erwärmt sich das Wasser auf etwa 22 °C, im Winter sind es nur noch 15 °C. Im Westen der Algarve sind die Wassertemperaturen im Schnitt 2 °C niedriger als weiter östlich.

# SPRACHE

Fremdsprachen

Fast alle jüngeren Portugiesen sprechen sehr gut **Englisch**. An Fremdsprachen werden außerdem Spanisch, manchmal auch Französisch verstanden und gesprochen und auch Deutschkenntnisse sind häufiger geworden. In Hotels und größeren Restaurants gibt es normalerweise keine Verständigungsschwierigkeiten. Trotzdem ist es hilfreich und interessant, sich ein paar Wörter oder einfache Redewendungen auf Portugiesisch anzueignen.

Portugiesisch

Portugiesisch ist romanischen Ursprungs, zudem haben sich noch einige frühere Einflüsse aus keltischer, germanischer und arabischer Zeit erhalten. Das geschriebene Portugiesisch lässt sich schnell als **romanische Sprache** erkennen und mit Kenntnis des Lateinischen oder anderer romanischer Sprachen u. U. sogar streckenweise verstehen.

Dagegen bereitet das gesprochene Portugiesisch im Allgemeinen Schwierigkeiten: Beim Hören entsteht fast der Eindruck, dass man es mit einer slawischen Sprache zu tun hat. Auffällig sind die weiche Aussprache, viele Zisch- und Nasallaute und die Menge an unterschiedlich ausgesprochenen Vokalen.

Ein weiteres Merkmal ist die starke **Betonung einzelner Silben** und das **Weglassen** unbetonter Silben. So ist »Sé« als Bezeichnung für Kathedralen eine Verkürzung von »sede« (Bischofssitz) oder »paço« eine Verkürzung von »palácio« (Palast).

Arabismen

Im Portugiesischen haben sich verhältnismäßig viele Arabismen erhalten, was in der Algarve an mehreren **Ortsnamen** deutlich wird. Fast alle Wörter, die mit der Silbe »al-« beginnen, deuten auf einen arabischen Ursprung hin, so das Wort »Algarve« selbst, weiter die Städte- und Ortsnamen »Albufeira«, »Aljezur«, »Almancil«, »Alvor«, »Alcantarilha«, »Algoz«, »Alcaria«, »Alfanzina«, »Alporchinhos« oder Wörter wie »almoço« (Mittagessen) und »almofada« (Kopfkissen).

Aussprache

Die meisten portugiesischen Wörter werden auf der vorletzten Silbe betont. Im Allgemeinen gilt: Wenn ein Wort auf m, s oder mit den Vokalen a, e, o endet, liegt die Betonung auf der vorletzten Silbe. Endet ein Wort auf l, r, z oder mit einem ã, i oder u, wird die letzte Silbe betont. Abweichende Betonungen werden durch Akzente markiert. Akzente (´ und ` sowie ^) bestimmen außerdem die Aussprache von Vokalen genauer. Vokale mit Tilde (~) werden nasal ausgesprochen.

## SPRACHFÜHRER PORTUGIESISCH

### AUSSPRACHE

| | |
|---|---|
| a | **unbetont wie geflüstertes e** |
| á | **langes a (ah)** |
| c | **vor a, o und u wie k; vor e und i wie ss** |
| ç | **wie ss** |
| ch | **wie sch** |
| e | **unbetont wie geflüstertes i, im Anlaut vor s praktisch verschluckt (»escola« (Schule) sprich »schkóla«; »Estoril«: »Schturíu«)** |
| ê | **wie geschlossenes e (eh)** |

| | |
|---|---|
| é | **wie offenes e (äh)** |
| g | **vor a, o und u wie g; vor e und i wie französisch j in »journal«** |
| gu | **wie g** |
| h | **ist stumm** |
| i | **nach u nasaliert (»muito« sprich »muínto«)** |
| j | **wie französisch j in »journal«** |
| l | **wie englisch Doppel-l in »hall«, im Auslaut wie schwaches u** |
| lh | **wie lj** |
| m | **im Auslaut nasaliert es den voranstehenden Vokal** |
| n | **im Auslaut nasaliert es den voranstehenden Vokal** |
| nh | **wie nj** |
| o | **unbetont und im Auslaut wie u** |
| ô | **wie geschlossenes o (oh)** |
| ó | **wie offenes o in »Osten«** |
| qu | **vor e und i wie k, vor a und o wie kw** |
| r | **Zungenspitzen-r, am Wortanfang stark gerolltes r** |
| rr | **stark gerolltes r** |
| s | **vor Vokalen stimmlos wie ss; zwischen Vokalen stimmhaft wie s in »Sense«; vor harten Konsonanten und im Auslaut wie stimmloses sch; vor weichen Konsonanten wie j in französisch »journal«** |
| v | **wie w** |
| x | **wie sch** |
| z | **wie stimmhaftes s in »Sense«; im Auslaut wie sch** |

---

## AUF EINEN BLICK

| | |
|---|---|
| ja | **sim** |
| nein | **não** |
| Frau | **Senhora** |
| Herr | **Senhor** |
| vielleicht | **talvez** |
| bitte | **faz favor, se faz favor** |
| danke | **obrigado (m.)/obrigada (f.)** |
| bitte sehr/gern geschehen | **de nada/não tem de quê** |
| Entschuldigen Sie!/Entschuldige! | **Desculpe!/Desculpa!** |
| in Ordnung/einverstanden | **está bem** |
| Wann? | **Quando?** |
| Wo? | **Onde?** |
| Was? | **Que?** |
| Wer? | **Quem?** |
| Wie bitte? | **Como?** |

| | |
|---|---|
| Wie viel? | **Quanto?** |
| Wohin? | **Aonde? Para onde?** |
| Woher? | **Donde?** |
| Wie spät ist es? | **Que horas são?** |
| Ich verstehe Sie nicht. | **Não compreendo.** |
| Das habe ich nicht verstanden. | **Não percebi.** |
| Sprechen Sie Deutsch/Englisch? | **Fala alemão/inglês?** |
| Können Sie mir bitte helfen? | **Pode ajudar-me, se** faz favor? |
| Ich möchte ... | **Queria ...** |
| Das gefällt mir (nicht). | **(Não) Gosto disto.** |
| Haben Sie ...? | **Tem ...?** |
| Was kostet ...? | **Quanto custa ...?** |

## KENNENLERNEN

| | |
|---|---|
| Guten Morgen/Tag! | **Bom dia!/Boa tarde!** |
| Guten Abend! | **Boa tarde!/Boa noite!** |
| Hallo! Grüß dich! | **Olá!** |
| Alles klar? | **Tudo bem? (Antwort: Tudo.)** |
| Wie geht es Ihnen? | **Como está?** |
| Wie geht's? | **Como vai?** |
| Danke, und Ihnen/dir? | **Bem, obrigado/obrigada, e o senhor/a senhora/você/tu?** |
| Auf Wiedersehen!/Tschüss!/Bis später! Bis zum nächsten Mal! | **Adeus!/Até logo!/Até à próxima!** |

## UNTERWEGS

| | |
|---|---|
| links | **à esquerda** |
| rechts | **à direita** |
| geradeaus | **em frente** |
| nah/weit | **perto/longe** |
| Bitte, wo ist ...? | **Se faz favor, onde está ...?** |
| Wie viele Kilometer sind das? | **Quantos quilómetros são?** |

## PANNE

| | |
|---|---|
| Ich habe eine Panne. | **Tenho uma avaria.** |
| Würden Sie mich bis zur nächsten Werkstatt abschleppen? | **Pode rebocar-me até à oficina mais próxima?** |
| Gibt es hier in der Nähe eine Werkstatt? | **Há alguma oficina aqui perto?** |

## TANKSTELLE

| | |
|---|---|
| Wo ist bitte die nächste Tankstelle? | **Se faz favor, onde ésta a bomba de gasolina mais próxima?** |
| Ich möchte ... Liter ... | **Se faz favor ... litros de ...** |
| ... Normalbenzin. | **... gasolina normal.** |
| ... Super. | **... súper.** |

| | |
|---|---|
| ... Diesel. | **... gasóleo.** |
| ... bleifrei/ ... verbleit. | **... sem chumbo/com chumbo.** |
| ... mit ... Oktan. | **... com ... octanas.** |
| Volltanken, bitte. | **Cheio, se faz favor.** |

## UNFALL

| | |
|---|---|
| Hilfe! | **Socorro!** |
| Achtung! Vorsicht! | **Atenção!** |
| Vorsicht! | **Cuidado!** |
| Rufen Sie schnell ... | **Chame depressa ...** |
| ... einen Krankenwagen. | **... uma ambulância.** |
| ... die Polizei. | **... a polícia.** |
| ... die Feuerwehr. | **... os bombeiros.** |
| Es war meine/Ihre Schuld. | **A culpa foi minha/sua.** |
| Geben Sie mir bitte Ihren Namen und Ihre Anschrift. | **Pode dizer-me o seu nome e o seu endereço, se faz favor?** |

## ESSEN

| | |
|---|---|
| Wo gibt es hier ... | **Pode dizer-me, se faz favor, onde há aqui ...** |
| ... ein gutes Restaurant? | **... um bom restaurante?** |
| ... ein nicht zu teures Restaurant? | **... um restaurante não muito caro?** |
| ... ein typisches Restaurant? | **... um restaurante típico?** |
| Gibt es hier eine Bar/ein Café? | **Há aqui um bar/um café?** |
| Reservieren Sie uns bitte für heute Abend einen Tisch für vier Personen. | **Pode reservar-nos para hoje à noite uma mesa para quatro pessoas, se faz favor?** |
| Können Sie mir bitte ... geben? | **Pode-me dar ..., se faz favor?** |
| Messer | **faca** |
| Gabel | **garfo** |
| Löffel | **colher** |
| Glas | **copo** |
| Teller | **prato** |
| Serviette | **guardanapo** |
| Zahnstocher | **palitos** |
| Salz/Pfeffer | **sal/ pimenta** |
| Auf Ihr Wohl! | **À sua saúde!** |
| Bezahlen, bitte! | **A conta, se faz favor.** |
| Hat es geschmeckt? | **Estava bom?** |
| Das Essen war ausgezeichnet. | **A comida estava excelente.** |

## ÜBERNACHTUNG

| | |
|---|---|
| Können Sie mir bitte ... empfehlen? | **Se faz favor, pode recomendarme** |
| ... ein gutes Hotel | **... um bom hotel?** |
| ... eine Pension | **... uma pensão?** |
| Haben Sie noch Zimmer frei? | **Ainda tem quartos livres?** |
| ein Einzelzimmer | **um quarto individual** |
| ein Doppelzimmer | **um quarto de casal** |

| | |
|---|---|
| ein Zimmer mit zwei Betten | **um quarto com duas camas** |
| mit Bad | **com casa de banho** |
| für eine Nacht | **para uma noite** |
| für eine Woche | **para uma semana** |

## ARZT

| | |
|---|---|
| Können Sie mir einen guten Arzt empfehlen? | **Pode indicar-me um bom** médico? |
| Ich habe hier Schmerzen. | **Dói-me aqui.** |

## BANK

| | |
|---|---|
| Wo gibt es hier ... | **Onde há aqui ...** |
| ... eine Bank? | **... um banco?** |

## POST

| | |
|---|---|
| Briefmarke | **selo** |
| Kann ich hier Internet nutzen? | **Posso usar a net** aqui? |
| Haben Sie WLAN? | **Há wifi aqui?** |
| Brief, Postkarte | **carta, postal** |
| nach Deutschland | **para a Alemanha** |
| nach Österreich | **para a Austria** |
| in die Schweiz | **para a Suiça** |

## ZAHLEN

| | | | |
|---|---|---|---|
| 0 | **zero** | 1 | **um, uma** |
| 2 | **dois, duas** | 3 | **três** |
| 4 | **quatro** | 5 | **cinco** |
| 6 | **seis** | 7 | **sete** |
| 8 | **oito** | 9 | **nove** |
| 10 | **dez** | 11 | **onze** |
| 12 | **doze** | 13 | **treze** |
| 14 | **catorze** | 15 | **quinze** |
| 16 | **dezasseis** | 17 | **dezassete** |
| 18 | **dezoito** | 19 | **dezanove** |
| 20 | **vinte** | 21 | **vinte e um** |
| 22 | **vinte e dois** | 30 | **trinta** |
| 40 | **quarenta** | 50 | **cinquenta** |
| 60 | **sessenta** | 70 | **setenta** |
| 80 | **oitenta** | 90 | **noventa** |
| 100 | **cem** | 101 | **cento e um** |
| 200 | **duzentos** | 1000 | **mil** |
| 2000 | **dois mil** | 10 000 | **dez mil** |
| 1/2 | **um meio** | 1/3 | **um terço** |
| 1/4 | **um quarto** | | |

## EMENTA/SPEISEKARTE

**Sopas/Suppen**

| | |
|---|---|
| Açorda | **Brot-und-Knoblauch-Suppe** |
| Caldo verde | **Kohlsuppe mit Wurstscheibe** |
| Sopa de legumes | **Gemüsesuppe** |
| Sopa de peixe | **Fischsuppe** |
| Sopa alentejana | **Knoblauchsuppe mit Ei** |

**Entradas/Vorspeisen**

| | |
|---|---|
| Amêijoas | **Herzmuscheln** |
| Azeitonas | **Oliven** |
| Caracóis | **Schnecken** |
| Espargos frios | **kalter Spargel** |
| Melão com presunto | **Melone mit Schinken** |
| Pão com manteiga | **Brot und Butter** |
| Salada de atum | **Thunfischsalat** |
| Salada mista | **gemischter Salat** |
| Sardinhas em azeite | **Sardinen in Olivenöl** |

**Peixe e mariscos/Fisch und Meeresfrüchte**

| | |
|---|---|
| Amêijoas ao natural | **Herzmuscheln natur** |
| Atum | **Thunfisch** |
| Bacalhau com todos | **Stockfisch garniert** |
| Bacalhau à Bráz | **Stockfisch, Bratkartoffeln, Rührei** |
| Caldeirada | **Fischeintopf** |
| Camarão grelhado | **gegrillte Krabbe** |
| Cataplana | **Muscheln, Fisch bzw. Fleisch, Paprika, Zwiebeln, Kartoffeln** |
| Dourada | **Goldbrasse** |
| Ensopado de enguias | **Aaleintopf** |
| Espadarte | **Schwertfisch** |
| Filetes de cherne | **Silberbarschfilets** |
| Gambas na grelha | **gegrillte Garnelen** |
| Lagosta cozida | **gekochte Languste** |
| Lampreia | **Aal** |
| Linguado | **Seezunge** |
| Lulas à sevilhana | **gebackener Tintenfisch** |
| Mexilhões de cebolada | **Miesmuscheln mit Zwiebeln** |
| Pargo | **Seebrasse** |
| Peixe espada | **Silbernadelfisch** |
| Perca | **Barsch** |
| Pescada à portuguesa | **Schellfisch auf portugiesische Art** |
| Salmão | **Lachs** |
| Sardinhas assadas | **gebratene Sardinen** |

**Carne e aves/Fleisch und Geflügel**

| | |
|---|---|
| Bife à portuguesa | **Portugiesisches Rindersteak** |
| Bife de cebolada | **Zwiebelsteak** |
| Bife de peru | **Truthahnsteak** |
| Cabrito | **Zicklein** |
| Carne de porco à Alentejana | **Schweinefleisch mit Herzmuscheln** |

| | |
|---|---|
| Carne na grelha/Churrasco | **Fleisch vom (Holzkohle-)Grill** |
| Coelho | **Kaninchen** |
| Costeleta de cordeiro | **Lammkotelett** |
| Escalope de vitela | **Kalbsschnitzel** |
| Espetadas de carne | **Fleischspieße** |
| Fígado de vitela | **Kalbsleber** |
| Frango assado | **gebratenes Hähnchen** |
| Frango na púcara | **Hähnchen im Tontopf** |
| Iscas | **geschmorte Leber** |
| Lebre | **Hase** |
| Leitão assado | **Spanferkelbraten** |
| Lombo de carneiro | **Hammelrücken** |
| Pato | **Ente** |
| Perdiz | **Rebhuhn** |
| Pimentões recheados | **gefüllte Paprikaschoten** |
| Porco assado | **Schweinebraten** |
| Rins | **Nieren** |
| Tripas | **Kutteln** |

**Legumes/Gemüse**

| | |
|---|---|
| Batatas | **Kartoffeln** |
| Bróculos | **Brokkoli** |
| Cogumelos | **Pilze** |
| Espargos | **Spargel** |
| Espinafres | **Spinat** |
| Feijão verde | **Schnittbohnen** |
| Pepinos | **Gurken** |

**Sobremesa/Nachtisch**

| | |
|---|---|
| Arroz doce | **Milchreis** |
| Compota de maçã | **Apfelkompott** |
| Gelado misto | **gemischtes Eis** |
| Leite creme | **Karamellpudding** |
| Maçã assada | **Bratapfel** |
| Mousse au Chocolat | **Schokoladencreme** |
| Pudim flan | **Pudding mit Karamellsoße** |
| Sorvete | **Fruchteis** |
| Tarte de amêndoa | **Mandelkuchen** |

**Lista de bebidas/Getränkekarte**

| | |
|---|---|
| Aguardente | **Schnaps** |
| Aguardente de figos | **Feigenschnaps** |
| Aguardente velho | **alter Weinbrand** |
| Bagaço | **Tresterschnaps** |
| Ginjinha | **Kirschlikör** |
| Madeira | **Madeirawein** |
| Medronho | **Schnaps von Erdbeerbaumfrüchten** |

**Cerveja e vinho/Bier und Wein**

| | |
|---|---|
| Cerveja | **Bier** |
| Imperial | **Bier vom Fass** |

| | |
|---|---|
| Caneca | **großes Bier vom Fass** |
| Vinho da casa | **Hauswein** |
| Vinho branco | **Weißwein** |
| Vinho tinto | **Rotwein** |
| Vinho verde | **leichter Wein mit natürlicher** Säure |

**Bebidas não alcoólicas/alkoholfreie Getränke**

| | |
|---|---|
| Água mineral | **Mineralwasser** |
| Bica | **Espresso** |
| Café (com leite) | **Kaffee (mit Milch)** |
| Chá com leite/limão | **Tee mit Milch/Zitrone** |
| Galão | **Milchkaffee im Glas** |
| Meia de leite | **Kaffee mit viel Milch** |
| Garoto | **Espresso mit Milch** |
| Laranjada | **Orangeade** |
| Sumo de laranja | **Orangensaft** |

---

WOCHENTAGE

| | |
|---|---|
| Segunda-feira | **Montag** |
| Terça-feira | **Dienstag** |
| Quarta-feira | **Mittwoch** |
| Quinta-feira | **Donnerstag** |
| Sexta-feira | **Freitag** |
| Sábado | **Sonnabend** |
| Domingo | **Sonntag** |
| Feriado | **Feiertag** |

# TELEKOMMUNIKATION · POST

Telefonieren

Mobiltelefone (telemóvel) wählen sich automatisch in das **portugiesische Partnernetz** ein. Roaminggebühren fallen innerhalb der EU bis zu einer bestimmten Obergrenze nicht an; **Schweizer** erkundigen sich am besten bei ihrem Mobilfunkanbieter, ob für sie Roaminggebühren anfallen. Möchte man einen Teilnehmer in Portugal anrufen (mobil und Festnetz), muss man vor der Rufnummer die Ländervorwahl von Portugal, 00 351, eingeben. Festnetznummern in der Algarve beginnen mit 28, Mobilnummern mit 9.

Internet

Internetzugang bzw. Gratis-WLAN (Wifi) bekommt man in vielen Hotels, kleinen Cafés und Bars, aber auch in den großen Shoppingcentern.

Post

Briefe und Karten sind nach Mitteleuropa mindestens vier Tage unterwegs, Karten oft wesentlich länger. Schneller geht es mit der teureren Expresspost »correio azul«.
**Briefmarken** (selos) erhält man direkt beim Kauf von Ansichtskarten, in Postämtern (correios) und in Geschäften mit dem Aushang »CTT Selos«.
**Briefkästen** sind rote, frei stehende Säulen oder rote Kästen an Hauswänden, die Briefkästen des »correio azul« sind blau.
**Postämter** sind meistens Mo.–Fr. 9–12.30 und 14.30–18 Uhr geöffnet.

# VERKEHR

## Straßenverkehr

Autofahren

Mit dem eigenen Wagen oder einem Mietauto in der Algarve unterwegs zu sein, ist sicher die beste Möglichkeit, viel von dieser Region kennenzulernen. Gerade das Hinterland ist mit öffentlichen Verkehrsmitteln etwas schwer zu erkunden. Im Allgemeinen sind die Straßen gut ausgebaut, allenfalls alte Straßen abseits der Hauptverbindungen können schlechter sein. In abgelegeneren Gebieten gibt es ab und zu befestigte Schotterpisten, die aber recht gut zu befahren sind. Größere Schwierigkeiten bereitet die **Fahrweise** vieler Verkehrsteilnehmer. In der Algarve ist das Tempo schnell, besonders gilt das für die N 125. Aber auch auf den kleineren Straßen ist rasantes Fahren durchaus üblich. Auf Straßen in den Bergen muss man darauf gefasst sein, dass entgegenkommende Autos die Kurven etwas eng nehmen. Ganz allgemein muss man sich im Dunkeln auf schlecht oder gar nicht beleuchtete Fahrzeuge – auch auf Schnellstraßen – einstellen. Entlang der Südküste zieht sich die **N 125**, die vor allem zwischen Lagos und Faro oft sehr stark befahren ist. Die **Autobahn** A 22 bzw. IP 1/E 01 (»Via do Infante«) weiter landeinwärts ist sehr gut, aber gebührenpflichtig.

Maut

Auf der Algarve-Autobahn A 22 wurde, wie auch auf einigen anderen portugiesischen Autobahnen, ein **elektronisches Mautsystem** eingeführt; dabei wird das Autokennzeichen beim Auffahren auf die Autobahn am Mautportal registriert.
Zur **Bezahlung** hat man unterschiedliche Möglichkeiten: per **Kreditkarte** und Registrierung des Autokennzeichens, per **»Toll Card«**, die mit einem Betrag aufgeladen ist, mit einem für einen **bestimmten Zeitraum oder eine bestimmte Strecke gültigen Ticket** oder mit

einem für die Reisedauer gemieteten **Via-Verde-Gerät**. Ein Via-Verde-Gerät kann man auch schon vor der Reise in Deutschland erwerben (www.tolltickets.com). Wer einen **Mietwagen** nimmt, zahlt am besten über die Mietwagenfirma. Man kann auch nachträglich in einem Postamt oder in einem »Pay Shop« zahlen – das allerdings erst ab 48 Stunden nach Verlassen der Autobahn, dann aber innerhalb von 15 Tagen; dieses Bezahlsystem eignet sich für Touristen nur bedingt.
Ausführliche **Informationen** auf Englisch findet man unter www.portugaltolls.com, Informationen auf Deutsch unter www.maut-in-portugal.info, auf www.visitportugal.com (Alles über Portugal – Nützliche Informationen – Maut) und auf der Website des ADAC. Auf www.portugaltolls.com kann man auch die Kosten für eine Strecke ermitteln. Informationen erhält man zudem an der Grenze bei Vila Real de Santo António bei dem Welcome Point von Easy Toll, in Tankstellen in Portugal und Spanien, in den Touristeninformationen und bei den Autovermietern.

Verkehrsvorschriften

Im Allgemeinen unterscheiden sich die Verkehrsvorschriften nicht wesentlich von denen in Mitteleuropa, es gilt **Rechtsverkehr**. Fahrer, die ihren Führerschein noch kein ganzes Jahr besitzen, dürfen außerhalb von Ortschaften generell nicht schneller als 90 km/h fahren und müssen eine entsprechende Plakette des portugiesischen Automobilklubs (ACP) am Auto anbringen. In Schadensfällen muss man die grüne Versicherungskarte vorzeigen können. Ist der Fahrer nicht der Fahrzeughalter, muss er eine Vollmacht des eigentlichen Besitzers dabeihaben.
Es besteht generelle **Anschnallpflicht**. Im Wagen muss eine **Warnweste** sein, die man tragen muss, wenn man bei Pannen das Fahrzeug verlässt. **Mobiltelefone** dürfen während der Fahrt nur mit Freisprechanlage benutzt werden. Die **Promillegrenze** liegt bei 0,5. Wer mit einem höheren Wert erwischt wird, muss mit empfindlichen Strafen rechnen. Generell sind Fahrzeug- und Geschwindigkeitskontrollen in Portugal relativ häufig.
**Höchstgeschwindigkeiten** liegen für Pkw und Motorräder innerhalb geschlossener Ortschaften bei 50 km/h, außerhalb von Ortschaften bei 90 km/h. Auf Schnellstraßen sind 100 km/h erlaubt, auf Autobahnen 120 km/h. Für Fahrzeuge mit Anhänger liegt die Geschwindigkeitsgrenze außerhalb von Ortschaften bei 70 km/h, auf Autobahnen bei 80 km/h.
Als **Vorfahrtsregel** gilt auf kleinen und nicht extra ausgeschilderten Straßen prinzipiell rechts vor links. Hauptstraßen mit Vorfahrt sind durch ein auf die Spitze gestelltes gelbes Quadrat gekennzeichnet. Kleinere Vorfahrtsstraßen sind oft nicht gesondert beschildert, nur in den einmündenden Straßen steht ein Stoppschild. Motorisierte Verkehrsteilnehmer haben Vorfahrt vor nicht motorisierten.

## ADRESSEN UND INFORMATIONEN

AVIS
Tel. 069 50 07 00 20
Tel. 289 81 01 20 (Faro Flughafen)
www.avis.de

EUROPCAR
Tel. 040 520 18 80 00
Tel. 289 81 87 26 (Faro Flughafen)
www.europcar.de

HERTZ
Tel. 01806 33 35 35
Tel. 219 42 63 00 (Faro Flughafen)
www.hertz.de

GUERIN
Tel. 289 88 94 45 (Faro Flughafen)
Tel. 210 10 02 00 (allgemeine Reservierungsnummer)
www.guerin.pt

### ELEKTRONISCHE MAUT

ALLGEMEINE INFORMATIONEN
www.maut-in-portugal.info

TURISMO DE PORTUGAL
Informationen auf Deutsch unter »Alles über Portugal – Nützliche Informationen – Maut«
www.visitportugal.com

PORTUGAL TOLLS
Tel. 707 50 05 01 (innerhalb Portugals)
Tel. 00 351 212 87 95 55 (aus dem Ausland)
www.portugaltolls.com

VIA VERDE
Tel. 707 50 09 00 (innerhalb Portugals)
https://visitors.viaverde.pt
Informationen auf Deutsch
www.tolltickets.com

### PANNENDIENST

ADAC-NOTRUF
Tel. 00 49 89 22 22 22 (Notruf München)
www.adac.de

PANNENHILFE A22
Tel. 289 40 13 00

### BUSSE

VAMUS ALGARVE
www.vamusalgarve.pt

PRÓXIMO
Stadtbusse Faro
www.proximo.pt

REDE EXPRESSOS
Busverbindungen zwischen den größeren Orten der Algarve und in alle Städte Portugals
https://rede-expressos.pt

### BUSBAHNHÖFE

ALBUFEIRA
Alto dos Caliços
Tel. 289 58 06 11

FARO
Av. da República
Tel. 289 89 97 60/40

LAGOS
Rossio S. João
Tel. 282 76 29 44

LOULÉ
Rua Nossa Senhora de Fátima
Tel. 289 41 66 55

OLHÃO
Av. General Humberto Delgado
Tel. 289 70 21 57

PORTIMÃO
Neuer Busbahnhof: Rua da Abicada (nahe Bahnhof)
Alter zentraler Stopp: Avenida Guanaré (Largo do Dique)
Tel. 282 41 81 20

TAVIRA
Rua dos Pelames
Tel. 281 32 25 46

VILA REAL DE SANTO ANTÓNIO
Av. da República
Tel. 281 51 18 07

BAHNFAHREN

CAMINHOS DE FERRO PORTUGUESES
Tel. 808 10 91 10 (im Land)
Tel. 00 351 210 90 00 32 (international)
www.cp.pt

FLUGVERKEHR

FLUGHAFEN FARO
Tel. 289 80 08 00
www.aeroportofaro.pt

## Mietwagen

Personen unter 21 Jahren dürfen in Portugal keine Autos mieten. Wer einen Wagen mieten möchte, muss seinen Führerschein zumindest ein Jahr besitzen. Einen Mietwagen kann man schon für unter 100 € pro Woche mieten. **Portugiesische Mietwagenanbieter** sind mitunter deutlich günstiger als die internationalen Autovermieter.

## Taxi

Taxis haben auch in Portugal in Zeiten von Uber & Co. einen schweren Stand, sind aber **günstig, gut und sicher**. Die Taxis sind elfenbeinfarben, aber man sieht auch noch die alten schwarzen Taxis mit grünem Dach. Die Wagen sind mit einem Taxameter ausgestattet, außerhalb von Städten bestehen festgelegte Tarife, nach denen man sich vorab erkundigen kann. Bei Nachtfahrten und bei Gepäckbeförderung muss man oft bis zu 50 % höhere Gebühren zahlen. Bei längeren Fahrten über Land wird nicht selten zusätzlich eine Leerfahrt berechnet. Für Ausflugsfahrten sollte man einen speziellen Tarif vorher aushandeln. Ein Trinkgeld von 10 % ist üblich.

## Bus

**Vamus Algarve** betreibt die überregionalen Linienbusse in der Algarve. Zwischen größeren Orten gibt es gute Verbindungen, sie werden mehrmals täglich angefahren. Auch die kleinen Orte im Hinterland sind mit Bussen zu erreichen, allerdings fahren diese nicht besonders häufig. In der Hauptsaison fährt die Nr. 52 EVA Cliffs Line Küstenorte in der Felsalgarve an. Die **Busbahnhöfe** (Estação Rodoviária) liegen in der Regel zentral. Vamus Algarve bietet einen **Touristenpass** (passe turístico) an, der für drei oder sieben Tage (35 € oder 45 €) gilt. Informationen erhält man in den Touristeninformationen oder an Busbahnhöfen. Zwischen größeren Algarveorten und in Städte landesweit fahren Expressbusse von **Rede Expressos**.

### Bahn

Im Süden der Algarve gibt es eine Bahnstrecke, die zwischen Vila Real de Santo António und Lagos fast parallel zur Küste alle größeren und kleineren Orte abfährt. Die Bahnhöfe der kleineren Orte liegen teilweise recht **weit außerhalb** des Zentrums. Lohnend ist eine solche Fahrt vor allem, weil die Strecke teilweise durch sehr schöne Landschaften führt. Nach Lissabon und von dort aus weiter nach Norden bestehen gute und schnelle Intercityverbindungen.

### Schiffsverkehr

Fährverbindungen über den Guadiana gibt es zwischen dem portugiesischen Vila Real de Santo António und dem spanischen Ayamonte (verkehrt Mo.–Sa. zwischen 9.30 und 18 Uhr). Zu den vorgelagerten Laguneninseln östlich von Faro besteht ebenfalls ein regelmäßiger Schiffsverkehr.

### Flugverkehr

Der internationale Flughafen der Algarve ist der **Aeroporto de Faro**. Er liegt etwa 6 km vom Zentrum der Stadt entfernt. Hier verkehren in erster Linie europäische Ferienflieger. Zudem unterhält die TAP Air Portugal einen Linienverkehr nach Lissabon und Porto.

## ZEIT

In Portugal gilt Westeuropäische Zeit (WEZ = MEZ minus 1 Std.), im benachbarten Spanien gilt die MEZ. Da von Ende März bis Ende Oktober ebenfalls die Sommerzeit gilt, muss man bei der Ankunft in Portugal das ganze Jahr über die Uhr um eine Stunde zurückstellen.

# REGISTER

## Q



## R



## S

## T



## U



## V



## W

## Z

# BILDNACHWEIS

Adobe Stock/Berchtesgaden S. 92
Adobe Stock/Carlos Neto S. 116/117
Adobe Stock/ fhphotographie S. 223
Adobe Stock/Mandy S. 10 u.
Adobe Stock/Melissa S. 108/109
Adobe Stock/mrvisual S. 16/17
Adobe Stock/Natalia Mylova S. 257 u.
Adobe Stock/Nikolai Sorokin S. 156
Adobe Stock/Pebo S. 174
Adobe Stock/sergojpg S. 19 u.
Adobe Stock/Shawn Hempel S. 257 o.
Adobe Stock/Sven Weber S. 186
Adobe Stock/vitfedotov S. 138
Adobe Stock/VRD S. 43
AKG S. 210, 214
awl-images/Alan Copson S. 49 u.
awl-images/Neil Farrin S. 162 u.
Borowski S. 168 ©VG Bild-Kunst, Bonn 2024 (Fernando Pessoa porträtiert von José Sobral de Almada Negreiros)
Dumont Bildarchiv/Krewitt S. 221 u.
DuMont Bildarchiv/Lubenow S. 2, 3 (o.), 12/13, 19 o., 24/25, 27 u., 41, 49 o., 51, 54, 59, 71, 76, 77, 79, 86, 89 (o., u.), 94, 101 (o., u.), 105, 112 o., 115, 131 o., 145, 151, 154 o., 159, 171, 176, 181, 184, 189, 193, 203, 221 o., 231, 237, 240, 248, 253 (o., u.), 256 o., 259, 261, 263, 264, 267, 271, 272, 276, 279, U7
Dumont Bildarchiv/Widmann S. 219
getty images/Ulf Andersen/ Kontributor S. 233
glowimages/Deposit Photos S. 154 u.
glowimages/Jürgen Wackenhut S. 68
Huber Images/Giovanni Simeone S. 29, 183, 239
Huber Images/Luca Da Ros S. 3. u., 102
Interfoto S. 208
istockphoto/clubfoto S. 256 u.
istockphoto/gvictoria S. 257 Mi.
laif/Amme S. 246
laif/hemis/Franck Guiziou S. 162 o.
laif/hemis.fr/Rene Mattes S. 8/9
laif/Frank Heuer S. 131 u., 167
laif/Malte Jaeger S. 164/165
laif/ Eitan Simanor/robertharding S. 27 o.
laif/Jorge Simao/4SEE S. 20/21
laif/Clemens Zahn S. 147
lookphotos/Karl Johaentges S. 15 o.
lookphotos/Konrad Wothe S. 5, 72
mauritius images/Greg Balfour Evans/ Alamy S. 112 u.
mauritius images/CTK/Alamy S. 22 li.
mauritius images/dieKleinert/Hans Stehen S. 22 re.
mauritius images/dov makabaw/ Alamy S. 142
mauritius images/P. Kaczynski S. 7
mauritius images/Tsuneo Nakamura/ Volvox Inc/Alamy S. 133
mauritius images/Westend61/Michael Reusse S. 10 o.
mauritius images/wishphoto/Alamy S. 15 u.
Missler S. 64, 190, 225, 275
picture alliance S. 217
picture alliance/dpa/dpaweb S. 229
Shutterstock/Nika Stemberger S. 195
Wrba, Ernst S. 200
Titelbild: getty images/ClickAlps

# VERZEICHNIS DER KARTEN UND GRAFIKEN

## ATMOSFAIR

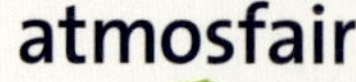


Reisen verbindet Menschen und Kulturen. Doch wer reist, erzeugt auch CO2. Der Flugverkehr trägt in erheblichem Maße zur globalen Erwärmung bei. Wer das Klima schützen will, sollte sich nach Möglichkeit für die schonendere Reiseform entscheiden (wie z.B. die Bahn). Gibt es keine Alternative zum Fliegen, kann man mit atmosfair klimafördernde Projekte unterstützen.
atmosfair ist eine gemeinnützige Klimaschutzorganisation unter der Schirmherrschaft von Klaus Töpfer. Flugpassagiere spenden einen kilometerabhängigen Betrag und finanzieren damit Projekte in Entwicklungsländern, die den Ausstoß von Klimagasen verringern helfen. Dazu berechnet man mit dem Emissionsrechner auf **www.atmosfair.de** wieviel CO2 der Flug produziert und was es kostet, eine vergleichbare Menge Klimagase einzusparen (z.B. Berlin – London – Berlin ca. 13 €). atmosfair garantiert die sorgfältige Verwendung Ihres Beitrags. Alle Informationen dazu auf www.atmosfair.de. Auch MairDumont fliegt mit atmosfair.

# IMPRESSUM

**Ausstattung:**
114 Abbildungen, 23 Karten und grafische Darstellungen, eine große Reisekarte

**Text:**
Eva Missler mit Beiträgen von Achim Bourmer (Baedeker Wissen S. 194/195)

**Bearbeitung:**
Baedeker-Redaktion (Eva Missler)

**Kartografie:**
Franz Huber, München
Klaus-Peter Lawall, Unterensingen
KOMPASS-Karten GmbH, A-6020 Innsbruck; MAIRDUMONT, D-73751 Ostfildern (Reisekarte)

**3D-Illustrationen:**
jangled nerves, Stuttgart

**Infografiken:**
Golden Section Graphics GmbH, Berlin

**Gestalterisches Konzept:**
RUPA GbR, München

10., aktualisierte Auflage 2025



Printed in China

Trotz aller Sorgfalt von Redaktion und Autoren zeigt die Erfahrung, dass Fehler und Änderungen nach Drucklegung nicht ausgeschlossen werden können. Dafür kann der Verlag leider keine Haftung übernehmen. Jede Karte wird stets nach neuesten Unterlagen und unter Berücksichtigung der aktuellen politischen De-facto-Administrationen (oder Zugehörigkeiten) überarbeitet. Dies kann dazu führen, dass die Angaben von der völkerrechtlichen Lage abweichen. Irrtümer können trotzdem nie ganz ausgeschlossen werden. Kritik, Berichtigungen und Verbesserungsvorschläge sind jederzeit willkommen. Schreiben Sie uns, mailen Sie oder rufen Sie an:

**Baedeker-Redaktion**
Postfach 3151, D-73751 Ostfildern
Tel. 0711 4502-262, www.baedeker.com
baedeker@mairdumont.com

# BAEDEKER VERLAGSPROGRAMM

Viele Baedeker-Titel sind auch als E-Book erhältlich.

A
Ägypten
Algarve
Allgäu
Amsterdam
Andalusien
Australien

B
Bali
Baltikum
Barcelona
Belgien
Berlin · Potsdam
Bodensee
Böhmen

Bretagne
Brüssel
Budapest
Burgund

C
China

D
Dänemark
Deutsche Nordseeküste
Deutschland
Dresden
Dubai · VAE

E
Elba
Elsass · Vogesen
England

F
Finnland
Florenz
Florida
Frankreich
Fuerteventura

G
Gardasee

Golf von Neapel
Gomera
Gran Canaria
Griechenland

H
Hamburg
Harz
Hongkong · Macao

I
Irland
Island
Israel · Palästina
Istanbul
Istrien · Kvarner Bucht
Italien

J
Japan

K
Kalifornien
Kanada · Osten
Kanada · Westen

Kanalinseln
Kapstadt · Garden Route
Kopenhagen
Korfu · Ionische Inseln
Korsika
Kreta
Kroatische Adriaküste · Dalmatien
Kuba

L
La Palma
Lanzarote
Lissabon
London

M
Madeira
Madrid
Mallorca
Malta · Gozo · Comino
Marrokko
Mecklenburg-Vorpommern
Menorca
Mexiko
München

N
Namibia
Neuseeland
New York
Niederlande

Norwegen

O
Oberbayern
Österreich

P
Paris
Polen
Polnische Ostseeküste · Danzing · Masuren
Portugal
Prag
Provence · Côte d'Azur

R
Rhodos
Rom
Rügen · Hiddensee
Rumänien

S
Sachsen
Salzburger Land
Sankt Petersburg
Sardinien
Schottland
Schwarzwald
Schweden
Schweiz
Sizilien
Skandinavien
Slowenien
Spanien
Sri Lanka
Südafrika
Südengland
Südschweden · Stockholm
Südtirol
Sylt

T
Teneriffa
Thailand
Thüringen
Toskana

U
USA · Nordosten
USA · Südwesten
USA · Westküste
Usedom

V
Venedig
Vietnam

W
Wien

Z
Zypern

# Meine persönlichen Notizen

# Meine persönlichen Notizen

Sines
Cabo de Sines
Santiago do Cacém
Abela
IP8
IC4
N261
Alvalade
São Domingos
Barragem de Morgável
Porto Covo
Tanganheira
N120
Cercal
N262
Messejana
N263
Aljustrel
IC1
A2
IP1
N2
Rio Sado
Casével
Santa Luzia
Barragem de Monte da Rocha
Colos
Reliquias
Garvão
Ourique
IP2
Vila Nova de Milfontes
São Luis
Serra do Cercal
N393
Rio Mira
Almograve
São Martinho das Amoreiras
N123
PORTUG
Alentejo
Odemira
Santa Clara-a-Velha
Zambujeira do Mar
São Teotónio
Sabóia
Barragem de Santa Clara
Santana da Serra
Gomes Aire
N266
Odeceixe
Nave Redonda
São Marcos da Serra
Serra de Monchique
Praia da Amoreira
Rogil
Praia de Monte Clérigo
Aljezur
Fóia 902
Monchique
Picota 773
Ponta da Arrifana
N267
Alfambras
Serra de Espinhaço de Cão
Ribeira de Odelouca
Barragem do Funcho
São Bartolomeu de Messines
N124
Alte
São Barnabé
Costa Vicentina
N268
Bordeira
Pontal
Carrapateira
Túmulos de Alcalar
Barragem da Bravura
Porto de Lagos
Silves
Paderne
Algoz
Bensafrim
A22
Portimão
Lagoa
IC4
Ferreiras
Alvor
Ferragudo
Porches
Carvoeiro
Pontal
Algar Seco
Armação de Pêra
Albufeira
Vilamoura
Quinta
Vila do Bispo
N125
Figueira
Burgau
Lagos
Ponta da Piedade
Cabo de São Vicente
Sagres
Ponta de Sagres
OCEANO ATL